中国省域居民收入分配问题研究

——以河南和广西为例

鲁元平　詹新宇　赵　颖　等著

中国财经出版传媒集团

经济科学出版社
Economic Science Press

图书在版编目（CIP）数据

中国省域居民收入分配问题研究：以河南和广西为例／
鲁元平等著．—北京：经济科学出版社，2016.6
ISBN 978 - 7 - 5141 - 6879 - 2

Ⅰ.①中…　Ⅱ.①鲁…　Ⅲ.①国民收入 - 收入分配 -
研究 - 中国　Ⅳ.①F126.2

中国版本图书馆 CIP 数据核字（2016）第 085903 号

责任编辑：白留杰
责任校对：靳玉环
责任印制：李　鹏

中国省域居民收入分配问题研究
——以河南和广西为例
鲁元平　詹新宇　赵　颖　等著
经济科学出版社出版、发行　新华书店经销
社址：北京市海淀区阜成路甲 28 号　邮编：100142
教材分社电话：010 - 88191354　发行部电话：010 - 88191522
网址：www. esp. com. cn
电子邮箱：bailiujie518@126. com
天猫网店：经济科学出版社旗舰店
网址：http://jjkxcbs. tmall. com
北京密兴印刷有限公司印装
710×1000　16 开　14.25 印张　250000 字
2017 年 1 月第 1 版　2017 年 1 月第 1 次印刷
ISBN 978 - 7 - 5141 - 6879 - 2　定价：42.00 元
（图书出现印装问题，本社负责调换。电话：010 - 88191510）
（版权所有　侵权必究　举报电话：010 - 88191586
电子邮箱：dbts@esp. com. cn）

目　录

河 南 篇

广 西 篇

导　论

一、研究背景

收入分配问题一直是国计民生的重大问题。党的十八大报告提出，发展成果由人民共享，必须深化收入分配制度改革，努力实现居民收入增长和经济发展同步、劳动报酬增长和劳动生产率提高同步，提高居民收入在国民收入分配中的比重，提高劳动报酬在初次分配中的比重。党的十八届三中全会提出，要紧紧围绕更好保障和改善民生、促进社会公平正义深化社会体制改革，改革收入分配制度，促进共同富裕，推进社会领域制度创新，推进基本公共服务均等化，加快形成科学有效的社会治理体制，确保社会既充满活力又和谐有序。党的十八届五中全会提出，加大收入分配调节，采取精准扶贫措施帮助贫困人口脱贫，是"十三五"时期的重要任务：一是居民收入差距过大，国家统计局数据显示，2014 年中国基尼系数为 0.469，达到社会不安定的数值区域，而实际情况可能要比官方数据更为严重。二是贫困人口基数大，以年人均收入2300 元为贫困标准计算，2014 年农村贫困人口有 7000 万。三是习总书记多次提及"精准扶贫"，2015 年 6 月在贵州调研时，强调要科学谋划好"十三五"时期的扶贫开发工作，确保贫困人口到 2020 年如期脱贫。

收入分配问题也是经济发展中一个重要的伴生问题。如何在发展过程中有效地规范收入分配秩序和调节收入分配差距成为政府今后一段时间内的重要任务。因此，分析收入分配问题，特别是分析具有重要地缘政治地位的河南省居民收入分配问题，其重要性不言而喻。本书将通过现实和制度两个层面来阐述选题的制度背景。

现实层面上，作为中原经济带的重要省份和"一带一路"中的两个内陆省份之一，河南省在新常态经济建设背景下具有较为重要的战略意义，将可能遇到难得的历史发展机遇。如何有效地抓住历史机遇实现经济增长与居民收入分配格局的改善，是新的历史环境下河南省需要着力解决的主要问题。理论层面上，在《2014 年度河南省政府决策研究招标课题指南》中，"河南省收入分配制度改革问题研究"已成为一项较为重要的课题,开始得到部分理论研究者的重视。研究河南省的居民收入分配问题,有助于推动河南省逐步实现居民、政府和企业共享的发展模式,实现经济社会的可持续发展。

在制度层面上,根据《国务院批转发展改革委员会等部门关于深化收入分配制度改革若干意见的通知》,河南省已经从简化行政审批、加快政府职能转变、创新城乡发展一体化体制机制、推动国有企业改革、优化生产要素配置等方面多层次推动收入分配相关领域改革全面进行,逐步扫除收入分配制度改革的障碍和阻力,着力增强收入分配制度改革的动力。因此,本书河南篇拟从经济新常态的背景下,就具有重要战略意义的河南省收入分配的现实情况进行分析,以期为河南省在抓住历史发展机遇的同时,也能在一定程度上促进居民收入水平的提升,从而实现经济发展与社会福利齐头并进的新局面。

在研究收入分配问题上,广西壮族自治区也具有明显的代表性。广西壮族自治区是我国 5 个少数民族地区之一。总人口约 5092 万,常住人口约 4768 万。土地面积 23.67 万平方千米,占全国土地总面积的 2.5%,居各省、自治区、直辖市第 9 位。广西壮族自治区世居有壮、汉、瑶、苗、侗、仫佬、毛南、回、京、彝、水、仡佬 12 个主要民族,其中壮族是我国人口最多的少数民族。广西壮族自治区地处华南经济圈、西南经济圈与东盟经济圈的结合部,在中国实施对外开放中,具有明显的区位优势:是我国西南地区最便捷的出海通道,是我国唯一与东盟既有陆地接壤又有海上通道的省区,是连接中国与东盟的国际大通道,是我国对东盟开放的前沿和"桥头堡"。但是,在当前经济新常态形成过程中,广西壮族自治区经济下行压力增大,面临加快产业结构调节升级、提高自主创新能力、缓解人口资源环境压力、缩小城乡区域发展差距、维护社会和谐稳定等严峻挑战。

广西壮族自治区曾于 2013 年 2 月根据中央的政策精神提出了收入倍增计划,出台了《广西壮族自治区人民政府关于印发广西农民人均纯收入倍增计划的通知》、《广西壮族自治区人民政府关于印发广西城镇居民人均可支配收入倍增计划的通知》等文件。党的十八届五中全会,再次提出到 2020 年国内生产总值和城乡居民人均收入要比 2010 年翻一番,并将其列为全面建成小康社会新的目标要求之一。这不仅反映出党中央对于收入分配改革问题的空前重视,也为广西地方政府正在积极推行的城乡居民收入倍增计划赋予了崭新的历史意义。

广西壮族自治区既然要加快实现"两个建成"目标（即与全国同步全面建成小康社会、加快建成西南中南地区开放发展新的战略支点），则必须在居民收入增长方面实现与全国的"两个同步"。结合经济新常态背景，对广西壮族自治区居民收入的总量分配、城乡分配、地区间分配等特征进行科学分析，系统归纳广西壮族自治区居民收入分配存在的主要问题，并探讨改善广西壮族自治区居民收入分配格局的具体对策建议，为规范广西壮族自治区居民收入分配秩序的实践工作提供决策参考，是助力"两个建成"奋斗目标早日实现的必然要求。

二、研究意义

首先，相关研究成果能够为广西壮族自治区各级政府部门在制定实施"双核驱动"、"两区一带"战略，抢抓建设"一带一路"有机衔接重要门户重大发展机遇，建设和谐社会的实践中提供决策参考。居民收入分配是影响劳动者积极性和社会公平的重要因素，事关和谐社会建设和中国梦的实现。第一，社会经济增长、刺激国内居民消费和提高劳动积极性以及劳动效率都可以由收入分配公平来实现。第二，社会的稳定也需要由收入分配公平来实现。开展收入分配改革研究，从理论基础和实证研究两个角度，对当前我国收入分配制度现状进行深入研究，发现现有分配制度下产生的社会、经济问题，认真剖析导致问题产生的根源，寻找影响收入分配的因素，力求探索出改革现有收入分配制度的有效路径，对于提升我国现代化水平，达到社会公平正义以及促进社会主义和谐社会的构建有着积极的现实意义。

其次，充实收入分配制度的实证研究，为更好地完善收入分配制度提供参考借鉴。截至目前，国民收入分配和个人收入分配的制度、规定、法律、监督机制等，还很不完善、很不系统。由于没有足够的章法可循，以及监督、约束、处罚的机制乏力，致使收入分配方面的问题越来越多。我国幅员辽阔，区域经济发展不平衡，改革开放以来采取的区域递推式发展战略使得各地城乡居民收入差距情况各异，对国内地区间、城乡间收入分配问题，还需要基于省级、市域甚至县域数据进行深入研究。对广西壮族自治区这一欠发达少数民族地区的居民收入问题进行系统研究，探索实现缩小收入差距、经济利益公平的改革途径，无疑会有助于更快更好地建立收入分配新体制，完善我国现行的分配制度，并对我国分配理论的丰富和发展具有一定的参考意义。

三、主要研究内容

为反映我国不同区域的居民收入分配情况，本书选择以中部地区的代表性省份——河南省和西南地区的代表性省份——广西壮族自治区为例，分河南篇和广西壮族自治区篇，分别对这两个地区的居民收入分配问题进行区域性研究，主要研究内容如下：

1. 河南篇共分为五章内容，主要研究了河南居民收入分配的相关问题。

第一章河南省社会和经济发展总体特征。对河南社会和经济发展两个大方面进行总体介绍，包括社会发展中的民生化指标、城镇化建设以及人口规模，和经济层面上的省级地市级以及县级 GDP 等，同时也介绍了河南社会和经济发展状况在全国的排名以期从总体上为之进行定位。

第二章河南省居民收入分配现状。对河南省收入分配的现状演进轨迹、居民收入的总体格局和纵向变化情况、城镇居民以及农村居民收入的主要来源、居民收入的地区间横向比较以及居民收入的城乡间差距和地区间差距进行分析，并介绍了收入分配的制度性安排。

第三章河南省收入分配问题分析。分析了河南居民收入差距、产业结构发展以及特殊群体和扶贫问题，系统介绍了这三大问题的发展现状并简要的提出相应的解决对策。

第四章河南省社会保障概况。从河南社会保险基金运行的总体情况、基金收入、基金支出、基金结余以及参保人数等方面系统展现了河南省社会保障的概况，并总结分析河南社会保障存在的主要问题。

第五章结论与政策建议。概括了本书的结论，并提出了相应的政策建议。

2. 广西篇共分为八章内容，具体研究了广西壮族自治区居民收入分配的相关问题。

第六章广西壮族自治区居民收入分配总体状况。对广西壮族自治区国民收入分配格局、广西壮族自治区呈现居民收入增长与差距等内容进行分析，总结分析广西壮族自治区居民收入分配中存在的主要问题。

第七章广西壮族自治区城镇居民收入分配状况。对广西壮族自治区城镇居民收入现状与结构进行描述分析；从广西壮族自治区城镇居民分组可支配收入、基尼系数等角度对广西壮族自治区城镇居民收入差距进行分析；分析比较广西壮族自治区各地级市城镇居民人均可支配收入及分地区的城镇从业人员平均劳动报酬。

　　第八章广西壮族自治区农村居民收入分配状况。分析广西壮族自治区农村居民人均纯收入水平与构成以及分组人均纯收入的变化趋势；从人均纯收入的差距、定基增长、分组人均纯收入差距，以及地区间农村居民人均纯收入等角度分析广西壮族自治区农村居民收入差距现状。

　　第九章广西壮族自治区地区间居民收入分配状况。从绝对收入差距、相对收入差距、环比增长差距，以及分地区城乡居民人均收入差距等角度分析广西壮族自治区各地级市城乡居民收入差距现状；分析广西壮族自治区城镇居民收入、农村居民收入和城乡居民收入与广西壮族自治区经济增长的同步情况；分地区比较广西壮族自治区城乡居民收入差距。

　　第十章广西壮族自治区行业收入差距分析。介绍行业收入差距的分析方法；从广西壮族自治区分行业城镇职工平均工资变化，收入最低、最高行业职工工资的比较，各行业职工工资实现倍增的时间比较等方面分析广西壮族自治区行业收入差距；对广西壮族自治区垄断行业与竞争性行业职工平均工资差距进行分析；对广西壮族自治区垄断行业内部收入差距进行分析。刻画广西壮族自治区行业收入差距现状，探究原因，并提出对策建议。

　　第十一章广西壮族自治区城乡居民收入倍增问题研究。概述灰色预测模型，并基于灰色预测方法对广西壮族自治区城镇居民人均可支配收入、农村居民人均纯收入的变动趋势进行预测，判断2020年广西壮族自治区城乡居民收入倍增计划目标实现的可能性。在此基础上，分析广西壮族自治区实施城乡居民收入倍增计划面临的主要问题，并提出相关对策建议。

　　第十二章广西壮族自治区个人所得税调节居民收入差距的实证研究。分析广西壮族自治区个人所得税征收的基本状况，并基于广西壮族自治区城镇居民各阶层个人所得税前和税收收入量的比较、广西壮族自治区城镇居民各阶层平均税率比较两个方面评价广西壮族自治区个人所得税调节居民收入差距的效应。在分析影响广西壮族自治区个人所得税调节居民收入差距效应原因的基础上，提出强化个人所得税调节居民收入差距职能的对策建议。

　　第十三章研究结论与政策建议。针对前面的分析，提出进一步深化广西壮族自治区居民收入分配改革的指导思想、基本原则以及路径选择。

四、研究思路与方法

　　根据研究内容的安排，河南省和广西壮族自治区两个地区，整体上都是按照"数据收集—理论研究—现状研究—政策研究"这一基本逻辑思路展开。

在研究的过程中，主要采用了论文写作的常用方法，包括文献阅读法、调查法、比较法、实证分析和规范分析等研究方法。

（1）文献研究法。首先，充分利用中国知网、维普、万方等学术论文数据库，围绕研究主题检索相关文献，进行文献综述，系统掌握国内外研究现状，为本书的研究提供理论支点与借鉴。其次，充分利用《中国统计年鉴》、《城市统计年鉴》等专业年鉴及相关门户网站，系统了解河南和广西壮族自治区地区的经济发展现状、收入分配现状，为本书的研究提供现实基点。

（2）调查法。广西壮族自治区地区的研究运用了调查问卷对广西壮族自治区 14 个地级市的居民收入分配状况及存在问题进行调研；选取南宁、钦州、防城港、北海、玉林、梧州、贺州等地区进行实地调研，通过现场访谈等方式了解当地居民收入分配主要制度以及存在的问题。

（3）比较法。两部分的研究中均使用了比较法，包括横向间地区比较、纵向间趋势比较以及排序比较等。采用排序比较的原因，是因为相对位次的分析能够更好呈现发展的层次性问题，通过全国范围内和区域层面的比较，能够较好地为河南和广西壮族自治区的发展进行定位，并通过筛选与河南和广西壮族自治区经济社会发展较为类似的省份，借鉴他们的经验和教训，为改善河南和广西壮族自治区的收入分配问题提供一定的帮助。

（4）实证分析法。通过构建相关实证模型，以统计数据或实地调查数据为依据，分别构建居民收入影响因素和居民收入差距影响因素的决定方程和计量方程，采用回归分析、收入差距的度量与分解等方法进行实证研究，为改善居民收入分配问题提供一定的帮助。

（5）规范分析法。在调查研究、实证研究的基础上，运用制度经济学、财政学、福利经济学等学科中与收入分配相关的理论，对河南和广西壮族自治区居民收入分配现状及分配差距做出价值判断，进而提出相关政策建议，为进一步深化其收入分配改革提供决策参考。

河南篇

第一章　河南省社会和经济发展总体特征

第一节　引　　言

收入分配是经济发展过程中难以回避的问题之一。根据国内外的一般经验，经济发展与收入分配均具有显著的阶段性特征。只有在经济发展的背景下探讨收入分配问题，才能较为全面地认识收入分配的总体属性和局部特征，并能在此基础上对影响这种收入分配的潜在原因进行梳理，从而为改善这种局面提出相应的对策。本章将主要以河南省社会和经济发展的总体状况为主要分析对象，明确河南省在全国发展的定位以及潜在的问题，为后文对河南省居民收入分配奠定基础。

第二节　河南省社会发展的总体特征

经济发展的目的是为了提升社会福利，因此首先分析河南省发展过程中的社会基本状况。具体而言，主要从民生总体状况、城镇化建设和人口规模三个方面对这种社会建设成果进行分析。

一、民生总体状况

为了较好地分析河南省社会发展的总体状况，在此引入民生发展指数。发展与民生指数（Development and Life Index）构建的目的在于测度中国的发展和民生状况，是由唐任伍教授团队首先完成的。该指数包括经济发展、民生改善、社会进步、生态文明、科技创新、公众评价 6 项一级指标, 45 项二级指标。其中民生改善模块设置了收入分配、生活质量、劳动就业 3 项二级指标;社会发展模块设置了公共服务支出、区域协调、文化教育、卫生健康、社会保障、社会安全 6 项二级指标。

2000～2013 年, 河南省的民生发展指数呈现总体下滑的趋势, 其中 2009 年在全国范围内省级单位中的排名跌至第 23 位, 在黄河中游综合经济区四个省份中排名居于最后 1 位(见表 1－1)。这种情形的出现, 与 2008 年出现的金融危机并无直接联系, 因为这种民生发展指数从 2006 年便已经开始呈现下降趋势了。2011～2013 年, 民生发展指数开始出现一定的增长, 但也仅徘徊在 22 位左右, 在全国范围内处于较低水平。

表 1－1　　　2000～2013 年河南省各项综合指标在全国省级单位的排名

项目 \ 年份	民生发展指数	民生发展指数增速	城镇化率	人口总量	人口自然增长率	GDP 总量	人均 GDP
2000	19	—		1		5	18
2001	19	6		1	13	5	18
2002	20	25	—	1	13	5	18
2003	18	5		1	15	6	17
2004	18	16		1	17	5	17
2005	19	16	27	1	17	5	17
2006	20	12	27	1	17	5	16
2007	21	15	27	3	18	5	17
2008	22	18	27	2	18	5	17
2009	23	18	27	2	17	5	19
2010	23	21	27	3	18	5	21
2011	21	8	27	3	17	5	23
2012	22	15	27	3	16	5	23
2013	21	13	27	3	16	5	23

资料来源:历年《中国统计年鉴》, 经计算整理得到。

如果分析河南省的 GDP, 却发现与此截然相反的状况。1995～2013 年, 河南省 GDP 基本上稳居全国第 5 位, 即便是在金融危机发生的 2008 年前后(见表 1－1)。因此, 就 GDP 而言, 河南省的竞争优势是较为明显的。那么, 究竟是什么导致了河南省民生发展状况出现了恶化呢? 在诸多影响因素中, 有三个方面需要引起重视：

一是河南省是人口大省。就人口总量而言，1999～2013年，河南省的人口规模稳居全国前3位，并且有一半左右的时间内保持了人口规模第1的位次。巨大的人口规模，给河南省提供充足劳动力的同时，也为该农业大省的脱贫致富带来较大的挑战。就人口增速而言，这一阶段河南省人口增长率排序基本保持在全国中游水平。人口基数大并且增速快，成为河南省重要的人口学特征。在此情况下，即便GDP总量较高，但人均GDP的水平较低，在黄河中游综合经济区48个市级单位中，除去洛阳，郑州和三门峡外，其中基本处于中下游甚至末尾水平。

二是河南省的产业结构主要以农业和加工业为主，虽然巨大的人口规模使得其GDP较高，但上述产业的附加值均较低，这就导致低技能劳动者难以充分享受到经济发展益处，使民生发展状况相对滞后的情形。

三是产业结构的缺陷导致了城镇化率偏低。2000～2013年，河南省城镇化率基本处于全国的末尾，加上河南省巨大的人口规模，因此有众多的农村人口尚未进入到城镇的发展过程中，难以通过参与逐渐细化的分工过程得到相应的工资，从而改善自身收入状况。

虽然河南省的GDP总量较高，但由于上述原因的限制，人民并未真正富裕起来，使得GDP增长潜力较为有限。在一定程度上，即便河南省希望实现人民生活水平的改善，但目前条件下河南省的发展模式仍以"省富"为主，"民富"为辅。

二、城镇化建设

中国城镇化过程中增速不足和结构失衡问题并存①，且后者对城镇化健康

---

① 1994～2011年，中国的城镇化水平从28.5%上升至51.3%，但仍低于世界总体趋势水平。就一般规律而言，随着中国人均GNP的上升，中国的城市化水平和钱纳里在《发展的型式》中指出的常态城市化水平的偏差日益增加。从城市化率与工业化率的比值、就非农就业比率与城市化比率的比值而言，我国的城市化进程也是滞后的。就城镇化发展规模而言，2000～2009年，特大城市和大城市的数量分别从40个和54个增加到60个和91个，小城市的数量则从352个减少为265个；同期，特大城市和大城市的人口规模也迅速扩张，从占城市人口的53.2%上升至66.5%，而小城市的比重则从18.4%下降为10.7%（姚士谋等，2011）。就城镇化的发展结构而言，2011年，我国东部、东北部、中部、西部和全国的城镇化水平分别为65.2%、58%、46.3%、42.8%和51.3%。2011年，中部6省的共有170个城市和5146个镇，除了湖北省为51.8%外，其余各省份均低于全国城镇化率平均水平。2011年，江苏、浙江和上海的城市化率分别为61.9%、62.3%和88.9%，而同年河南的城市化率仅为40.6%。

发展的负面影响正在逐渐凸显。在新发展时期，发展小城镇应该成为推动我国城镇化发展的重要途径。① 但在县级层面上，发展失衡的局面也十分突出。2011 年，全国百强县的城镇化率达 55.83%，高出全国城镇化率 4.56 个百分点，而其他县域城镇化水平大多低于 40%。② 新时期的城镇化发展战略，应该是特大城市和大城市要合理控制规模，充分发挥辐射带动作用；中小城市和小城镇要增强产业发展、公共服务、吸纳就业、人口集聚功能（见图 1-1）。③

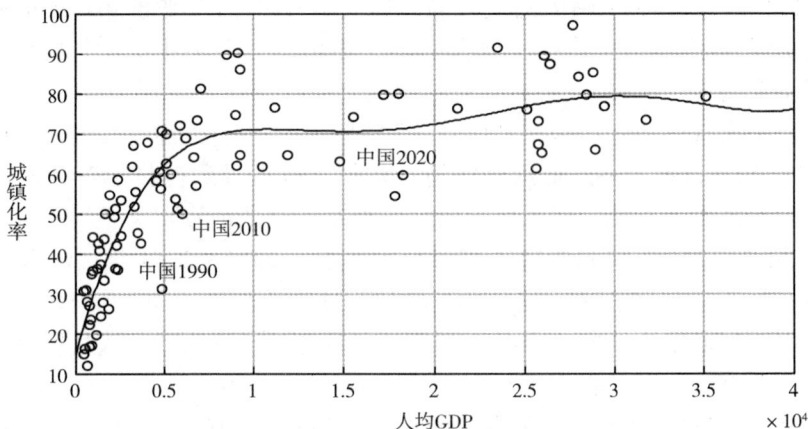

图 1-1 世界范围内城镇化率和人均 GDP

注：除中国的三个数值以外，这里仅选取了全球范围内人口在 1500 万人以上具有代表性的经济体共 87 个。中国 2020 为预测值。人均 GDP 的单位是经过购买力平价计算的现价美元。这里的拟合函数是五阶。

资料来源：IBRD 和 NBS。

河南省积极贯彻落实《中央全面深化改革领导小组 2014 工作要点》和《中共河南省委关于贯彻党的十八届三中全会精神全面深化改革的实施意见》，努力推动城镇化的建设。在城镇制度改革方面，积极推动居住证制度的实施，

---

① 《中共中央关于制定国民经济和社会发展第十个五年计划的建议》。
② 《县域经济十年发展报告——县域统筹与统筹县域 统筹推动县域经济科学发展》指出，人均地区生产总值最高的 100 个县域的人均地区生产总值平均值是最低 100 个县域的 17.55 倍。全国平均值以下的县（市）数量远远大于全国平均值以上的数量，说明大多数县（市）"比较穷"，少数县（市）"比较富"，全国县域贫富情况大致是"二八格局"。
③ 这种战略的核心即为完善城镇体系，形成功能互补、普惠共享的新型城乡关系。温家宝：《政府工作报告》，2013 年 3 月 5 日。

放宽城镇落户限制。在农村制度改革上，河南省积极推进以创新农村土地流转机制为核心的土地制度改革，包括建立农村土地信托中心、完善农村产权交易中心建设和建立省级土地交易平台等具体措施。即便如此，河南省在城镇化建设过程中依然存在诸多问题。总体而言，目前河南省城镇化建设中主要面临以下两个问题：

首先是城镇化率水平较低。2000～2013 年，河南省城镇化率在全国范围而言是较为落后的，这一时期内基本处于第 27 位左右的水平。2013 年，河南省的城镇化率仅为 43.8%，滞后全国平均水平 10% 左右，而第 1 位上海市的城镇化率已经高达 89.6%。城镇化建设的迟缓，一方面限制了河南省居民更加充分地进入到现代分工体系中，通过提升劳动的专用性促进自身收入的提升。另一方面，由于较低的城镇化率限制了收入增长的预期，也在一定程度上抑制了居民消费能力的释放，导致内需相对不足。此外，城镇化率过低还会带来产业结构升级较慢、居民收入分配较低以及资源的重复建设等问题。

就区域比较而言，在黄河中游综合经济区中和中部六省中，河南省的城镇化率也是较为滞后的。这一方面是河南省作为传统农业大省在短期内难以克服的经济发展问题，另一方面也说明河南省存在大量农村人口，特别是低收入的农村人口，导致河南省扶贫增收工作相对较为困难。

其次是城镇化过程中发展逐渐失衡。无论是经济规模还是人均收入，郑州市和三门峡市等发展水平显著高于其他地级市，导致城镇间发展不均衡趋势存在扩大的可能性。就工业增加值而言，2013 年，郑州市实现规模以上工业增加值 2473.4 亿元，是第 2 位洛阳的 1.8 倍，占全省的比重高达 17.7%，远超其他城市。下面的分析将进一步指出这种非均衡发展的其他具体体现。

最后是资源的配置不甚合理。河南省在城镇化发展过程中，存在着资源错配的问题，其中最重要的是土地的城镇化显著快于人的城镇化，导致城市资源的使用率不高。具体而言，如河南省部分地级市中存在人均建设用地面积均高于全国平均水平，土地集约利用率低的问题。与此同时，也存在部分城镇区域内土地资源浪费现象，显著降低了资源的使用效率。另外，水资源同样存在类似的问题。部分城市水资源丰富，在使用过程中并未考虑到对其他城市的潜在影响，导致部分区域内水资源趋紧，并且在一定程度上导致了部分城市出现降落漏斗现象。

三、人口规模

1999 ~ 2013 年，河南省人口规模均在全国前 3 位，其中 1999 ~ 2006 年稳居全国第 1 的位次，此后落后于广东和山东，成为规模第 3 位的省级单位。那么，河南省人口绝对规模的下降，是否因为人口增速放缓导致的呢？我们对全国省级单位人口规模增速进行分析，发现河南省人口绝对规模的下降确实在一定程度上是由增速放缓导致的。这种人口增速，在全国范围内处于中等偏下的水平，山东的人口增速和河南基本类似，而广东人口增速在 2006 ~ 2013 年保持了 6.89% 的增长速度，在全国处于中等偏上的水平。

就城乡人口结构而言，户籍视角下的城乡人口和土地视角下的城乡人口存在较大差别。截至 2013 年底，河南省的农业户籍人口数量为 7466.43 万人，占省内户籍人口的 80.1%。南阳、周口、商丘、驻马店和郑州的农业人口最多，共有农业人口 3476.92 万人，占全省户籍人口的 46.6%。因此，河南省的农业户籍人口数量多且集中，且与城镇化率显示的农村人口绝对数量差别较大，再次说明了河南省城镇化建设中土地的城镇化过程显著快于人的城镇化过程。

巨大的人口规模，为河南省经济发展提供了较为丰富且廉价的劳动力资源，是河南省经济发展的重要推动力之一。但河南省由此面对的问题是，人口的受教育程度相对较低，导致在劳动力市场上的竞争力趋弱，不利于从事高附加值的工作，工资改善的预期也会由此降低。即便省内劳动力选择外流，也是在既定的技能水平下寻找工作，选择向经济发达的省份流动仅因为就业机会更多。因此，如何将巨大的人口规模转换为可观的人力资本，将是河南省在今后一段时间内需要着力解决的问题。

2008 ~ 2014 年，河南省劳动力转移数量增加的情况下，转移结构发生了较为显著的变化。这一阶段，河南省劳动力转移数量逐年递增，从 2008 年的 2015 万人增加至 2014 年的 2741 万人（见图 1 - 2）。在总量增加的背景下，劳动力的流向正在发生结构性变化。2010 年以前，劳动力流动以省外输出为主、省内转移为辅。2010 年以后，这种劳动力转移的结构发生了逆转，并且省内转移人数开始快速增加，2014 年已经比省外输出人数多 437 万人了。导致这种局面出现的主要原因在于金融危机的冲击，导致东部沿海地区工作机会逐渐减少，外出劳动者选择回乡就近就业。此外，金融危机也使得产业的空间布局开始出现变化，部分产业逐渐由东部沿海地区向中西部转移，也在一定程度上增加了河南省内的就业机会。大量的劳动力流动,一方面优化了劳动力的资源配置,另一方面也说明河南省产业结构的潜在问题需要劳动者通过承担迁徙成本来承担,导致了劳动者背负着产业结构不合理的实际成本。

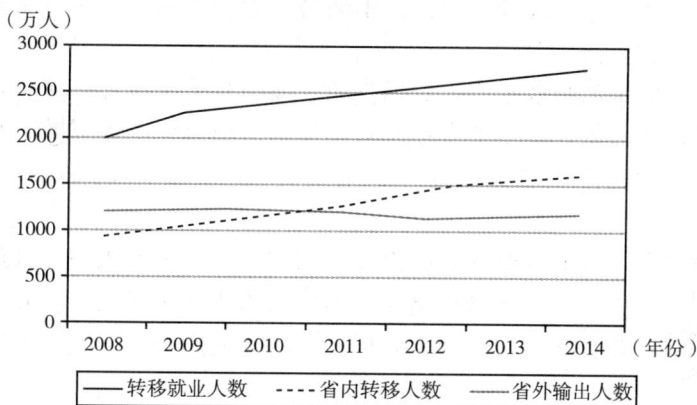

图 1-2 2008~2014 年河南省劳动力省内外转移状况

第三节 河南省经济发展的总量特征

本节将主要从省级层面、地级市层面和县级层面对河南省经济发展的总量特征进行分析,并结合区域和全国的排序为正确认识河南省经济发展水平提供基础。

一、省级层面 GDP

1995~2013 年,河南省 GDP 总量在全国均位居前列。2013 年,河南省的 GDP 总量高达 32155.86 亿元。GDP 总量较高的原因主要有以下几个方面:

一是河南省固有的经济优势决定的。就目前的产业布局而言,河南省北部是较为成熟的工业区,黄河沿线的也是较为传统的产业,因此工业基础较好。

二是政府的积极推动。2008 年金融危机之后,为了积极干预市场重振经济,河南省开始着力建设产业集聚区。2013 年底,河南省共有 180 个产业集聚区,建成区面积占规划区面积的 47.2%,同比增长 14.4%。较之于 2012 年,上述产业集聚区工业增加值占全省规模以上工业增加值的比重由 49.2% 提升至 54%。产业集聚区的建设,成为河南省后金融危机时代经济发展的重要举措之一。

三是由河南省区位优势决定的。省会城市郑州是"中国铁路心脏"和"中国交通十字路口",是亚欧大陆桥上被称为"新丝绸之路"的郑欧国际航路的起点,也是远东地区的一座建设中的航空港枢纽城市,在交通方面的优势是较为明显的。

四是长期以来的招商引资政策导致的。河南省为了自身经济的发展,长期坚持招商引资的政策,在土地、税收和劳动力供给等方面为引进企业提供诸多便利,也在一定程度上带动了相关产业的发展,推动了河南省 GDP 总量的增加。

五是河南省自身的资源优势决定的。河南省的土地面积和人口规模在全国都具有相当的竞争力,特别是充足劳动力供给为经济发展和产业分工的不断细化提供了基础,并且在一定程度上降低了资源的使用成本,能够为经济发展提供有力的支撑。

六是国家战略的支持。随着中国经济的不断发展进入新常态,国家对河南省发展的战略支持也日益增加,如"一带一路"的建设。因此,河南省在经济发展和国家的战略支持是密不可分的。

即便如此,就人均 GDP 的排序而言,河南省在全国范围内的排序并不理想。1999~2013 年,河南省人均 GDP 从第 18 位跌至第 23 位。期间在 2006 年曾经达到第 16 位的水平,而后呈现逐渐下降的趋势。导致这种局面产生的原因,主要在于河南省较大的人口基数和较快的人口增速,在较大程度上分散了总量建设上的成就。在此意义上,河南省传统的劳动力优势反而在一定程度上成为民生改善的阻碍之一。如果河南省能够在今后的发展过程中积极改变产业结构,培育新的经济增长点,那么还是能够将人口规模的优势充分发挥出来,切实在发展过程中提高民生利益。

此外,河南省在发展过程中 R&D 方面的支出相对较少。2013 年,河南省平均每个 R&D 人员的经费支出仅为 17.56 万元,占主营业务收入比重仅为 0.49%。在中部六省中,山西省、湖北省、湖南省、江西省、安徽省平均每个 R&D 人员的经费支出分别为 26.59 万元、24.18 万元、27.31 万元、23.74 万元、19.41 万元,占主营业务收入比重分别为 0.67%、0.82%、0.85%、0.46% 和 0.73%。就全国的平均水平而言,平均每个 R&D 人员的经费支出及其占主营业务收入比重分别为 22.22 万元和 0.7%。因此,无论是在全国范围内还是在区域范围内,河南省 R&D 方面的支出均是较少的。有限的 R&D 支出，将可能在长期内限制经济增长的潜力。

二、地市级层面 GDP

在分析河南省 GDP 总量特征及其在全国的相对位次后，接下来将分析河南省地级市层面的 GDP 总量特征。1999～2013 年，除去 2008 年金融危机的影响外，河南省地级市 GDP 的相对位次是相对固定的。如果进一步分析河南省地级市层面 GDP 的增速和市级人均 GDP，会更加直观地发现这一结论。这种情形的出现，一方面说明河南省各主要地级市的发展速度相对较为稳定，另一方面也说明在过去的 14 年间各地级市中基本尚未培育出新的经济增长点，从而引领本区域的经济实现跨越式的发展。

那么，河南省地级市这种 GDP 特征，在区域中的发展状况又是如何呢？我们在这里以黄河中游综合经济区为分析区域，对河南省地级市层面上 GDP 的特征进行分析。由于河南省 GDP 总量在全国范围内较为靠前，因此我们在此主要分析河南省人均 GDP 在黄河中游综合经济区中的相对位次。

我们发现，河南省地级市人均 GDP 在黄河中游综合经济区中的排序是较为落后的。除了郑州市能在前 10 位以外，三门峡、焦作和洛阳分别在 13 位、15 位和 16 位，其余大部分城市均在 20～48 位。就市级层面 GDP 增速而言，也仅维持在中游水平。这种情形的出现，说明河南省地级市间的发展差距是相对较大的，体现了一种非均衡发展的模式。

三、县级层面 GDP

那么，县级层面的 GDP 特征又是如何的？实际上，河南省除了 GDP 总量较高以外，地级市和县级市层面 GDP 发展的特征具有诸多相似性，如发展相对位次较为稳定、在中部四省全部县级市中排序处于中等水平部分处于落后水平外、GDP 增速较慢等。这里不再做具体分析。

第二章　河南省居民收入分配现状

在分析河南省社会和经济发展总体状况之后，本章将对河南省居民收入分配的总体现状进行分析。具体而言，首先，就河南省居民收入分配的实际演进状况进行梳理，并梳理其中的主要特点。其次，将河南省的实际状况分别与中部和全国平均水平的发展进行对比分析，明确河南省在小区域和大区域中的发展状况。再其次，通过具体数据分析河南居民收入在河南省各地区、城乡、行业以及不同收入组的分配状况。最后，对收入分配制度性安排做一个总体介绍。

第一节　河南省居民收入分配现状实际演进轨迹

河南省居民收入分配的演进过程中，有以下几个特点需要引起重视：

首先，居民收入分配份额总体呈现下行趋势。河南省居民收入份额占GDP的比重与全国居民占GDP比重的演进趋势基本一致：1990年开始下降，2009年前后开始出现少许的回升。这种居民收入占GDP比重的下降，一方面是因为统计方面的变化带来的，另一方面是因为社会分配到居民的收入持续偏少导致的。在此背景下，十七届五中全会提出"合理调整收入分配关系，努力提高居民收入在国民收入分配中的比重、劳动报酬在初次分配中的比重"。这种现象的出现，说明居民收入偏少的问题已经开始成为一个社会关注的焦点问题，并亟待采取相应的措施去改善。

在河南省，政府所占份额1990～2012年的比重基本保持不变，企业部门所占的份额出现了较显著的上升，直到2008年金融危机发生后才开始出现一定程度的下降（见图2-1）。迅速提升的企业收入份额，较大程度挤出了居民收入份额的比重，使居民改善自身收入的机会日益减少。如果考虑到河南省在此阶段内人口规模和人口增速的影响，我们不难判断河南省居民1990年以来提升收入的空间被严重挤压了。因此，河南省居民收入分配中的主要问题是如何更好地处理企业收入份额与居民收入份额的协调问题，需要着力避免经济发展的名义过度招商引资，而漠视劳动者基本权益的实现。和谐的劳资关系，不仅需要劳动和企业进行协商，同时也需要政府适时地强势介入。

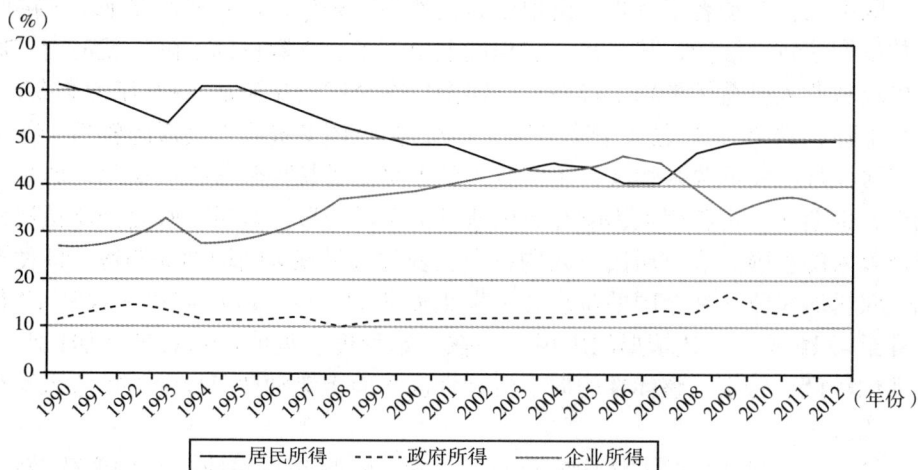

图2－1　1990～2012年河南省居民、政府、企业所的份额

　　其次，居民收入分配中收入的流动性较小。一般而言，收入的流动性是指收入改变的可能性。收入流动性的提出最初源于熊彼特的旅馆模型。具有不同收入水平的群体相当于居住在旅馆各楼层的旅客。只要楼层的居住之间存在较少的障碍，也即收入的转换机制较为顺畅，就能够实现各阶层住在最好楼层的愿望。总体而言，目前对收入流动性的研究主要集中在两个方面：对收入流动性的测度和收入转换机制的研究。

　　经济的增长将带来收入水平的改善，对称性或者平衡的增长模式能够使得经济主体均匀地享受到经济的成果。当然，这是一种理想的状态，更现实的情况是经济在主体、地域和行业间的非对称增长过程，也就是我们常说的城乡、区域和行业之间的收入发展的失衡。按照绝对流动性的观点，总量的增长也能被认为是一种流动性，而且是一种较为普遍和现实的流动性。通常而言，总量增长基础和速度方面的差异将带来收入改善程度的分化。因此，收入流动性的一个主要方向就是研究经济增长过程中个人收入总量的变化和结构。快速的总量变化，包括向上或者向下流动，都是具有充分收入流动性的表现。此外，结构性变动也能影响收入流动性的大小，主要体现为转移支付和税收两方面。通常，对居民个体的一般转移支付能够在一定程度上改善其收入流的总量，如最低生活保障、医疗保险等。转移支付对个人或群体收入的影响基本是正面的，作用机制主要是通过提升收入的流入和减缓收入的流出两个方面。

除去农村劳动者工资收入出现较为显著的上升外，城乡居民其他形式的收入数量增速较为缓慢，甚至在一定程度上出现了收入数量的下降。就河南省城镇单位就业人员总体平均工资而言，河南省在全国的排位从2006年的第23位持续下降，到2013年已经下降至第31位，为全国工资收入最低的省份。作为城镇居民最主要的收入形式，工资收入的下降会直接导致城镇居民收入数量的减少，也会在一定程度上影响在省内流动的劳动力收入数量。较之于城镇居民工资收入的下降，农村居民收入构成中工资收入呈现逐渐增加的趋势。即便如此，农村居民收入在全国的位次并未发生显著的改变，1995年以来仅从19位上升至第16位。上述情形的出现，均在一定程度上说明河南省城乡居民收入流动性较低，特别是整体性的向下流动性高于向上流动性，导致居民收入长期难以改善。

最后，农村居民收入结构变化较为显著，而城镇居民收入结构变化较小。导致这种局面出现主要有两种原因：一是河南省是传统的农业大省，早期的农村居民收入形式是务农收入。随着中国经济整体发展水平的不断改善，通过外出务工改善自身收入的机会日益增加，因此工资收入占总收入的比重逐年增加。二是由于河南省农村居民收入总量偏低，因此较低数量的工资收入带来的结构性变动也相对较大。

第二节　河南省居民收入及总体格局变化情况

从表2-1可以看出，河南省城镇居民家庭人均可支配收入从2000年的4766.26元增长到2013年的22398.03元，增幅4.7倍，年均增长率达到12.64%。农村居民家庭人均纯收入从2000年的1985.82元增长到2013年的8475.34元，增幅4.3倍，年均增长率达到11.81%。总体来讲，河南省居民收入有了较大幅度的提高，但是，城乡发展存在一定差距，从绝对量上来看，2013年城镇居民家庭人均收入是农村居民家庭人均收入的2.64倍，从纵向来看，十几年间，城乡人均收入比一直保持在2~3，城乡差距明显（见图2-2和图2-3）。

表 2 - 1　　　　　　　2000～2013 年河南居民收入变化及其增长率　　　　单位：元

年份	城镇居民家庭人均	农村居民家庭人均	城乡收入比
2000	4766. 26	1985. 82	2. 4
2001	5267. 42	2097. 86	2. 51
2002	6245. 4	2215. 74	2. 82
2003	6926. 12	2235. 68	3. 1
2004	7704. 9	2553. 15	3. 02
2005	8667. 97	2870. 58	3. 02
2006	9810. 26	3261. 03	3. 01
2007	11477. 05	3851. 6	2. 98
2008	13231. 11	4454. 24	2. 97
2009	14371. 56	4806. 95	2. 99
2010	15930. 26	5523. 73	2. 88
2011	18194. 8	6604. 03	2. 76
2012	20442. 62	7524. 94	2. 72
2013	22398. 03	8475. 34	2. 64
年均增长率（%）	12. 64	11. 81	—

资料来源：《河南统计年鉴 2014》，经计算得到。

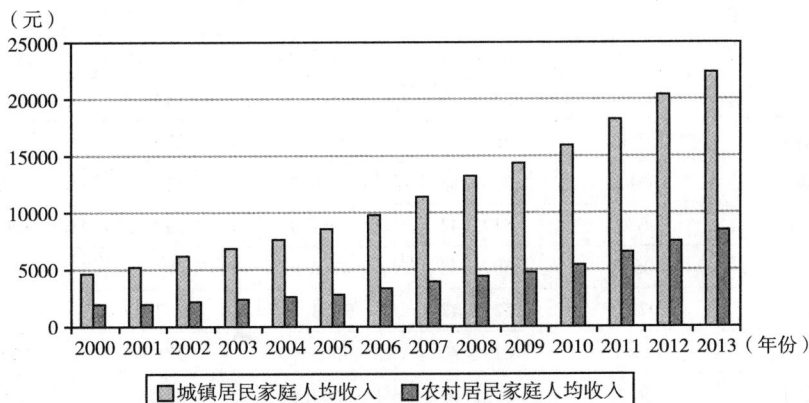

图 2 - 2　2000～2013 年河南城镇及农村居民收入变化

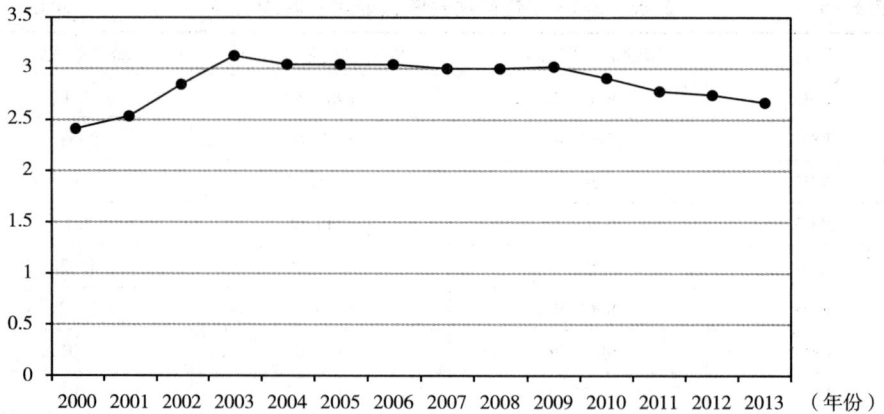

图2-3　2000～2013年河南城镇与农村居民收入比变化趋势

　　表2-2具体报告了2013年河南各地区农村居民人均收入来源构成情况，从表2-2可以看出，在收入构成方面，各地区情况存在一定差异，如郑州市的农村居民人均收入构成中，工资性收入占比较多，但很多地区是家庭经营收入占主要部分，这可能与地方经济和产业发展有关。

表2-2　　2013年各市农村居民家庭平均每人全年纯收入收入来源构成

市（县）	合计	工资性收入	家庭经营收入	财产性收入	转移性收入
省辖市					
郑州	14009	8070.11	4432.94	839.28	666.67
开封	8355	3575.29	4316.32	144.43	319.10
洛阳	8756	5673.44	2506.45	200.47	375.83
平顶山	8541	3730.63	4160.43	121.12	528.53
安阳	9670	5172.43	4051.97	138.78	306.40
鹤壁	10608	5074.38	4766.41	84.31	683.30
新乡	9728	5252.49	3653.17	287.29	535.62
焦作	11367	6198.30	4395.60	371.90	400.90
濮阳	7904	3785.07	3543.58	173.73	401.32
许昌	11007	6209.00	3810.00	235.00	753.00
漯河	9876	4366.70	4826.20	353.00	330.10

续表

市（县）	合计	工资性收入	家庭经营收入	财产性收入	转移性收入
三门峡	8926	3346.81	4999.61	204.69	374.72
南阳	8729	3147.14	5081.13	87.59	412.93
商丘	7217	3692.50	3119.86	73.51	331.43
信阳	7982	3748.46	3829.52	49.91	354.26
周口	6950	3532.60	3045.90	35.10	335.90
驻马店	7437	3395.47	3585.11	72.27	384.44
济源	11958	5301.00	5963.00	150.00	544.00
省直管县					
巩义	13951	9216.00	4131.00	21.00	583.00
兰考	6756	2858.66	3655.08	71.38	171.29
汝州	10062	4650.33	4838,93	68.31	504.13
滑县	6839	2989.83	3354.15	38.84	456.28
长垣	11381	5940.00	4696.55	217.47	527.18
邓州	9172	3407.00	5141.00	177.00	446.00
永城	8469	4390.16	3716.07	2.70	360.11
固始	8121	3786.00	3811.00	81.00	444.00
鹿邑	7755	4062.28	3387.84	38.00	267.00
新蔡	7148	3017.00	3670.40	79.60	381.20

资料来源：《河南统计年鉴2014》整理得到。

表2-3报告了2007～2013年河南省农民家庭平均每人总收入的来源构成，其中主要包括工资性收入、家庭经营收入、财产性收入以及转移性收入。

表2-3　　　　　　　2007～2013年河南农村居民人均纯收入构成

年份	全年总收入	构成（元）				占比（%）			
		工资性收入	家庭经营收入	财产性收入	转移性收入	工资性收入	家庭经营收入	财产性收入	转移性收入
2007	5197	1268	3721	53	155	24.40	71.60	1.02	2.98
2008	5994	1500	4212	53	230	25.03	70.27	0.88	3.84
2009	6414	1622	4462	56	275	25.29	69.57	0.87	4.29

续表

年份	全年总收入	构成（元）				占比（%）			
		工资性收入	家庭经营收入	财产性收入	转移性收入	工资性收入	家庭经营收入	财产性收入	转移性收入
2010	7293	1944	4969	59	322	26.66	68.13	0.81	4.42
2011	8725	2524	5640	108	453	28.93	64.64	1.24	5.19
2012	9829	2989	6197	135	508	30.41	63.05	1.37	5.17
2013	11345	3582	6804	160	798	31.57	59.97	1.41	7.03

资料来源：历年《河南统计年鉴》，经计算整理得到。

　　从表2-3可以看出，2007~2013年，农村居民人均纯收入的构成中，家庭经营占主要部分，其次是工资性收入，而财产性收入和转移性收入占比不多。具体来看，2007年，家庭经营收入占全年总收入71.6%，工资性收入占了24.4%，而财产性收入和转移性收入分别仅占了1.02%和2.98%。2013年，家庭经营收入占比下降到59.97%，工资性收入上升到31.57%，财产性收入和转移性收入占比也在上升。从变化趋势上来看，2007~2013年，在农村居民人均收入构成中，家庭经营收入占比在不断下降，工资性收入占比在不断上升，转移性收入占比上升明显，而财产性收入趋势平稳（见图2-4）。

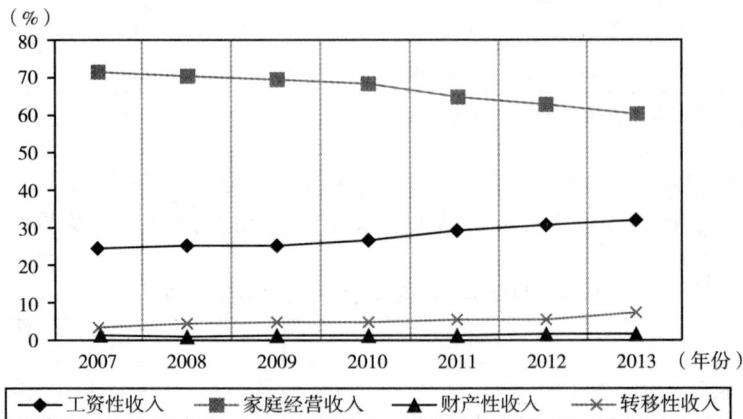

图2-4　2007~2013年河南农村居民人均实际纯收入构成比例

第三节 河南省居民收入与其他地区的横向比较

为了准确分析河南省居民收入分配格局，首先应分析影响收入分配的经济基础，即河南省的 GDP 规模及增长情况，并与中部其他五省地区做出比较，以期分析河南经济发展水平和所处的位置。表 2 - 4 报告了 2000～2013 年全国和中部各省的 GDP 规模。

表 2 - 4　　　　　2000～2013 年河南与中部地区 GDP 规模比较　　　单位：亿元

年份	河南	山西	安徽	江西	湖北	湖南	中部平均	河南中部排名	全国	河南全国排名
2000	5052.99	1845.72	2902.09	2003.07	3545.39	3551.49	3150.13	1	98000.5	5
2001	5533.01	2029.53	3246.71	2175.68	3880.53	3831.9	3449.56	1	108068.2	5
2002	6035.48	2324.8	3519.72	2450.48	4212.82	4151.54	3782.47	1	119095.7	5
2003	6867.7	2855.23	3923.1	2807.41	4757.45	4659.99	4311.81	1	134977	6
2004	8553.79	3571.37	4759.32	3456.7	5633.24	5641.94	5269.39	1	159453.6	5
2005	10587.42	4179.52	5375.12	4056.76	6590.19	6511.34	6216.73	1	183617.4	5
2006	12362.79	4878.61	6112.5	4820.53	7617.47	7688.67	7246.76	1	215904.4	5
2007	15012.46	6024.45	7360.92	5800.25	9333.4	9439.6	8828.51	1	266422	5
2008	18018.53	7315.4	8851.66	6971.05	11328.92	11555	10673.43	1	316030.3	5
2009	19480.46	7358.31	10062.82	7655.18	12961.1	13059.69	11762.93	1	340320	5
2010	23092.36	9200.86	12359.33	9451.26	15967.61	16037.96	14351.56	1	399759.5	5
2011	26931.03	11237.55	15300.65	11702.82	19632.26	19669.56	17412.31	1	472115	5
2012	29599.31	12112.83	17212.05	12948.88	22250.45	22154.23	19379.63	1	519322	5
2013	32156	12602	19039	14339	24668.49	24502	21217.75	1	568845	5
年均增长率（%）	12.01	11.86	11.92	11.84	11.97	11.72	11.86	1	9.97	
2013/2000	4.37	4.29	4.32	4.28	4.35	4.22	4.29	1	3.44	

资料来源：相关年份的《中国统计年鉴》并计算得到。

从表 2 - 4 可以看出，河南 GDP 由 2000 年的 5052.99 亿元提高到 2013 年的 32156 亿元，13 年间的 GDP 规模均处在中部第 1 的位置；在全国的排名也基本稳居在第 5 位。从增长率来看，河南 GDP 的实际平均增长率（扣除价格因素，下同）一直稳居中部第1位，并高于全国平均增速2.03个百分点。总体来讲，河南省的GDP规模以及发展速度都是可观的。

从图2-5可以看出，河南GDP年增长率和中部六省平均水平以及全国平均水平趋势相当，特别是在2004~2007年，河南省GDP年均增长率均明显高于中部和全国。2010年增长率有大幅度下降，但到2011年又开始回升，随后又趋于下降。

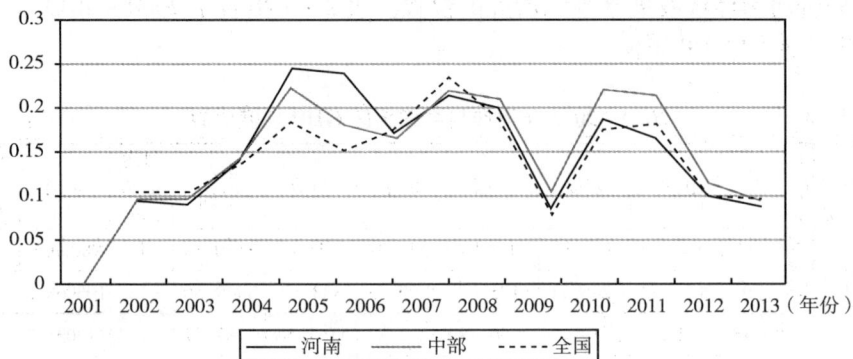

图2-5 2000~2013年河南与中部、全国GDP增长率比较

再来看河南省城镇居民人均可支配收入规模与增速，并做了与中部地区平均和全国平均的对比分析（见表2-5）。

表2-5 2000~2013年河南城镇居民人均可支配收入规模与增速

年份	河南省		中部地区平均		全国平均	
	规模（元）	增长率（%）	规模（元）	增长率（%）	规模（元）	增长率（%）
2000	4766.26	—	5271.79	—	6280	—
2001	5267.42	10.52	5744.98	9.24	6859.6	8.47
2002	6245.40	18.57	6432.56	13.08	7702.8	13.43
2003	6926.12	10.9	7101.13	8.61	8472.2	9.01
2004	7704.90	11.24	7886.52	6.49	9421.6	7.65
2005	8667.97	12.5	8830.37	10	10493	9.62
2006	9810.26	13.18	9911.3	10.75	11759.5	10.41
2007	11477.05	16.99	11624.3	11.86	13785.8	12.18
2008	13231.11	15.28	13196.85	7	15780.8	8.4
2009	14371.56	8.62	14321.12	9.41	17174.7	9.82

续表

年份	河南省		中部地区平均		全国平均	
	规模（元）	增长率（%）	规模（元）	增长率（%）	规模（元）	增长率（%）
2010	15930.26	10.85	15911.89	7.84	19109.4	7.82
2011	18194.80	14.22	18272.93	9.03	21809.8	8.39
2012	20442.62	12.35	20649.54	10.28	24565	9.67
2013	22398.03	9.57	23579.65	9.52	26955	9.7
年均增长率（%）		12.64		9.51		9.36
2013/2000	4.7		3.26		3.2	

资料来源：历年《中国统计年鉴》以及历年《河南统计年鉴》计算得到。

从表 2-5 可以看出，河南城镇居民人均可支配收入从 2000 年的 4766.26 元上升到 2013 年的 22398.03 元，年均实际增长率为 12.64%，增长到 4.69 倍；中部六省从 2000 年的 5271.79 元上升到 2013 年的 23579.65 元，年均增长率 9.51%，增长了 2.26 倍；全国从 2000 年的 6280.00 元上升到 2013 年的 26955.00 元，年均增长率 9.36%，增长了 2.20 倍。从增速来看，2000～2013 年，河南城镇居民人均可支配收入高于全国平均水平以及中部平均水平，并且河南城镇居民收入实际增长率和增长倍数也均高于中部地区和全国的平均水平，这个结果表明河南省与中国的经济发展相适应，其城镇居民人均可支配收入的增速走在中部及全国前列。河南省城镇居民人均可支配收入增速明显高出全国平均以及中部平均很多，见图 2-6。

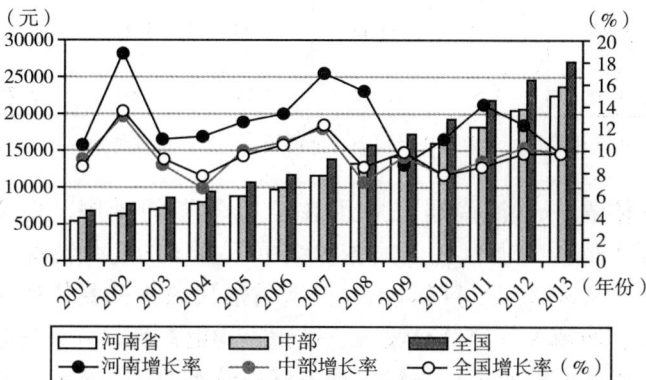

图 2-6 2000～2013 年河南城镇居民人均可支配收入规模与增速比较

从中部六省的排名来看，河南城镇居民实际人均可支配收入的排名一直维持在中部省份中倒数前3位，除了2008～2010年，略有提升外，这与河南的人口基数也密切相关，可以看出河南省城镇居民人均可支配收入亟须改善（见表2-6）。

表2-6　　　　　2000～2013年河南城镇居民人均可支配收入规模与增速　　　单位：元

年份	河南	山西	安徽	江西	湖北	湖南	河南排名
2000	4766.26	4724.11	5293.55	5103.58	5524.5	6218.73	5
2001	5267.42	5391.05	5668.8	5506.02	5856	6780.56	6
2002	6245.4	6234.36	6032.4	6335.64	6789	6958.56	4
2003	6926.12	7005.03	6778.03	6901.42	7322	7674.2	4
2004	7704.9	7902.86	7511.43	7559.64	8022.8	8617.48	4
2005	8667.97	8913.91	8470.68	8619.66	8786	9523.97	4
2006	9810.26	10027.7	9771.05	9551.12	9803	10504.67	3
2007	11477.05	11564.95	11473.58	11451.69	11485	12293.54	4
2008	13231.11	13119.05	12990.35	12866.44	13153	13821.16	2
2009	14371.56	13996.55	14085.74	14021.54	14367	15084.31	2
2010	15930.26	15647.66	15788.17	15481.12	16058.4	16565.7	3
2011	18194.8	18123.87	18606.13	17494.87	18373.87	18844.05	4
2012	20442.62	20411.71	21024.21	19860.36	20839.59	21318.76	4
2013	22398.03	22456	27980	21873	22906.42	23414	5
年均增长率（%）	9.64	10.12	11.09	9.39	8.73	8.12	
2013/2000	3.31	3.5	3.92	3.21	2.97	2.76	

资料来源：历年《中国统计年鉴》以及历年《河南统计年鉴》整理得到。

下面来具体看一下河南居民收入在全国各省的排序，表2-7报告了2000～2013年不同收入项目在全国各省级单位排序的变化情况，表中部分年份存在缺失值。从表2-7可以看出，河南省居民收入的具体项目，包括城镇人均工薪收入、城镇人均经营净收入、城镇人均财产性收入、城镇人均转移性收入、农村人均工资性收入、农村人均家庭经营纯收入、农村人均财产性收入以及农村人均转移性收入等各个收入项目在全国排序的变化情况。

表 2 - 7　　　　　　　　河南省居民收入在全国各省的排序

年份＼项目	城镇人均总收入	城镇人均可支配收入	城镇人均工薪收入	城镇人均经营净收入	城镇人均财产性收入	城镇人均转移性收入	农村人均纯收入	农村人均工资性收入	农村人均家庭经营纯收入	农村人均财产性收入	农村人均转移性收入	劳动者收入份额总量	劳动者收入份额在GDP中比重
2000	—	30	—	—	3	18	18	20	14	21	19	8	8
2001	—	31	—	—	3	16	17	20	15	20	21	6	6
2002	25	23	28	5	17	16	17	19	14	17	24	6	6
2003	24	23	27	15	20	14	19	19	15	20	18	3	3
2004	23	22	27	17	13	13	19	19	15	25	31	—	—
2005	20	20	24	14	21	17	19	19	14	24	30	16	16
2006	19	17	24	14	21	13	17	18	12	26	30	17	17
2007	19	18	25	11	23	11	17	18	12	25	27	17	17
2008	19	16	21	15	23	13	17	18	12	27	28	15	15
2009	19	16	19	16	24	10	18	18	12	29	30	16	16
2010	19	17	22	12	22	13	14	18	11	29	31	11	11
2011	23	20	24	10	23	17	16	18	12	24	29	8	8
2012	23	20	23	9	23	21	16	18	12	21	30	10	10
2013	23	21	24	11	21	21	16	17	11	22	30	—	—

资料来源：历年《中国统计年鉴》以及历年《河南统计年鉴》整理得到。

从表 2 - 7 可以看出，河南城镇人均可支配收入在全国各省排序呈逐年上升趋势，具体来看，其中城镇人均经营净收入排序在不断上升，而工薪收入先呈缓慢上升趋势，后又下降。城镇人均转移性收入在全国各省排序也是先上升，后下降。对于农村而言，值得一提的是，农村居民转移性收入排序下降明显，从 2000 年的 19 位到 2004 年的 31 位，而后基本保持在 30 位左右的水平。这可能与国家某些政策有关，具体不再分析。另外，河南农村人均工资性收入和家庭经营纯收入趋势平稳，农村人均财产性收入则呈现先下降后上升的趋势。

第四节　河南省居民收入在各地区间的差异

一、各地区城镇居民收入差距状况

1. 绝对差距及其变化。各地区城镇居民人均可支配收入绝对差距都有所扩大。城镇居民人均可支配收入最高的是郑州，2013 年人均可支配收入为 26615 元，比 2012 年增加了 2369 元，增长 9.77%。最低的是兰考县，2013 年人均可支配收入为 16538 元，比 2012 年增加了 1814 元，增长 12.32%。从最高和最低的收入之比来看，2013 年为 1.61，比 2012 年的 1.65 减少了 0.04。从各地区的增长速度来看，增长都很明显，年均增长率均超过了 11%。其中，增速最快的是焦作市，达到了 14.02%，增速最慢的是三门峡市，增速为 11.24%，增速快慢之比为 1.25。从各地区 2000~2013 年的增加额来看，最高的是郑州市为 20680 元，最低的为新蔡县为 13165，增加额高低相差 7515 元。

表 2-8　2000~2013 年河南省各地区城镇居民人均可支配收入及年均增长率

市（县）	2000 年	2005 年	2007 年	2008 年	2009 年	2010 年	2011 年	2012 年	2013 年	年均增长率
省辖市										
郑州	5935	10640	13692	15732	17117	18897	21612	24246	26615	12.24
开封	4089	7220	9769	11342	12318	13695	15558	17545	19492	12.76
洛阳	5201	9720	12770	14672	15949	17639	20163	22636	24820	12.77
平顶山	4790	8723	11715	13531	14721	16208	18348	20610	22482	12.63
安阳	4502	8822	11796	13637	14809	16394	18686	21042	23019	13.37
鹤壁	3946	7898	10912	12491	13628	15059	17255	19284	21228	13.82
新乡	4700	8312	11236	13000	14170	15752	17988	20159	22105	12.65
焦作	4008	8430	11488	13199	14282	15781	18005	20136	22058	14.02
濮阳	4090	7972	11042	12731	13737	15138	17228	19511	21571	13.64
许昌	4410	7769	10741	12448	13619	15171	17503	19685	21717	13.05
漯河	4633	7923	10732	12364	13390	14769	16997	19136	21174	12.4
三门峡	5245	8071	10710	12392	13470	15032	17062	19184	20938	11.24
南阳	4430	7831	10713	12395	13498	15077	17289	19544	21653	12.98

续表

市（县）	2000 年	2005 年	2007 年	2008 年	2009 年	2010 年	2011 年	2012 年	2013 年	年均增长率
商丘	4077	7247	10166	11752	12715	14178	16151	18312	20214	13.11
信阳	4037	6762	9477	11022	12047	13348	15271	17256	19150	12.72
周口	3646	6356	8955	10406	11363	12678	14583	16503	18046	13.09
驻马店	4407	6900	9762	11305	12311	13702	15795	17671	19431	12.09
济源	4723	9017	11945	13809	14983	16481	18821	21240	23185	13.02
省直管县										
巩义	5025	9045	11218	13236	14409	15893	18186	20441	22516	12.23
兰考	3189	5973	7538	9030	10115	11430	13030	14724	16538	13.5
汝州	3896	6281	9195	11032	12252	13556	15427	17386	19208	13.06
滑县	3689	6073	9002	10622	11489	12527	14064	15808	17588	12.77
长垣	3620	5835	8410	9985	11197	12697	14550	16355	18289	13.27
邓州	4305	7294	10217	11818	12990	14340	16079	18056	19978	12.53
永城	4228	7306	10141	11901	13448	15000	17175	19442	21435	13.3
固始	3973	6562	9220	10688	11675	12926	14762	16578	18442	12.53
鹿邑	3837	5982	8934	10175	11357	12516	14356	16222	18122	12.68
新蔡	3890	5882	8257	9661	10569	11757	13615	15344	17055	12.04

资料来源：《河南统计年鉴 2014》，经整理得到。

2. 相对差距及其变化。如图 2 - 7 所示，通过河南省各地区收入的离散系

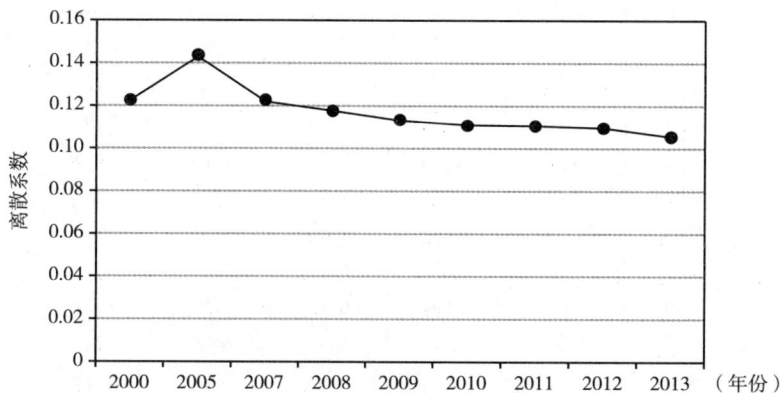

图 2 - 7   2000 ~ 2013 年河南省地区间城镇居民人均可支配收入的离散系数变化状况

数的变化可以看出，地区间城镇人均可支配收入的离散系数在 2000～2005 年不断上涨，然后 2005 年后呈不断下降趋势，近年来呈平稳缓慢下降趋势。这表明，在河南省城镇居民人均可支配收入快速增长的同时，地区间的相对差异程度不断缩小。

二、各地区农村居民收入差距状况

1. 绝对差距及其变化。2013 年，河南省各地区农村居民人均纯收入绝对差距有所扩大。农村居民人均纯收入最高的是郑州，人均纯收入为 14009 元，比 2012 年增加 1478 元，增长 11.8%（见表 2-9）。最低的是兰考县，人均纯收入为 6756 元，比 2012 年增加 772 元，增长 12.9%。从各地区的平均增长速度来看，所有地区增速均超过了 10%，其中最高的是长垣县为 13.57%，最低的是兰考县为 10.08%，增速快慢之比为 1.35∶1。从河南各地区 2000～2013 年的增加额看，最高的郑州市为 11097 元，最低的兰考县为 4817 元，增加额高低相差 6280 元。

表 2-9　　2000～2013 年河南省各地区农村居民人均纯收入及年均增长率

市（县）	2000 年	2005 年	2010 年	2011 年	2012 年	2013 年	年均增长率（%）
省辖市							
郑州	2912	4774	9225	11050	12531	14009	12.84
开封	2096	2714	5390	6492	7414	8355	11.22
洛阳	1976	2903	5680	6822	7777	8756	12.13
平顶山	1967	2688	5504	6578	7518	8541	11.96
安阳	2129	3220	6359	7586	8618	9670	12.35
鹤壁	2105	3469	6813	8271	9388	10608	13.25
新乡	2165	3133	6241	7532	8647	9728	12.25
焦作	2564	3831	7512	8902	10113	11367	12.14
濮阳	1845	2472	5077	6082	6945	7904	11.84
许昌	2520	3643	7197	8651	9819	11007	12.01
漯河	2303	3319	6460	7700	8755	9876	11.85
三门峡	2161	2935	5787	6929	7906	8926	11.53
南阳	1889	2894	5666	6776	7752	8729	12.50
商丘	1815	2346	4674	5637	6426	7217	11.20
信阳	1916	2707	5311	6153	7008	7982	11.60
周口	1915	2276	4510	5448	6199	6950	10.42

续表

市（县）	2000 年	2005 年	2010 年	2011 年	2012 年	2013 年	年均增长率（%）
驻马店	1905	2486	4861	5804	6599	7437	11.05
济源	2425	3889	7784	9341	10648	11958	13.06
省直管县							
巩义	3167	5458	9514	11392	12953	13951	12.08
兰考	1939	2198	4429	5236	5984	6756	10.08
汝州	2297	3051	6443	7783	8888	10062	12.03
滑县	1956	2868	4998	5300	6052	6839	10.11
长垣	2176	3580	7263	8789	10072	11381	13.57
邓州	1989	3104	6141	7139	8131	9172	12.48
永城	1863	2700	5429	6557	7488	8469	12.35
固始	1828	2795	5483	6304	7206	8121	12.15
鹿邑	1916	2571	5036	6036	6875	7755	11.35
新蔡	1733	2225	4508	5491	6287	7148	11.52

资料来源：《河南统计年鉴 2014》，经整理得到。

2. 相对差距及其变化。由于数据原因，我们只得到了 2010～2013 年的离散系数。从地区间农村居民人均纯收入的离散系数来看，2010～2012 年，地区间农村居民人均纯收入的分散程度呈上升趋势，2012～2013 年，离散系数猛然下降到0.23 以下，这表明农村居民人均纯收入的相对差距呈缩小趋势（见图 2-8）。

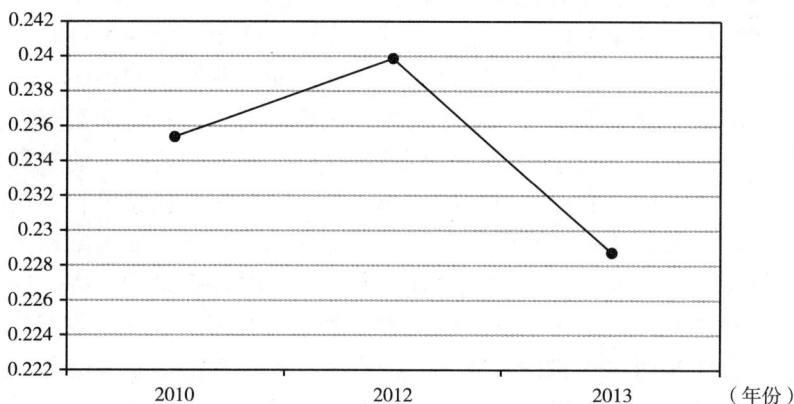

图 2-8　2010～2013 年河南省地区间城镇居民人均可支配收入的离散系数变化状况

第五节 河南省收入分配制度安排

一、全国层面上居民收入分配的制度概况

1. 传统体制下的劳动收入模式。我国的经济体制改革，是要把传统的计划经济体制转变为社会主义市场经济体制，建设有中国特色的社会主义。就个人收入分配制度改革而言，是要把传统计划经济体制下形成的、以高度集中的计划分配和严重的平均主义倾向的分配制度，逐步转变为同社会主义市场经济体制相适应的分配制度。

从新中国成立到50年代中期，我国存在着多种经济成分，从而也存在多种分配方式。1956年基本完成社会主义改造以后，直到1978年的20多年间，在"左"的错误思想指导下，生产资料所有制只存在单一的公有制，只有全民所有制和集体所有制形式的差别。在个人收入分配制度方面，把按劳分配看成是社会主义阶段的唯一分配方式。除此之外，包括在我国过渡时期曾经存在过的多种分配方式，都被视为非社会主义性质的，因而被限制直至取消。在这种理论指导下，当时的"按劳分配"只有两种形式，即工资和"工分"。全民所有制企业、机关和事业单位以及城镇集体企业，都实行工资制；农村集体经济实行"工分"制。由于当时只存在全民所有制和集体所有制，所以，全国也就只存在这两种分配形式。

当时的全民所有制企业的工资制度有三个特点：一是工资等级、工资标准、工资水平均由国家制定。二是同一部门、同一产业行业的工资等级、工资标准基本上全国划一，只是在不同部门、不同产业行业和不同地区之间略有差别。当时大部分全民企业被告八级工资制，国家有关部门制定的工资表，具体规定每个行业、每个工资级别的工资标准是多少。三是企业职工的工资数量即每月拿多少工资，同本企业经营状况好坏、经济效益高低相脱节。不论本企业是盈是亏，职工都按工资级别照拿工资。企业之间，只要工资级别相同，无论是在经济效益高的企业还是在亏损企业，都可以拿同样数量的工资。这样的工资制度，虽说也是以劳动作为分配的尺度，国家有关部门在制定工资等级、工资标准、工资水平时，也试图在质和量两方面反映劳动的差别，但是，由于这种工资制度既抹杀了企业之间劳动效率的差别，又不允许企业有自主权，更切断了职工劳动报酬同市场的联系，把劳动者的个别劳动直接视为社会必要劳动。所以，这种工资制度实际上是把全民所有制企业作为一个整体，在整个全

民所有制范围内进行分配。其结果，不可能真正贯彻劳分配原则，而只能导致严重的平均主义分配倾向。

在农村集体经济中，以生产队（或大队）为集体经营单位，农民按"工分"取得劳动报酬。"工分"的分值取决于生产队（或大队）的纯收入，生产队（或大队）的纯收入取决于农产品的数量和价格，而当时农产品的价格绝大部分又由国家计划调节，所以，农民的收入水平实际上也受国家计划调节。在生产队（或大队）内部农民由生产队"派活"，集体劳动，加之当时农业生产水平很低，所以，在农村同样存在严重的平均主义分配倾向。

2. 改革开放以来的劳动收入制度变迁。1978 年召开的党的十一届三中全会，重新确立了马克思主义的实事求是的思想路线。确定了把党的工作重点转移到经济建设上来的战略决策。提出了改革经济体制的任务。邓小平同志在中央工作会议上的讲话，实际上是三中全会的主题报告。他提出："在经济政策上我认为要允许一部分地区、一部分企业、一部分工人农民，由于辛勤努力成绩大而收入先多一些，生活先好起来。一部分人生活先好起来，就必然产生极大的示范力量，影响左邻右舍，带动其他地区、其他单位的人们向他们学习。这样，就会使整个国民经济不断地波浪式地向前发展，使全国各族人民都能比较快地富裕起来。"他特别指出："这是一个大政策，一个能够影响和带动整个国民经济的政策"。邓小平同志的这一讲话，尖锐地指出了高度集中的计划分配制度和由此造成的严重平均主义分配政策已阻碍了国民经济的发展；明确提出不仅要允许一部分工人、农民依靠辛勤劳动而先富起来，而且要允许一部分地区、一部分企业靠合法经营、辛勤劳动而先富起来。要做到这一点，无疑就必须从根本改革旧的分配制度。他还高瞻远瞩地指出，分配制度的改革是一项能够带动整个国民经济发展的大政策，充分说明了改革分配制度的迫切性和重要性。邓小平同志的这些思想，指出了我国分配制度改革的方向和基本原则。

关于农民收入问题，中共党的三中全会专门提出：为了调动几亿农民的生产积极性，必须在经济上关心他们的物质利益。为此，各级经济组织必须认真执行按劳分配原则，克服平均主义；农民的自留地、家族副业和集市贸易是社会主义经济的必要补充，任何人不得干涉。我国的经济体制改革从农村开始并取得突破性进展，而农村的改革是从建立生产责任制开始的。当时，在农村人民公社中，生产资料实行三级（分社、大队、生产队）所有、生产队为基础；生产组织形式是集体劳动，即统一出工、统一派活，农民称为"大呼隆"；收入分配实行平均主义的工分制。由于长期存在的"左"的思想禁锢还未冲破，所以农村的改革起步艰难，建立生产责任制也经历了曲折过程。开始是包工制，包工到组或包工到户，逐步发展到包产到户、联产计酬。以后，进一步发展成为以家族经营为主的联产承包责任制。

1993年11月，中共中央、国务院颁发的《关于当前农业和农村经济发展的若干政策措施》进一步明确，这种联产承包责任制，"坚持了统一经营与分散经营相结合的原则，使集体优越性和个人积极性同时得到发挥。"所谓家族联产承包，就是把集体所有的土地等生产资料，按一定原则（或按家族人口数量，或按家族劳动力数量，或按人劳动力比例）承包给家族，土地等生产资料的所有权仍归集体，但家族承包后农民有了充分的经营自主权。实行这种制度，从一个方面说，是农业经营体制的根本性改革，即由原来的集体经营转变为家族经营，家族成了农村基本经营单位；从另一方面说，又是分配制度的重大改革，即农民的收入直接决定于他的生产成果。过去，是由生产队统一分配，名义上说是按劳动分配，实际上是按出工日数计酬。由于农民没有生产积极性，生产效率很低，其结果是农民收入水平很低，又存在严重的平均主义。实行家族联产承包责任制后，以家族为单位进行自主经营，生产过程结束后，所得收入除缴纳国家的税金和按承包合同缴纳集体提留外，全部归农户所有。农民个人收入的多少直接取决于生产成果的多少，而生产成果的多少又直接同他付出的劳动量、同他的经营管理水平联系在一起，投入的劳动多、劳动质量高、经营有方，生产成果就多，从而家族所得也就多。其次，被告家族联产承包责任制不仅使农民有了对土地生产经营自主权，而且有了支配自己劳动的自主权。在完成承包合同的前提下，农民可以充分利用家族劳动力，合理安排劳动时间，从事主业之外的多种经营活动，如副业生产、务工经商等，提高了劳动效率，增加了生产成果，农民的收入也随之增加，农民除了劳动收入之外，又有了资金收益。

家族联产承包责任制不同于"分田单干"、个体经营。这种制度虽然是以家族为单位的分散经营，但土地等基本生产资料仍是集体所有，农民只有使用权而无所有权，不仅不能出售土地，还要以履行承包合同、缴纳集体提留为前提，才能获得土地等生产资料的经营权。所以说，家族联产承包责任制是生产资料集体所有制基础上的一种生产责任制，与此相联系，以联产承包方式进行的分配，也是按劳分配的一种实现形式。只不过是农民除了这种收入之外，还有了其他多种收入来源。

在邓小平同志于1982年提出的建设有中国特色的社会主义理论指导下，

在农村经济体制改革取得重大进展的推动下，1984 年党的十二届三中全会做出了《中共中央关于经济体制改革的决定》（以下简称《决定》），提出要加快以城市为重点的全面经济体制改革。《决定》指出，计划经济体制的主要弊端是：政企职责不分，条块分割，国家对企业统得过死，忽视商品生产、价值规律和市场的作用，分配中平均主义严重。针对个人收入分配理论上长期存在的一种错误观点，即社会主义就是要平均，如果社会成员之间的收入水平出现了较大差别就是两极分化。《决定》提出，平均主义思想是贯彻执行按劳分配原则的一个严重障碍，平均主义的泛滥必然破坏社会生产力。《决定》提出的这些观点，为改革分配制度扫除了理论障碍。《决定》还提出了深化分配制度改革的几项重要原则。肯定了农村承包责任制的基本经验同样适用于城市。国有企业内部也要按照"责权利相结合，国家、集体、个人利益相统一，职工劳动所得同劳动成果相联系"的原则，建立多种形式的经济责任制。要使企业职工的工资和资金同企业经济效益提高挂起钩来。在企业内部要进一步贯彻按劳分配原则，扩大工资差距，充分体现多劳多得、少劳少得，奖勤罚懒。改革国家机关、事业单位的工资制度，使职工工资同本人肩负的责任和劳绩联系起来。共同富裕不等于同步富裕，要允许一部分地区、一部分企业和一部分人领先勤奋劳动先富起来。

党的十二届三中全会后，随着城市经济体制改革的深入，在分配制度改革方面采取了一系列重大措施，取得了明显进展。改革了国有企业工资管理体制，实行了"工效挂钩"制度。在国有大中型企业实行职工工资总额同企业经济效益挂钩，企业之间因经济效益不同，工资水平也可以不同。在管理体制上，国家只对企业的工资总额进行调控，而且是分级管理；企业则具有了内部分配自主权，可以根据本企业的情况，选择适合本企业特点的工资形式、分配办法。在工资调节机制上，把职工的工资同企业的经济效益挂起钩来，克服了"企业吃国家大锅饭"的弊病，企业职工工资的增长只能领先本企业经济效益的提高；同时，也为在企业内部贯彻按劳分配原则、克服平均主义创造了条件。

机关、事业单位实行结构工资制。为了更好地贯彻按劳动分配原则，把工作人员的工资同他们所肩负的责任、承担的职务结合起来，提高工资水平，1985 年 6 月，党中央、国务院决定，改革机关、事业单位的工资制度，其主要内容是设立结构工资制。所谓结构工资制，就是把机关、事业单位工作人员的工资分解为四个组成部分：基础工资（按大体维持本人基本生活需要确定）；职务工资（担任什么职务拿什么职务的工资，这是结构工资的主体部分）；工龄工资；奖励工资。为解决中小学教师、幼儿教师、中专和技校教师工资水平偏低的问题，决定设立教龄津贴，对在医院中从事护理工作的护士设立护士工龄津贴。

改革税制，开征个人收入调节税。国务院于 1986 年制定并发布了《中华人民共和国个人收入调节税暂行条例》和《中华人民共和国城乡个体工商户所得税暂行条例》。规定个人收入调节税只适用于我国公民，根据收入来源的不同，分别按照超额累进税率和比例税率征收。最低税率为 20%，最高税率为 60%。个人工商户所得税适用于城乡个体工商企业，本着照顾利润少的企业、适当调节利润高的企业的原则，采用 10 级超额累进税率，最低税率为7%，最高税率 60%。

1992 年召开的党的第十四次代表大会，确定了我国经济体制改革的目标是建立社会主义市场经济体制。这标志着我国社会主义现代化建设和经济体制改革进入了一个新的阶段，同时也标志着我国个人收入分配制度改革进入了新的阶段。社会主义市场经济体制是同社会主义基本制度结合在一起的。江泽民同志在党的第十四次代表大会上的报告中谈到社会主义基本制度时指出，在分配制度上，以按劳分配为主体，其他分配方式为补充，兼顾效率与公平。并把深化分配制度和社会保障制度的改革作为建立社会主义市场经济体制的重要环节之一。

为了贯彻落实党的第十四次代表大会提出的经济体制改革的任务，在总结十几年改革开放实践经验的基础上，1993 年 11 月召开的党的十四届三中全会，做出了《关于建立社会主义市场经济体制若干问题的决定》。在这个决定中，明确了同社会主义市场经济体制相适应的个人收入分配的制度的基本原则：（1）个人收入分配要坚持以按劳分配为主体、多种分配方式并存的制度。（2）体现效率优先、原则。（3）坚持鼓励一部分地区、一部分人通过诚实劳动和合法经营先富起来的政策，逐步实现共同富裕。（4）建立适应企业、事业单位和行政机关各自特点的工资制度与正常的工资增长机制。（5）国家依法保护法人和居民的合法收入财产，允许属于个人的资本等生产要素参与收益分配。（6）建立多层次的社会保障体系，这是防止两极分化的重要措施。

3. 基于特殊禀赋或能力的劳动收入。企业有权自主使用根据工效挂钩办法提取的工资总额；有权决定工资、奖金和分配档次，可以设立适合本企业特点的工资制度和具体分配形式；有权制定职工晋级增薪、降级减薪的办法。十四届三中全会进一步明确，国有企业在"两个低于"的前提下，即职工工资总额增长率低于企业经济效益增长率、职工平均工资增长率低于本企业劳动生产率增长的前提下，可以自主决定工资水平和内部分配方式。现在，国有企业尤其是垄断企业绝大部分都根据这些原则，具有内部分配自主权，国家有关部门已不再直接干预企业的内部分配。由于企业之间经济效益有高有低，不同企业之间的工资水平已拉开档次。在企业内部分配上，多数企业都能认真贯彻按劳分配原则，实行岗位技能工资等多种分配形式，引入竞争机制，使职工劳动报酬合理拉开了差距。

机关工作人员的工资，按不同职能，分解为职务工资、级别工资、基础工资、工龄工资，以更好地体现按劳分配原则。建立正常的增资制度，以保证工作人员的工资有计划增长和新工资制度的正常运转。具体制度包括：职务和级别晋升后，工资相应增加；经考核为优秀和称职的工作人员，两年可以晋升一个工资档次；工作年限增长，相应增加工龄工资；根据城镇居民生活费用增长情况、国民经济发展和企业相当人员的工资水平，定期调整工资标准。地区津贴制度，包括艰苦边远地区津贴和地区附加津贴。

事业单位工作人员工资形成。根据事业单位的特点和经费来源的不同，对全额拨款、差额拨款、自收自支三种类型的事业单位，实行不同的管理办法。根据工作特点的不同，实行五种类型的工资制度，如教育、科研、卫生、新闻、出版、广播电影电视风等事业单位，实行专业技术职务等级工资制，在地质、测绘、交通、海洋、水产等事业单位实行专业技术职务岗位工资制。引入竞争、激励机制，加大津贴、奖金在工薪中的比重，使工作人员的报酬同实际贡献更紧密地结合起来。

4. 制度执行层面的现实问题。在分配领域中，制度正义性可谓分配公正的起点。如果收入分配在制度安排上存有缺陷，那么收入分配正义秩序势必难以建立和维持。在我国，制度层面的问题主要包括矛盾解决的非制度化、制度执行不到位、纠纷的市场化解决机制滞后、利益表达渠道阻塞、监督主体单一化和身份多元化下利益协调的困境等方面。

（1）矛盾解决的非制度化。在不同所有制企业中，工会建设速度存在较为明显的差异。[①] 在社会主义法制不断完善的过程中，工会覆盖面的差异导致

---

① 详细数据分析见全总全国职工队伍状况调查办公室：《第五次全国职工队伍状况调查统计数据分析报告》，《工运研究》，2005 年第 2 期。

了不同所有制企业中职工权益的保障机制出现特定行业与特定企业中的新问题。如果企业违法成本较低，那么职工的合法权益更易受到侵犯。在缺乏合理有效的调解制度的背景下，极容易导致劳资双方的对立。

目前，相当数量的劳资关系纠纷是依靠朋友或熟人帮忙解决的，而正式制度在这类问题的解决中往往仅占有限的比重。这一方面反映出劳动者通过正规制度维护自身正当利益的意识较为淡薄，另一方面也反映出正规制度的建设和完善任重而道远。只有制度化的规范在解决此类问题中占有主导性地位，才能更有效解决此类问题。

无论是否建立工会，工会均非劳动者获得帮助的主要途径，而非正规途径的亲友或同乡则解决了他们的绝大部分问题。① 这既反映出劳动者通过工会获得帮助的意识和能力有待提升，也说明工会在一些涉及劳动者切身利益的问题上积极作用并不显著。如果工会难以在劳资纠纷中有效地发挥协调作用，那么，劳资间的对立势必会累积并加剧，从而影响到企业和社会的和谐。

（2）制度执行缺位。无论是国有企业还是非国有企业，近年来都存在社会保障制度的缺失。这一方面是微观个体保费缴纳意识的欠缺，另一方面也说明社会保障制度的强制性不足，导致出现保障不足和保障缺位的现象。

上述矛盾解决的非制度化在一定程度上反映出目前劳动保障监察存在诸多局限性。由于存在政府部门直接参与经营，劳务派遣人员工资偏低问题难以从根本上获得解决。②

这种制度执行得不到位主要源于道德上和法律上的双重软约束，使执行主体在行为取舍过程中倾向于投机行为而非合法行为。这使得制度的预设目的没有达到，收入分配秩序也因此出现显性或隐性的破坏。

（3）纠纷的市场化解决机制滞后。集体协商机制的建立是劳动者在工会组织下切实有效维护自身权利的重要方式之一。但是，2010 年，非国有制企业中建立工资协商机制的比重为 59.61%。③ 一般而言，在实行工资协商机制

---

① 全总全国职工队伍状况调查办公室：《第五次全国职工队伍状况调查统计数据分析报告》，《工运研究》，2005 年第 2 期。

② 全国人大财经委专题调研组：《国民收入分配若干问题研究》，中国财政经济出版社 2010 年版。

③ 中华全国工商业联合会，中国民（私）营经济研究会：《中国私营经济年鉴：2008.6 - 2010.6》，中华工商联合出版社，2011 年。

的企业中，职工工资普遍比同行业未实行该机制的企业高10%～15%。① 由于工会在履行自身职责过程中存在种种缺位以及工资协商制度本身建立迟缓，它在缓解劳资矛盾方面的作用颇为有限。此外，这种协商机制长期的缺失导致职工在与资方议价能力上一直处于弱势地位，难以有效维护自身的利益。

2008年全球金融危机以来，这种情形在全国部分省份逐渐得到改善。中华全国总工会于2011年1月提出，从2011年起用3年时间，到2013年底已建工会组织的企业80%以上建立工资集体协商制度，基本实现已建工会企业普遍开展工资集体协商。②

（4）利益表达渠道阻塞。利益表达渠道受阻实际上是劳动者报酬保障制度建设不完善的重要表现之一。在我国，由于工会制度本身的局限性以及三方协调机制建设相对迟缓，③ 劳动者自身话语权不断弱化，其利益诉求往往难以通过合适的方式得以解决。当他们遇到具体问题需要解决时，无论是否建立工会，人脉或交情是其寻求帮助的主要渠道。这说明在劳资关系和谐发展过程中正规性制度的公信力尚未得到普遍认可，更未成为劳动者寻求解决问题的主要方式。

由于正规渠道利益诉求机制受阻，群体性事件数量呈逐年上升趋势。④ 2010年，群体性事件的特点是：具体诉求以涨薪为主，而实际手段则以停工、罢工为主，类型以自发为主扩展速度快、范围广。⑤ 这种群体性事件一方面体现出劳动者权利意识的觉醒，另一方面也对社会稳定造成一定危害。因此，群体性事件的频发以及可能带来的社会问题是长期以来劳动者利益表达渠道阻塞所致。此类性质事件的出现，实际上也是自下而上要求改变利益的现实诉求。

此外，在这种群体性事件中职工潜在参与率也较高。当企业发生集体劳动争议导致群体性事件发生时，有61%的职工表示有参加的倾向性，⑥ 在此意义

---

① 《"最期待"涨工资 集体协商助工资平均涨15%》，人民网，2008年10月9日。

② 《中华全国总工会2011～2013年深入推进工资集体协商工作规划》，2011年1月18日。

③ 2001年，国家才开始成立三方协调机制。2001年到2011年6月，国家层面仅召开过15次不定期会议。2006年成立了五个咨询委员会，但这些委员会发挥的作用较为有限。

④ 胡鞍钢等：《关于我国社会不稳定因素变化态势的实证分析》，《探索》，2007年第6期。

⑤ 欧阳骏：《当前劳动关系形势与工会应对的思考》，《工运研究》，2011年第2期，第20～23页。

⑥ 全总研究室"劳动关系状况"课题组：《我国企事业劳动关系状况及劳动关系调整机制建设研究》，《工运研究》，2008年第16期。

上，无论是群体性事件的产生还是解决方式，其示范效应都不容忽视。①

在劳资矛盾解决思路中，"疏"比"堵"更富有成效，同时更需要魄力。压制只会激发劳工阶级偏向激进主义，宽松的政治气氛以及允许自由集体协商则有助于改革主义的形成。② 当前的情形是，在我国近年来暴力性群体性事件发生之前，一些来自公权力的暴力行为提前发生，并出现群体性事件从暴力引发暴力，再以权制暴的处理方式。③ 在此情况下，公权力的使用反而成为底层居民维护自身利益的最大障碍。公权力的使用不仅没有对社会的公平正义起到促进作用，反而侵害了这部分群体维护自身基本分配权利的诉求。

（5）监督主体单一化。监督主体的单一化带来两方面问题：一是监督的公正性通常难以保证，二是监督的有效性存在一定不足。我国对劳资关系调整的监督主体主要是中华全国总工会及其下辖的各分会。如果按照上述国有以及非国有企业中工会难以为劳动者谋求应有福利的分析，那么这种监督是相当有限的。如果出现劳资纠纷，而监督机构却难以有效进行调节以缓解劳资双方的矛盾，那么公正的收入分配秩序在劳资分配中势必难以真正体现出来。

（6）身份多元化下利益协调的困境。在我国，政府既是市场微观主体——国有企业的最终控制者，又是市场宏观规则的主要制定者，这两种身份在国有企业内部存在一定程度上的统一。因此，相对非国有制企业而言，国有企业中劳资关系的处理带有更多行政化特征。

就非国有企业中劳资关系的调整而言，规则调整与利益分配间存在一定困境。非国有企业中劳资关系的处理方式比照国有企业的做法，在我国目前的经济环境中尚存在一定难度。但是，如果非国有企业在处理这方面问题时，离既定标准相去太远，则易造成社会对公平和正义观的质疑。因此，非国有企业中劳资关系的处理通常是在既定法律法规允许范围内，根据市场手段进行规范，一般没有国有企业中调节劳资关系的多样化手段。

在此过程中，政府作为规制者与雇主的身份经常交织在一起，特别是行政性垄断行业的产生和维持，在一定程度上与这种多元身份的频繁转换有关。如此转换的后果之一就是造成公共领域产权边界的模糊化，难以对既定劳资调整

---

① 吴忠民：《中国改革进程中的重大社会矛盾问题》，中共中央党校出版社2011年版。
② 单光鼐：《尽快开启越来越逼近的制度出口——2009年群体事件全解析》，《南方周末》，2010年2月4日，第31版。
③ 邢少文，《暴力事件的演变轨迹》，《南风窗》，2011年第24期。

政策寻找到合理有效的标准。如果缺乏对权力的有效监督与制约，分配制度的改革就难以推进，甚至发生扭曲。① 如果政府难以真正成为劳资关系中独立的第三方，那么，由这种劳资关系失序造成的收入分配秩序紊乱将在一定范围内始终存在。

（7）仲裁制度建设滞后。劳动仲裁制度是劳资纠纷重要的事后解决方式，也是影响劳资矛盾能否有效解决的重要方面之一。

我国仲裁制度立法进展较为有限，对其细则的更新速度较为缓慢。目前，调整劳资关系生效的法律仅有两部，② 分别为 1994 年 8 月 31 日颁布的《中华人民共和国仲裁法》和 2007 年 12 月 29 日颁布的《中华人民共和国劳动争议调解仲裁法》。

总体而言，我国劳动仲裁制度直到近年来才开始出现实质性发展，但建设水平存在较大地域差异性。此外，在实际运行中，人员编制、经费和工作场所因未纳入人力资源和社会保障部的渠道加以解决，仲裁委员会作用虚化，三方性原则贯彻不到位。③ 2008 年 1 月 1 日实行的《劳动合同法》以及同年 5 月 1 日生效的《中华人民共和国劳动争议调解仲裁法》可以对劳动争议的仲裁等问题提供原则性指导。2008 年之后，我国劳动仲裁的主要特点是数量上升快和劳动者败诉率高。这两个特点都与仲裁取消了案件受理成本有关。这一方面说明劳动者维权意识的逐渐提升，另一方面也表明劳动者的法制知识也应相应提升。

2011 年 11 月 30 日，在《中华人民共和国劳动争议调解仲裁法》生效三年后，人力资源和社会保障部才正式颁布《企业劳动争议协商调解规定》，④ 为前述法提供了一个可供执行的制度规范。其中，该规定就仲裁的受理时间长度以及时间的计算作了明确限制。

（8）最低工资制度脱离国情。最低工资的存在与否以及金额高低在一定程度上与一国的剩余劳动力水平密切相连。截至 2010 年，中国香港仍没有最

---

① 余斌：《国民收入分配困境与出路 2011》，中国发展出版社 2011 年版。

② 事实上，新中国成立初期也颁布过对仲裁机构的相关规定，如 1949 年 7 月 15 日，中共中央颁布《关于私营企业中劳资纠纷问题的指示》，将劳动局的职能定位于劳资争议中的唯一仲裁机构，并就相关的劳资争议手续进行了规定。

③ 劳动人事争议处理专业委员会课题组：《〈劳动争议仲裁法〉实施跟踪研究》，《中国劳动》，2011 年第 6 期。

④ 该规定的正式生效时间为 2012 年 1 月 1 日。

低工资制度，中国台湾和韩国也基本上是在剩余劳动力转移完成后大幅度提高了最低工资水平。因此，我国最低工资制度的建设需要同剩余劳动力规模的实际大小联系起来。目前，推动政府积极完善其自身所应该履行的社会保障职能应成为首要议题，而非将工资调整的压力推向企业和社会。

由于我国市场经济制度尚处于完善过程中，劳动者在部分企业中总难获得与劳动付出相对称的回报。因此，我国最低工资制度①的建设在一定程度上旨在弥补这种市场进程中的不足。然而，部分非国有制企业和小型国有企业却按照最低工资线制定劳动者工资水平绝对额。可以说，最低工资制度建设的迟缓客观上使劳资矛盾的解决在违法成本较低的市场中处于抑制性状态。但是，如果仅论及最低工资制度的改革，而忽视政府在社会保障方面应履行的职责，那么，这种逻辑下得出的判断难免有失偏颇。

作为与劳动者自身密切相关的《工资条例》，自 2008 年纳入相关部门议事日程后，其细则却一直未曾公布。至于全面贯彻实施更是有待时日。不过，在全球金融危机背景下，江苏省已于 2010 年率先在全国范围内提高了最低工资水平，拉开了全国范围内诸多省份最低工资水平调整的序幕②。此外，一些省市还尝试建立最低工资和物价水平联动机制，这意味着最低工资标准调整的频率还可能更高更快。③ 2012 年 1 月，深圳市的最低工资标准也上调 15%。④应该看到，最低工资水平的提升⑤固然有一定作用，但其所潜在的弊端也需要高度警惕。

二、河南省居民收入初次分配的现状

就大部分劳动者而言，工资性收入是其初次分配的主要来源。1995～2013

---

① 为保障企业员工的基本权利，1993 年颁布了《企业最低工资规定》，要求各地建立最低工资保障制度。1994 年 7 月 5 日颁布的《劳动法》，以及 2004 年 3 月劳动部颁布的《最低工资规定》取代了 1993 年的规定都是此方面的制度建设。

② 2010 年全国共有 30 个省份调整了最低工资标准，月最低工资标准平均增长幅度为 22.8%；全国 29 个省份发布了工资指导线，上线平均增长幅度比上年提高 3% 左右，基准线平均增长幅度比上年提高 2% 左右。详见《30 省份调整最低工资标准 平均增长幅度为 22.8%》，人民网，2011 年 1 月 26 日。

③ 《最低工资上调为何不能多一点》，人民日报，2010 年 6 月 7 日。

④ 陈琛：《深圳拟明年上调最低工资标准 15% 预计将超 1500 元》，新华网，2011 年 11 月 26 日。

⑤ 我国与世界上大多数国家的最低工资水平差距还是较大的。按照 OECD2005 年的标准，我国大部分省份的最低工资水平仍低于欧洲欠发达经济体的水平。就劳资关系的规范和解决而言，主要是依靠法律和协商的途径。除新西兰以外，基本实现了较大范围的覆盖和国家级的统筹。

年，河南省居民的初次分配状况不容乐观，2013 年，在全国 31 个省级行政区划单位中的相对位次已跌至最后（见表 2 - 10）。表 2 - 10 细分了城镇国有单位就业人员、城镇集体单位就业人员、城镇股份合作单位就业人员、城镇联营单位就业人员、城镇有限责任公司就业人员、城镇股份有限公司就业人员、城镇其他内资单位就业人员、城镇港澳台商投资单位就业人员和城镇外商投资单位就业人员的平均工资，发现总体趋势基本一致。

表 2 - 10 2006 ~ 2013 年河南省不同单位类型就业人员平均工资在全国排名

单位类型 \ 年份	2006	2007	2008	2009	2010	2011	2012	2013
城镇人均工资	23	23	21	23	25	26	29	31
城镇国有单位	22	20	19	25	25	27	26	28
城镇集体单位	16	11	18	22	25	27	30	25
城镇股份合作单位	21	11	9	7	10	16	21	20
城镇联营单位	26	27	22	20	19	11	17	24
城镇有限责任公司	17	17	14	17	17	18	22	31
城镇股份有限公司	26	21	20	20	23	28	30	31
城镇其他内资单位	9	13	14	11	12	15	16	21
城镇港澳台商投资单位	10	10	10	10	13	17	18	19
城镇外商投资单位	26	20	16	18	22	25	29	31

资料来源：历年《中国统计年鉴》以及历年《河南统计年鉴》整理得到。

三、河南省居民收入二次分配的基础

1. 税收收入的调节。对于大多数市场经济的微观主体而言，税收是作为收入第二次分配的形态存在的。税收具有的对初次分配"抑高调低"的作用，能够在一定程度上解决市场过程中回报差异悬殊的问题。对于部分事业单位而言，税收虽然也能够实现二次分配的调节，但是该性质单位的资金来源是国家，或者通过当下的税收收入，或者通过未来收入的变现形式——借债收入，或者是前期以及前数期财富的一次变现。其中最主要的资金来源仍是税收收入。因此，对于国有事业单位，税收既是资金获得的主要渠道，也同时对该类型行业中从业者的收入进行着调节。

值得指出的是，税收更多的是对既定收入的事后调节，调节的有效性主要

依赖于调节的基础、调节的方式以及执行力这三个方面。其中，调节的基础，也即微观主体收入的初始形态，将在很大程度上决定调节的现实效果。在注重税收调节效果的同时，更应该明确税收调节的既定环境，否则容易出现舍本逐末的现象。

部分学者对税收与居民收入分配进行了定量的研究。税收作为一种事后调节手段，是对初次分配领域的收入进行的平滑过程。事实上，我国的税收制度对个人收入分配可能存在逆向调节。就个人所得税而言，免征额从 2006 年 1 月 1 日起由 800 元提升到 1600 元，在导致税收减少的同时，也恶化了居民收入的差距状况。税收对劳动初次形成的收入具有二次调节的作用，但税收对于收入的二次调节过程，究竟是正向还是负向的，存在着许多争议。

2. 转移支付的调节。这里，在广义的政策性收入的概念框架下对以政府主导为特征的收入实现过程进行分析。政策性收入是居民得益于国家政策的优惠所形成的收入。如对一些行业和部门在经营、税收、价格、留利等方面实行优惠政策，使这些行业和部门的企业能获得超出其劳动付出的"租金"收入。将这种"租金"收入分配给个人，便形成了居民的这种超劳动报酬性质的政策性收入。①

上述定义，主要是从优惠的角度对政策性收入进行定义，覆盖面较为有限。这种定义出台的社会经济背景是 20 世纪 90 年代初的中国，基本适应了当时的具体情况。事实上，当今的政策不仅包括优惠政策，还包括亏损补贴政策、价格补贴政策等多样化的形式。因此，在这里给出我们的定义：政策性收入主要是指根据国家的法律法规，依据特定的政策以政府为主导而使得微观主体产生收入的收入获得形式。在我国，这样的收入形式主要包括依据法律法规或者政策规章对于规定主体的补助，对于城镇低收入居民、企事业单位和农民的补贴、社会福利、社会救济以及各种其他形式的以政府为主导的社会转移性支出。②

政策性收入获得的方式存在覆盖范围、主体认定、有效期限和数量等方面的限制性特点。在绝大多数国家，政策性收入是对社会中人民的基本生活权和

---

① 刘平量：《当代分配经济辞典》，山西经济出版社 1992 年版，第 354 页。

② 包括社会保障支出。社会保障支出是指政府在社会保障与就业方面的支出，包括社会保障和就业管理事务、民政管理事务、财政对社会保险基金的补助、补充全国社会保障基金、行政事业单位离退休、企业改革补助、就业补助、抚恤、退役安置、社会福利、残疾人事业、城市居民最低生活保障、其他城镇社会救济、农村社会救济、自然灾害生活救助、红十字事务等（《中国统计年鉴2010》）。

财产的完备等所有权尊重的具体表现形式。

在我国，就总体平均而言，养老金或离休金、捐赠收入和赡养收入是2008年城镇居民转移性收入的主要项目。最高收入户的转移性收入总额为最低收入户的8倍。最低收入户中，社会救济收入是其第二大收入项目，住房公积金的收入来源最少。而住房公积金收入为最高收入户的第三大收入来源。

事实上，政策性收入是政府的一种可置信承诺，使得接受转移支付的客体能够在行动上与特定的政策意图基本保持一致，推动和落实相关的政策，实现既定的政策目的。换言之，政府从两方面兑现了事前承诺：一是政府使用资金赎买了微观主体按照既定政策行事的承诺及具体行动，如亏损补贴和价格补贴等。二是政府同时也可能使用该部分资金实现自己预先承诺的行动，如社会福利和社会救济等。

第三章　河南省收入分配问题分析

第一节　河南省收入差距问题分析

　　河南城乡居民收入差距从 2000～2003 年逐步扩大，2003～2013 年比较平稳并趋于缩小，但是城乡收入绝对差额却在不断扩大。城乡收入差距问题是我国收入分配问题的重点，而城乡收入差距很大程度上是由我国的城乡二元经济结构造成的。城乡二元经济结构在一定程度上增大了城市和农村之间的经济发展差距，更是我国城乡收入差距的重要原因。一般而言，收入低的地区，城乡收入差距越大，收入较高的地区，城乡收入差距较小。尽管河南城乡居民人均收入有了很大提高，但城乡居民人均收入的绝对差距仍在不断扩大，图 3－1 清晰地显示了 2000～2013 年河南城乡居民人均收入差距绝对额整体上升并拉大的变化趋势。

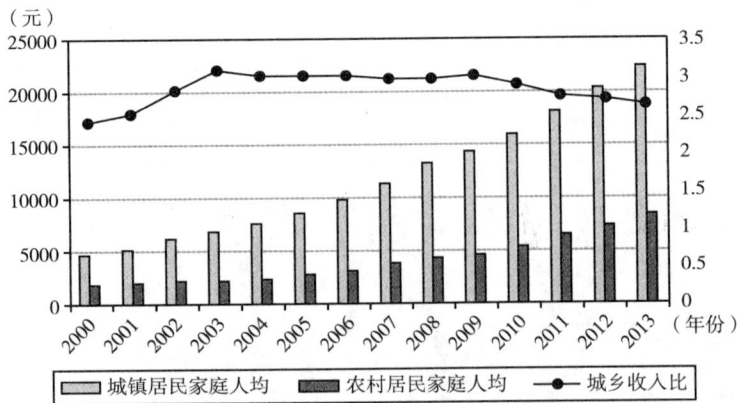

图 3－1　2000～2013 年河南城乡居民收入差距变化趋势

　　从河南和中部各省城乡居民实际人均收入的差距来看，河南 2000 年差距为 2.4 倍，之后呈扩大趋势，2003 年达到最高的 3.1 倍，2012 年下降至 2.72

倍，但历年差距均低于全国平均差距；从中部各省的城乡人均收入差距排名来
看，河南除 2000 年排在第 2 位外，2003 年排在第 5 位，2004 年排在第 4 位，
之后一直稳居第 3 位。这表明，虽然河南的城乡居民收入差距绝对额逐年拉
大，但和全国及中部地区相比，差距相对较小（见表 3‑1 和图 3‑2）。

表 3‑1　　2000～2012 年河南省城乡居民人均收入差距比较（农村为 1）

年份	河南	山西	安徽	江西	湖北	湖南	全国	中部排名
2000	2.4	2.48	2.74	2.39	2.44	2.83	2.79	2
2001	2.51	2.76	2.81	2.47	2.49	2.95	2.9	3
2002	2.82	2.9	2.85	2.75	2.78	2.9	3.11	3
2003	3.1	3.05	3.19	2.81	2.85	3.03	3.23	5
2004	3.02	3.05	3.01	2.71	2.78	3.04	3.21	4
2005	3.02	3.08	3.21	2.75	2.83	3.05	3.22	3
2006	3.01	3.15	3.29	2.76	2.87	3.1	3.28	3
2007	2.98	3.15	3.23	2.83	2.87	3.15	3.33	3
2008	2.97	3.2	3.09	2.74	2.82	3.06	3.31	3
2009	2.99	3.3	3.13	2.76	2.85	3.07	3.33	3
2010	2.88	3.3	2.99	2.67	2.75	2.95	3.23	3
2011	2.76	3.24	2.99	2.54	2.66	2.87	3.13	3
2012	2.72	3.21	2.94	2.54	2.65	2.87	3.1	3

资料来源：历年《中国统计年鉴》以及各省历年《统计年鉴》计算得到。

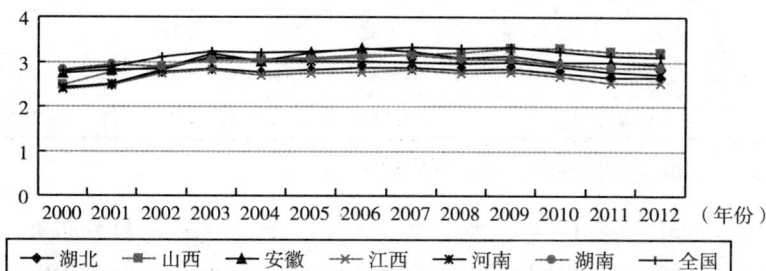

图 3‑2　2000～2012 年河南城乡居民收入比的变化趋势

从数据统计以及与中部六省和全国的对比中可以看出，河南城乡收入差距

绝对数额在扩大，但相对差距是趋于平稳甚至不断缩小的或者说是可控的。表 3－2 是河南城镇私营单位从业人员平均工资，简单分析 2011～2013 年的变化情况，以期能从中发现一些问题。

表 3－2　　　　　　2011～2013 年河南城镇私营单位从业人员平均工资　　　　单位：元

行业	2011	2012	2013	年均增长率（%）
农、林、牧、渔业	14364	17071	19869	17.61
采矿业	21144	22361	24314	7.23
制造业	18188	20844	23142	12.80
电力、燃气及水的生产和供应业	16119	21024	23711	21.28
建筑业	21607	24054	27104	12.00
批发和零售业	17087	19339	23086	16.24
交通运输、仓储和邮政业	19600	19581	24919	12.76
住宿和餐饮业	16807	19352	21798	13.88
信息传输、软件和信息技术服务业	18550	19111	22215	9.43
金融业	16894	21652	20682	10.64
房地产业	20679	22621	26746	13.73
租赁和商务服务业	19364	21498	24655	12.84
科学研究、技术服务业	24949	26399	28898	7.62
水利、环境和公共设施管理业	17755	20480	24411	17.26
居民服务、修理和其他服务业	16217	18705	21372	14.80
教育	18859	21028	24772	14.61
卫生和社会工作	20492	24293	25966	12.57
文化、体育和娱乐业	16542	19982	22177	15.79
公共管理、社会保证和社会组织	15545	15341	18940	10.38

资料来源：《河南统计年鉴 2014》，经计算整理得到。

从表 3－2 可以看出，农、林、牧、渔业平均工资相比科学研究、技术服务业比较低，这种行业之间平均工资的绝对差额在 2011 年为 10585 元，工资比为 1.74，这是收入差距存在的重要原因。然而，2011～2013 年，农、林、牧、渔业平均工资年均增长率达到 17.61%，行业之间收入差距有所缩小，但依然存在较大差距。再看电力、燃气及水的生产和供应业，从这个城镇私营单位职工平均工资变化趋势来看，该行业年均增长率最高，高达 21.28%。紧随其后的就是农、林、牧、渔业以及水利、环境和公共设施管理业，分别为 17.61% 和 17.26%。其中增长率排在后几位的是采矿业、科学研究、技术服务业以及信息传输、软件和信息技术服务业等行业，对应的年均增长率分别为 7.23%、7.62% 以及 9.43%。

从图 3-3 可以看出，河南行业最高平均工资与行业最低平均工资的比值在不断下降，从 2011 年的 1.74 下降到 2013 年的 1.53，这表明收入差距在行业之间的问题有所缓和，但收入差距的绝对数额依然不能够忽视。

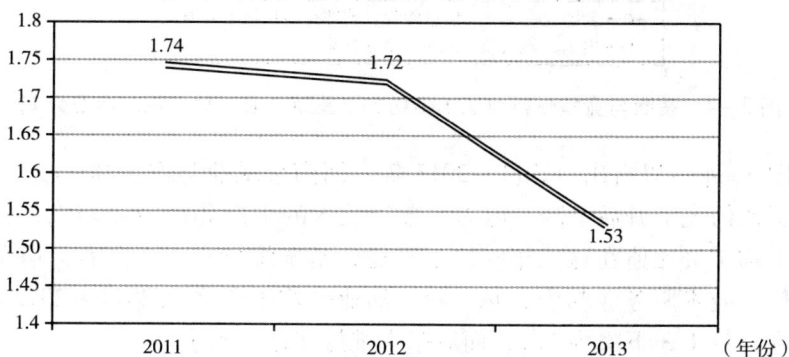

图 3-3　2011~2013 年行业职工平均工资的最高与最低比值

就各个行业平均工资年均增长率来看，大部分行业 2011~2013 年的年均增长率均保持在十几个百分点的增长速度，增幅较大。只有部分行业，如采矿业、科学研究、技术服务业的年均增长率只有七点多个百分点。

就垄断行业与竞争性行业职工平均工资差距而言，尽管目前信息传输、软件和信息技术服务业等高科技行业属于高收入行业，但其中的信息传输业包括了我国传统的邮电通信业，也属于垄断行业，行业收入差距主要是由电力、电信、金融等垄断行业与竞争性行业之间的收入差距所导致的，因此，垄断行业与竞争性行业职工平均工资差距的变化尤其值得重视。

比较河南金融业、信息传输、软件和信息技术服务业以及电力、燃气及水的生产和供应业与农、林、牧、渔业之间职工平均工资的收入差距。将农、林、牧、渔业职工平均工资作为参照基准，计算出金融业、信息传输、软件和信息技术服务业以及电力、燃气及水的生产和供应业职工平均工资与制造业职工平均工资的比值，见图 3-4。

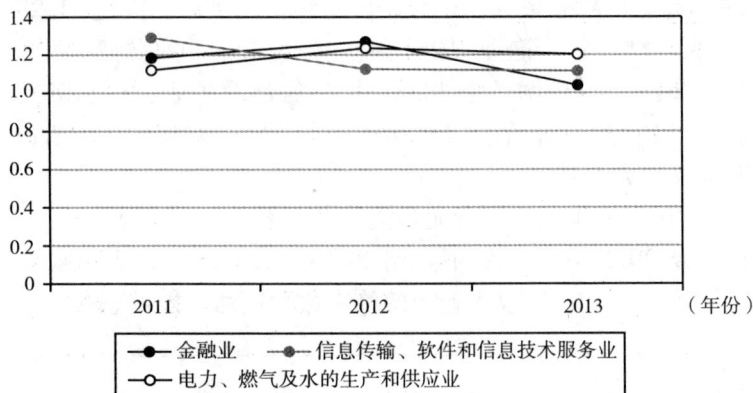

图3-4 垄断与竞争性行业职工平均工资差距（农、林、牧、渔业为1）

从图3-4可以看出，2011~2013年，河南金融业与农、林、牧、渔业的平均工资比值先上升后下降，电力、燃气及水的生产和供应业与农、林、牧、渔业的平均工资比值在这三年间趋于平稳，基本维持在1.2左右，信息传输、软件和信息技术服务业与农、林、牧、渔业平均工资之比2011~2012年有明显的下降，从1.3下降为1.1，而后基本维持在这一水平。

下面比较不同单位类型之间的工资差别，表3-3是2000~2013年河南城镇单位从业人员平均工资。从表中能够得到不同经济单位类型从业人员在各个年份的平均工资，同时得到一个变化趋势见图3-5，表3-3列出了各种经济单位类型的平均工资情况，从而可以据此做横向比较以及不同年份的纵向分析。

表3-3 　　　　　　　**2000~2013年河南城镇单位从业人员平均工资** 　　　单位：元

年份	合计	国有单位	城镇集体单位	股份合作	联营	有限责任	股份有限	港、澳、台商	外商投资	其他
2000	6877	7408	4840	5640	5084	6910	7515	9267	7997	5521
2001	7868	8518	5669	5685	5661	7811	8077	9596	9070	5512
2002	9714	9791	6607	7208	6370	9148	10003	10482	9992	7507
2003	10639	11280	7828	9285	8482	10789	11862	12091	13363	8718
2004	11970	12562	8582	9586	9211	12150	13629	14278	14045	9864
2005	14119	14740	10248	11722	10386	14796	14986	14937	15437	10886
2006	16791	17702	12377	13075	12247	17051	17034	17710	17452	14811

续表

年份	合计	国有单位	城镇集体单位	股份合作	联营	有限责任	股份有限	港、澳、台商	外商投资	其他
2007	20639	22044	15674	17581	13370	19728	21771	20133	21371	17488
2008	24438	26222	16873	21493	17581	24012	24740	23315	25237	18435
2009	26906	28503	18006	26731	20665	25701	29628	25153	27120	22135
2010	29819	31470	20385	29928	25245	28775	32377	27257	29620	25087
2011	33634	35386	24220	32982	32881	33136	34884	31948	32674	28909
2012	37338	39344	27682	36536	33885	36386	38581	36814	36053	31329
2013	38301	42270	33135	41673	34299	34323	41388	42801	36985	32572
年均增长率（%）	14.12	14.34	15.95	16.63	15.82	13.12	14.02	12.49	12.50	14.63

资料来源：《河南统计年鉴2014》，经计算整理得到。

从表 3 - 3 可以看出，股份合作单位的职工平均工资年均增长率最高，达到了 16.63%，港、澳、台商职工平均工资仅有 12.49%；从各个行业，国有经济单位的最高，其他经济单位的次之，城镇集体单位较低。

图 3 - 5 也反映了各个单位类型职工平均工资变化趋势，整体都是一个明

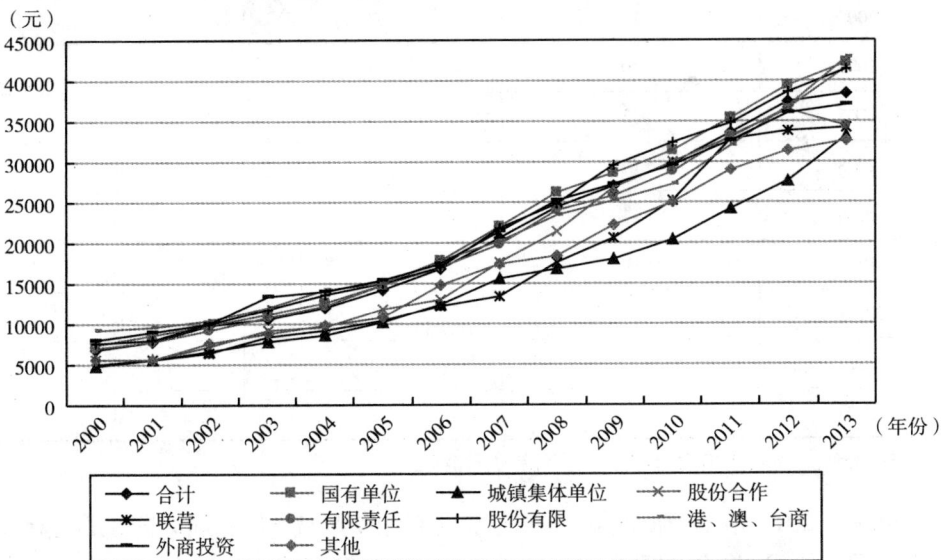

图 3 - 5   2000 ~ 2013 年河南不同所有制单位职工平均工资变化趋势

显的上升趋势，但各自增长率又存在着一定差别。从图中可以看出，城镇集体单位平均工资较低，而国有单位平均工资最高。

第二节 河南省产业结构发展问题分析

本节将主要就河南省经济发展中的结构性问题，即三大产业在 GDP 中比重的演进轨迹和基本特征进行分析和归纳，从而为更加全面认识河南省经济发展基本情况提供一个视角（见表 3 - 4 和图 3 - 6）。

表 3 - 4   2000 ~ 2013 年河南省三大产业比重在全国省级单位相对位次

年份	第一产业比重排名	第二产业比重排名	第三产业比重排名
2000	9	12	31
2001	8	8	31
2002	8	7	30
2003	12	6	27
2004	11	6	27
2005	11	8	31
2006	10	5	31
2007	13	3	31
2008	12	2	30
2009	11	1	31
2010	8	1	31
2011	11	3	31
2012	11	2	31
2013	11	3	31

资料来源：历年《中国统计年鉴》，经计算整理得到。

2000 ~ 2013 年，河南省第一产业比重的相对位次呈现逐渐降低的趋势。具体而言，从 2000 年的第 9 位下降至 2007 年的第 13 位，2013 年又缓慢上升至第 11 位。就绝对数量而言，2014 年河南省夏粮和粮食总产量分别实现"十

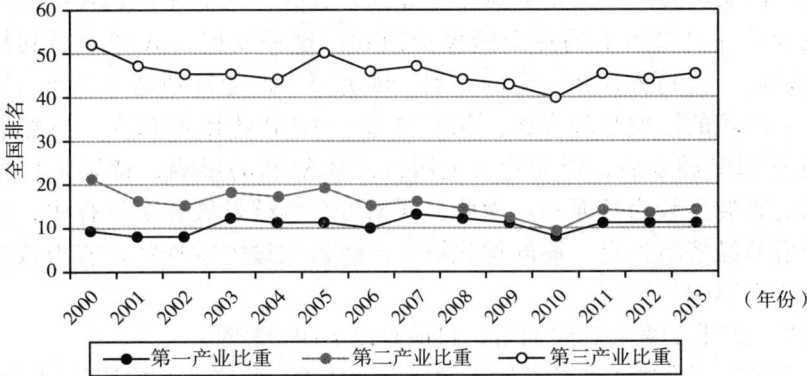

图 3 – 6 2000 ~ 2013 年河南省三大产业比重在全国省级单位相对位次

二连增"和"十一连增"。虽然第一产业同比增长 4.1%，但是占 GDP 的比重却下降 0.7% ~ 11.9%。导致这种比重下降的原因主要有两个：

一是河南省农业生产经营中的"高成本"与"低效益"并存。农业生产成本逐渐升高的同时，产业效益得不到保障，难以有效弥补生产过程中的成本，导致部分农户不再选择农业生产或者缩减农业生产规模。

二是从业人员工资收入较为低下。虽然河南省第一产业比重在全国范围内的相对位次较高，但是从业者收入水平却并非与此相对应，2013 年，农、林、牧、渔业城镇居民工资收入仅从 2006 年的第 22 位上升至第 19 位，仍处于全国范围内的较低水平。即便如此，河南省城镇居民农、林、牧、渔业城镇居民工资收入仍高于中部省份的湖南和湖北，但是低于黄河中游综合经济区的其他三个省份。这种情形的出现，说明河南省的农、林、牧、渔业仍旧较为传统，难以有效实现劳动者工资收入的提升。河南省第一产业比重偏高，既有传统产业发展的优势，又有国家战略定位的影响。就长期而言，以农业为主导产业的发展模式附加值较低，从而可持续性较低，对居民收入的改善是较为不利的。

就第二产业占 GDP 的比重而言，河南省的相对位次也是较高的，并且增长速度较快。2000 年，第二产业比重占 GDP 比重的相对位次占全国第 13 位，处于中等偏上的水平。2009 年和 2010 年逐渐上升至全国首位，2013 年回落至第 3 位，为 553.8%。河南省第二产业占 GDP 比重偏高，并且在全国范围内显著高于其他省级单位，主要是由于河南省的重工业基础较为雄厚，并且借助国家的发展战略适时调整产业的增长点，从而无论是在第二产业占GDP的比重还是增速上均在全国保持前列。这种发展方式和全国其他省级单位的发展主流趋势存在一定的差别，因为第二产业特别是重工业对资源的消耗和对环境的影响是较大的。第二产业占GDP的比重越高，虽然能够更好地促进GDP的发展，但对社会上居民总体福利的影响，特别是环境这种公共品的影响是较为负面的。因此，河南省在继续发展经济过程中，需要着力培养新的经济增长点，逐渐优化第二产业占比过大的现状，着力减少对居民潜在负面影响。

就第二产业的发展趋势而言，目前有以下四个特征：

一是经济逐步进入新常态后，增速逐渐放缓，为产业结构调整和转型提供了一个较为良好的迂回环境。

二是新的行业增长点逐渐显现，新兴产业逐渐开始呈现快速成长的趋势，成为逐步改变目前产业现状的重要力量。

三是产业集聚效应较为显著。2014年1~9月，产业集聚区工业增加值增长14.6%，占全省规模以上工业增加值的比重的49.2%，已经成为河南省工业增长的主导力量。充分发挥产业集聚效应，有助于更加合理的配置资源，增加产业间的互动效应。一般而言，在城市规模发展的过程中，马歇尔规模经济（Marshall Externalities）和雅各布斯规模经济（Jacobs Externalities）① 将会逐渐显现，并通过马歇尔所言的知识和技术外溢、中间投入品的共享以及劳动力市场的分享，使得劳动者能够参与到逐渐延长的产业链条中，通过获得工资的形式充分分享增长的益处。一般而言，中等城市倾向于专业化，而大城市则倾向于产业多样化。在这种发展模式下，采用具有差异性的产业集聚方式能够较好地结合辖区内优势，实现行业经济增长和劳动者工资收入的增长。

四是轻重工业空间布局分化显著，总体呈现一种"东轻西重、南轻北重"的格局。就重工业而言，河南省北部的郑州、洛阳、许昌、焦作、三门峡5市的重工业增加值在省内各市中排名前5位，上述城市重工业增加值占河南省工

---

① 马歇尔规模经济强调行业内集聚对行业增长的促进作用，雅各布斯规模经济则注重考察城市发展过程中产业逐渐多样化对经济增长的影响。从行业发展角度而言，马歇尔规模经济更多的是从静态角度进行考察，现有行业的选址策略对行业发展的影响。而雅各布斯规模经济则注重从动态角度对此进行分析，即新生行业的涌现对经济增长的影响。上述两种规模经济思想可以追溯到杜能和阿尔弗雷德·韦伯。前者在1826年出版的《孤立国同农业和国民经济的关系》中首次较为系统的将空间因素纳入产业布局的分析过程中，后者则在1909年出版的《工业区位论》中创立了工业区位论。

业增加值的比重高达 54.3%，贡献了一半以上的增加值。就轻工业布局而言，河南省东部和南部的郑州、周口、许昌、漯河、南阳 5 市轻工业增加值占河南省轻工业增加值的比重高达 43.8%。河南省仅有 3 个城市轻工业产值超过重工业，分别是漯河、周口、驻马店。

由于河南省第一产业和第二产业的占比相对较高，那么第三产业在 GDP 中的比重就相对较低了。我们对此也进行了描述性分析，发现河南省第三产业比重的相对位次基本处于第 31 位左右。这种发展模式，在短期内解决经济发展是可行的，但在长期内会阻碍经济的发展。随着产业附加值的不断提升，对劳动者分工提出了更加细化的要求，社会需求将逐渐从简单提供劳动力向提供服务转变，这也就对以服务业为主的第三产业发展提出了要求。如果河南省在经济发展中能够适时调整产业结构的相对比重问题，那么就能够为经济的持续发展提供相对持久的动力，也将有助于社会福利的增加。

下面将就河南省市级层面 GDP 的结构问题进行分析。在地级市层面上，第一产业占 GDP 的比重均呈现不同程度的下降，但下降速度低于区域内的其他地级市。以下几方面因素导致出现这种现象：首先，河南省是传统的农业大省，即便农村中的青年劳动力外出务工，但是农业经营仍是他们赖以生存的基础，特别是农村土地现在是一种社会保障的替代性形式。其次，与国家的发展战略相关。历史上河南省就是农业大省，并且是粮食主产区。国家的战略定位在较大程度上影响了河南省的产业结构和经济增长模式，因此即便第一产业占 GDP 的比重出现了一定程度的下降，但在全国的相对规模仍是较大的。

就第二产业而言，河南省诸多地级市都在不同程度地增加第二产业的比重。这种产业结构发展的初衷，既为了解决辖区内相关产业发展的原料建设外，又与追求 GDP 导向的政绩观相联系。前面分析已经指出，河南省的 GDP 总量较大，但是城乡居民的收入却是较低的，甚至在全国处于中下游水平。这样一种经济建设的结果，很难说是社会经济与居民福利同步改善，甚至在一定程度上是为了社会经济的发展而牺牲了居民的部分福利。

在地级市层面上，第三产业不仅比重较低，而且在多数地级市中还呈现比重继续降低的趋势。导致这种局面出现的主要原因，一方面在于河南省地级市层面中对服务业的需求相对较少，另一方面也在于地级市政府为了追求第二产业的发展而挤压了第三产业的发展空间。事实上，就河南省分行业的工资水平来看，部分第三产业的工资水平是高于第二产业的。如果过度限制了第三产业的发展,不仅将抑制经济发展的潜力,同时对居民收入的增长也具有一定的负面影响。当然,产业结构并非是第三产业越高越好,而是应该因地制宜地调整产业结构,兼顾经济与社会福利的协调发展。

在河南省的县级市层面中,产业结构同样面临与地级市相类似的问题,包括简单追求第二产业的发展,挤压第三产业的空间等。河南省应该根据本省的特色资源,制定合理的发展模式,兼顾国家发展战略的影响和自身长期的发展,从而实现新常态下的包容式增长。

第三节 河南省特殊群体以及扶贫问题

一、特殊群体

如图3-7所示,农村散居五保户人数2008～2013年呈稳定趋势。2012年农村散居五保户27.67万人,2013年为27.96万人。农村社会救助总人数也在近几年趋于稳定。居民最低生活保障人数呈微弱上升趋势。其中城镇居民部分人数稳定略有下降,由2012年133.4万人变为2013年130.98万人。农村最低生活保障人数呈现上升状态。由2012年372.96万人增加到2013年390.92万人(见表3-5)。

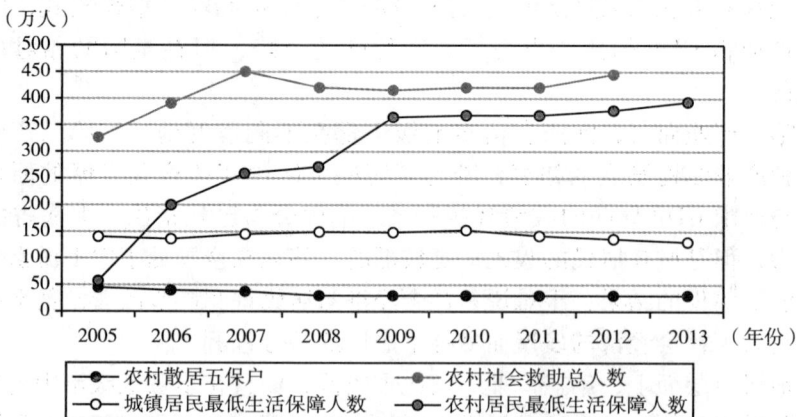

图3-7 2005～2013年农村社会救助及居民低保人数

表 3 – 5　　　　　　　　农村社会救助及居民低保人数　　　　　　　单位：万人

年份	农村散居五保户	农村社会救助总人数	居民最低生活保障人数		
			城镇	农村	总计
2005	43.18	326.71	139.06	53.28	192.34
2006	38.53	386.08	135.33	199.04	334.37
2007	36.3	447.66	141.04	257.08	398.12
2008	27.33	417.27	146.27	268.18	414.45
2009	27.04	413.41	148.33	363.91	518.24
2010	26.92	419.24	148.21	369.21	517.42
2011	27.23	415.8	141.9	365.6	507.5
2012	27.67	441.55	133.4	372.96	506.36
2013	27.96	—	130.98	390.92	521.9

资料来源：《河南统计年鉴2014》，经整理计算得到。

二、河南省"扶贫"问题

2011～2014 年，河南省一共实现了 550 多万农村贫困人口的脱贫。河南扶贫办数据表明，2011～2014 年，河南省共有 4350 个贫困村实施了面向全村推进扶贫开发的策略，对 18.35 万深山区贫困群众实施了搬迁扶贫策略，而且"雨露计划"对于 82.21 万农村贫困人口进行了培训。这使得贫困地区人口的收入具有快速增长的条件。截至 2014 年底，河南省还存在 53 个贫困县、8103 个贫困村、576 万农村贫困人口，贫困人口排全国第 3 位。其中，大别山、伏牛山、太行山、黄河滩区"三山一滩"地区有贫困人口 403.6 万人，是河南省扶贫开发的重点地区。

河南省预计到 2020 年全省 698 万农村贫困人口全部脱贫。其中 698 万农村贫困人口是经国家认定、河南省 2013 年底建档立卡的数据。到 2020 年，河南省现在的 53 个贫困县要全部实现脱贫，全省现在标准下的贫困人口要实现全部脱贫。

在表 3 – 6 中，在全国贫困县排名中，河南省排名第 9 位。

表 3-6　　　　　　　　2015 年国家贫困县在各省分布

省（市）	贫困县	省份	贫困县
安徽省	19	辽宁省	0
北京市	0	内蒙古自治区	31
福建省	0	宁夏回族自治区	8
甘肃省	43	青海省	15
广东省	0	山东省	0
广西壮族自治区	28	山西省	35
贵州省	50	陕西省	50
海南省	5	上海市	0
河北省	39	四川省	36
河南省	31	天津市	0
黑龙江省	14	西藏自治区	74
湖北省	25	新疆维吾尔自治区	27
湖南省	20	云南省	73
吉林省	8	浙江省	0
江苏省	0	重庆市	14
江西省	21	合计	635 个

资料来源：历年《中国统计年鉴》，经整理得到。

三、如何实现脱贫

改革开放以来，在党中央，国务院的正确领导下，我国的扶贫开发取得了举世瞩目的成就。河南省受益于扶贫开发进展，城镇农村贫困人口数量大幅度减少，而且贫困地区的群众生产以及生活条件，环境明显改善，是中国特色扶贫开发道路中精彩的一笔。但由于扶贫对象的规模很大，贫困地区的居民人均收入甚至不到全国平均水平的 2/3，其基础设施建设，公共物品的供给，社会文化事业仍然严重滞后。贫困地区的生态环境相对平均情况而言，比较脆弱，环境单一，境况不佳，自然灾害频发，不适于生存以及一些设施的建设。这也导致贫困地区人口受教育程度偏低。贫困问题相应呈现区域性，综合性特征。

首先我们要充分认识到扶贫开发的长期性、艰巨性、复杂性。增强对于扶贫工作的责任感和紧迫感。通过改革创新，形成更加协调、更有效率、更可持续的扶贫开发新体制、新机制，以更加有力的措施、更加有效的组织、更加坚韧的毅力，扎实推进扶贫开发工作。要加快推进集中连片特殊困难地区的扶贫工作。对于全省的贫困地区，应该加强基础设施和基本公共服务的质量和数量。积极地发挥地方特色产业优势，充分调用区域的整体可开发性，选择最有利最有效的方式来进行地区扶贫。对于具体工作加快落实计划，建立完善的扶贫规划，实行检测评估的制度。确保扶贫工作以及相应工程项目得到良好落实。

扶贫规划应该与城镇化规划、综合交通规划统一结合。在全面推进城镇化的进程中，实现地区之间经济更加便捷沟通的，地区之间产业转移更加频繁，实现一方富，多方富的美好前景。

扶贫模式可以进行创新。对于资本不足，融资困难的贫困户，可以由政策、银行提供贴息贷款，由企业为贫困户提供需求品，并全程技术保障，保险兜住网底，"政府＋金融＋保险＋公司＋农户"五位一体，实现多赢，将贫困户紧紧粘在产业链上。这样产业迅速发展，带动乡亲贫困户，在找准模式的同时要选准产业。最终目的是让扶贫自愿精准地落到贫困户的身上，使贫困户真正受益，达到脱贫的效果。

扶贫机制可以进行创新。扶贫机制的真正实施让贫困居民更加具有动力。整合财政、扶贫等部分的资金，对于贫困区进行具体项目的规划，使预算最大限度地发挥扶贫效用，资金真正用于精准扶持到村户。

对于贫困地区，应该整合地区资源，对贫困群众进行技能培训，生活培训以及一些开拓致富思维的培养。创造一个良好的环境，吸收资源要素到贫困地区。要激发贫困地区的内生发展条件，激发发展动力，将可发展潜力最大化挖掘出来，资源利用最大化效率，调动贫困地区干部以及群众的积极性，创新性。

扶贫工作也应该进行刚性约束。将精准扶贫落实情况、完成进度，以及最终目标纳入年度考核之内，进行严格的监视与约束。只有通过"软硬兼施"的手段，才能使扶贫真正的开展，顺利地进行，取得高效的成就。

第四章　河南省社会保障概况

现在对社会保障部分现状进行分析。本章主要通过社会保险基金运行总体情况、五项社会保险基金收入、支出、结余以及河南省参保人数、农村社会救助及低保几个方面进行全面分析。

第一节　河南省社会保险基金运行的总体情况

在国内良好的经济形势下，2013年基本养老、基本医疗、工伤、失业和生育保险基金（以下称五项基金）运行平稳，不仅有助于我国经济的稳定增长，而且对于稳定社会秩序，调节收入分配发挥了重要作用。

一、基金收支规模

如表4-1所示，2013年，河南省社会保险基金收入为1275.21亿元，比2012年增加402.75亿元，增长46%。2013年基金总支出为1017.59亿元，比2012年增加315.08亿元，增长45%。基金累计结余1470.85亿元，比2012年增加493.65亿元，同比增长51%。

表4-1　　　　　2003~2013年河南省社会保险基金情况　　　　单位：亿元

年份	基金收入			基金支出			基金累计结余		
	合计	增加额	增长率	合计	增加额	增长率	合计	增加额	增长率
2003	187.50	—	—	151.10	—	—	145.20	—	—
2004	216.10	28.60	0.15	166.90	15.80	0.10	195.80	50.60	0.35
2005	257.10	41.00	0.19	203.20	36.30	0.22	244.20	48.40	0.25
2006	298.50	41.40	0.16	239.20	36.00	0.18	303.30	59.10	0.24
2007	365.20	66.70	0.22	289.60	50.40	0.21	363.80	60.50	0.20

年份	基金收入			基金支出			基金累计结余		
	合计	增加额	增长率	合计	增加额	增长率	合计	增加额	增长率
2008	540.61	175.41	0.48	445.51	155.91	0.54	496.21	132.41	0.36
2009	558.14	17.53	0.03	462.74	17.23	0.04	595.57	99.36	0.20
2010	609.40	51.26	0.09	484.90	22.16	0.05	664.70	69.13	0.12
2011	723.60	114.20	0.19	581.25	96.35	0.20	806.68	141.98	0.21
2012	872.46	148.86	0.21	702.51	121.26	0.21	977.21	170.53	0.21
2013	1275.21	402.75	0.46	1017.59	315.08	0.45	1470.86	493.65	0.51

资料来源：《河南统计年鉴2014》，经整理计算得到。

如图4-1所示，河南省基金收入、基金支出、累计结余保持较高速度的增长。在2012~2013年涨幅为近几年最大。

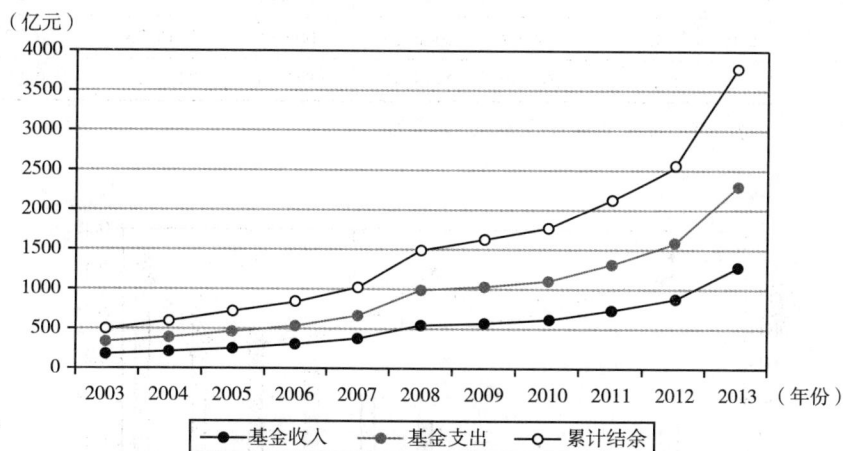

图4-1　2003~2013年河南省社会保险基金收支结余情况

二、社保基金与公共财政预算

如表4-2所示，2013年，河南省公共财政预算收入为2415.45亿元，公共财政预算支出为5582.31亿元。收支和为7997.76亿元。社保基金收入为1275.21亿元，支出为1017.59亿元，收支和为2292.8亿元，占预算收支比重为29%。2003~2013年，社保基金收支和公共财政预算收支中占比均高于20%（见图4-2）。

表 4 - 2　　2003 ~ 2013 年河南省社会保险基金与公共财政预算收支规模占比情况

单位：亿元

年份	基金收入	基金支出	收支和	公共财政预算收入	公共财政预算支出	公共财政预算收支和	基金收支占比
2003	187.50	151.10	338.60	338.05	716.60	1054.65	0.32
2004	216.10	166.90	383.00	428.78	879.96	1308.74	0.29
2005	257.10	203.20	460.30	537.65	1116.04	1653.69	0.28
2006	298.50	239.20	537.70	679.17	1440.09	2119.26	0.25
2007	365.20	289.60	654.80	862.08	1870.61	2732.69	0.24
2008	540.61	445.51	986.12	1008.90	2281.61	3290.51	0.30
2009	558.14	462.74	1020.88	1126.06	2905.76	4031.82	0.25
2010	609.40	484.90	1094.30	1381.32	3416.14	4797.46	0.23
2011	723.60	581.25	1304.85	1721.76	4248.82	5970.58	0.22
2012	872.46	702.51	1574.97	2040.33	5006.40	7046.73	0.22
2013	1275.21	1017.59	2292.80	2415.45	5582.31	7997.76	0.29

资料来源：《河南统计年鉴 2014》，经整理计算得到。

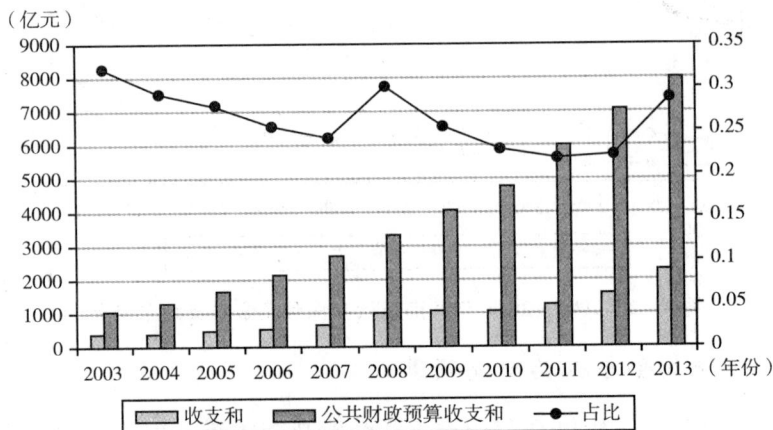

图 4 - 2　　2003 ~ 2013 年河南省社保基金收支与公共财政收支及占比

第二节 河南省社会保险基金收入发展情况

一、五项社保基金收入情况

如表 4-3 所示，2013 年，五项社会基金收入 1154.60 亿元，2012 年基金收入 996.70 亿元。2013 年，收入环比增长 16%，仍保持高于经济增长 7 个百分点。五险总量的增长速度来看，增幅低于 2012 年 5 个百分点。其中养老保险降低了 5.4 个百分点。失业保险降低了 1.7 个百分点（见图 4-3）。

表 4-3　　　　2006~2013 年河南省五项社会保险基金收入情况　　　　单位：亿元

年份	合计	环比	增量	养老保险	失业保险	医疗保险	工伤保险	生育保险
2006	302.79	—	—	235.40	13.96	48.01	4.38	1.04
2007	378.60	0.25	75.81	292.60	15.20	63.90	5.50	1.40
2008	466.67	0.23	88.07	353.91	18.10	84.99	7.58	2.09
2009	557.86	0.20	91.19	417.08	17.80	111.05	8.47	3.46
2010	685.30	0.23	127.44	519.80	18.80	132.00	10.20	4.50
2011	824.30	0.20	139.00	608.20	27.50	165.70	16.60	6.30
2012	996.70	0.21	172.40	728.80	33.90	207.40	18.00	8.60
2013	1154.60	0.16	157.90	833.80	41.20	247.00	21.10	11.50

资料来源：《河南统计年鉴 2014》，经整理计算得到。

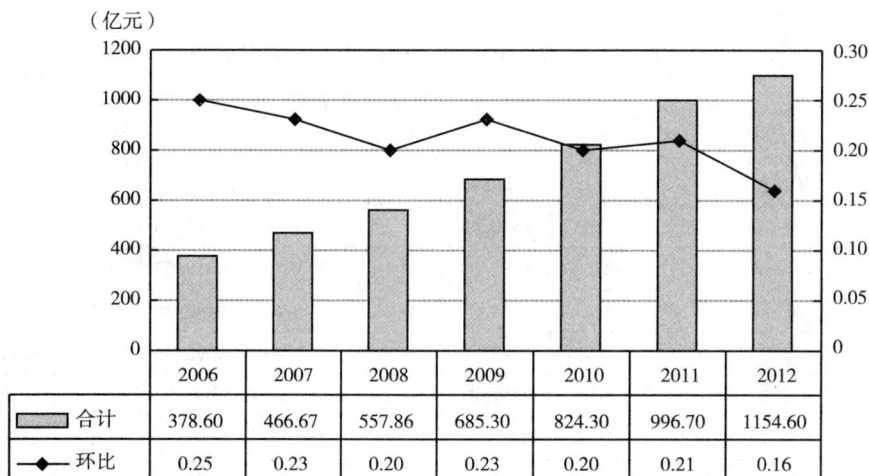

（亿元）

	2006	2007	2008	2009	2010	2011	2012
合计	378.60	466.67	557.86	685.30	824.30	996.70	1154.60
环比	0.25	0.23	0.20	0.23	0.20	0.21	0.16

图 4-3　2006~2012 年河南省五项社保基金总收入增长情况

由图4-4可以看出,养老保险和医疗保险呈现逐年快速稳定增长趋势,医疗保险、工伤保险和生育保险涨幅不大。

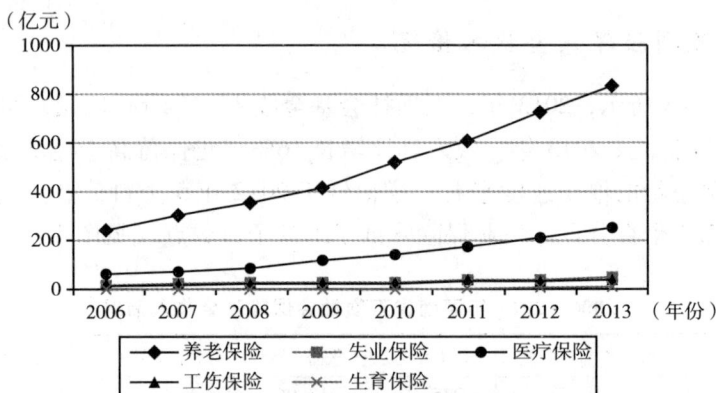

图4-4　2006~2013年河南省五项社保基金收入情况

二、五项社保基金收入与财政收入、GDP 的情况

五项基金均保持稳定而快速的增长。其中2013年养老保险为833.8亿元,失业保险为41.2亿元,医疗保险为247.0亿元,工伤保险为21.1亿元,生育保险为11.5亿元。比2012年分别增长105亿元,7.3亿元,39.6亿元,3.1亿元,2.9亿元(见表4-4)。

表4-4　　　　2006~2013年五项基金、财政收入、GDP 情况　　单位:亿元

年份	基金收入合计	基金收入环比	基金收入增量	财政总收入	财政总收入环比	财政总收入增量	GDP	GDP环比	GDP 增量
2006	302.79	—	—	1202.96	—	—	12362.79	—	—
2007	378.60	0.25	75.81	1530.48	0.27	327.52	15012.46	0.21	2649.67
2008	466.67	0.23	88.07	1781.89	0.16	251.41	18018.53	0.20	3006.07
2009	557.86	0.20	91.19	1921.80	0.08	139.91	19480.46	0.08	1461.93
2010	685.30	0.23	127.44	2293.70	0.19	371.90	23092.36	0.19	3611.90
2011	824.30	0.20	139.00	2851.91	0.24	558.21	26931.03	0.17	3838.67
2012	996.70	0.21	172.40	3282.48	0.15	430.57	29599.31	0.10	2668.28
2013	1154.60	0.16	157.90	3686.81	0.12	404.33	32155.86	0.09	2556.55

资料来源:《河南统计年鉴2014》,经整理计算得到。

　　五项基金总收入相对于财政收入以略高的环比增长。2013 年基金总收入环比为 15.84%。财政总收入环比为 12.31%。五项基金总收入相对于 GDP 以高于 7 个百分点的环比增长。2013 年五项基金总收入环比为 15.84%，GDP 环比增长为 8.64%（见图 4-5）。

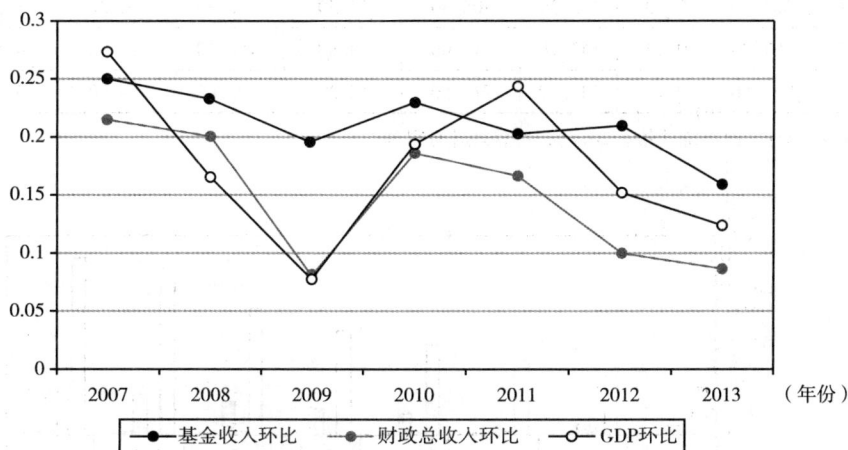

图 4-5　2007～2013 年财政收入、GDP、五项基金收入名义环比增长情况

第三节　河南省社会保障基金支出发展情况

一、五项社保基金支出情况

　　如表 4-5 所示 2013 年五项社保基金总支出 941.8 亿元，比 2012 年增加 134.5 亿元，环比增长 16.66%。2006～2013 年，五项社会保险基金支出保持着稳定而高速的增长。其中养老保险由 2012 年的 612.00 亿元增长为 2013 年的 711.50 亿元，医疗保险由 2012 年的 164.10 亿元增长到 2013 年的 193.60 亿元。养老保险与医疗保险逐年增加，且高速增长（见图 4-6）。

表 4-5　　　　　　　2006～2013 年五项社保基金支出情况　　　　　　单位：亿元

年份	合计	环比	增量	养老保险	失业保险	医疗保险	工伤保险	生育保险
2006	240.92	—	—	190.07	12.25	35.71	2.40	0.49
2007	297.20	0.23	56.28	237.20	11.50	44.80	3.00	0.70
2008	372.64	0.25	75.44	296.89	12.79	57.79	4.33	0.84

续表

年份	合计	环比	增量	养老保险	失业保险	医疗保险	工伤保险	生育保险
2009	463.20	0.24	90.56	363.55	12.31	81.07	4.90	1.37
2010	551.30	0.19	88.10	420.30	14.80	108.00	5.80	2.40
2011	663.60	0.20	112.30	506.30	13.50	132.30	8.20	3.30
2012	807.30	0.22	143.70	612.00	14.80	164.10	11.90	4.50
2013	941.80	0.17	134.50	711.50	16.20	193.60	14.20	6.30

资料来源:《河南统计年鉴2014》,经整理计算得到。

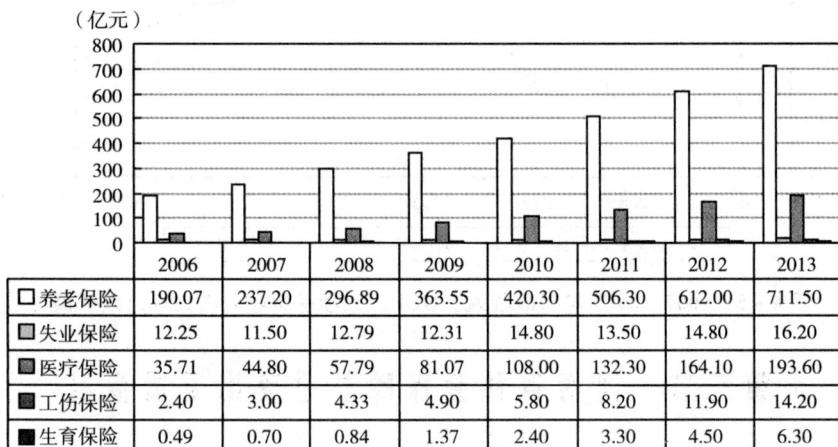

（亿元）

	2006	2007	2008	2009	2010	2011	2012	2013
□养老保险	190.07	237.20	296.89	363.55	420.30	506.30	612.00	711.50
■失业保险	12.25	11.50	12.79	12.31	14.80	13.50	14.80	16.20
▨医疗保险	35.71	44.80	57.79	81.07	108.00	132.30	164.10	193.60
■工伤保险	2.40	3.00	4.33	4.90	5.80	8.20	11.90	14.20
■生育保险	0.49	0.70	0.84	1.37	2.40	3.30	4.50	6.30

图 4-6 2006~2013 年五项社保基金支出情况（一）

二、社保基金支出与 GDP

2013 年河南省社保基金支出为 1017.59 亿元,比 2012 年社保基金支出 702.51 亿元增加 315.08 亿元,环比增长 44.85%。在 2006~2013 年,总支出保持较为稳定和高速的增长（见表 4-6）。

2013 年河南省 GDP 为 32155.86 亿元,比 2012 年 29599.31 亿元增加 2556.55 亿元,环比增长 8.64%。

表 4 - 6　　　　　2003~2013 年河南省社保基金收支与 GDP　　　　单位：亿元

年份	基金收入			基金支出			GDP		
	合计	增加额	增长率	合计	增加额	增长率	GDP 总量	GDP 增加额	GDP 增长率
2003	187.50	—	—	151.10	—	—	6867.70	—	—
2004	216.10	28.60	0.15	166.90	15.80	0.10	8553.79	1686.09	0.25
2005	257.10	41.00	0.19	203.20	36.30	0.22	10587.42	2033.63	0.24
2006	298.50	41.40	0.16	239.20	36.00	0.18	12362.79	1775.37	0.17
2007	365.20	66.70	0.22	289.60	50.40	0.21	15012.46	2649.67	0.21
2008	540.61	175.41	0.48	445.51	155.91	0.54	18018.53	3006.07	0.20
2009	558.14	17.53	0.03	462.74	17.23	0.04	19480.46	1461.93	0.08
2010	609.40	51.26	0.09	484.90	22.16	0.05	23092.36	3611.90	0.19
2011	723.60	114.20	0.19	581.25	96.35	0.20	26931.03	3838.67	0.17
2012	872.46	148.86	0.21	702.51	121.26	0.21	29599.31	2668.28	0.10
2013	1275.21	402.75	0.46	1017.59	315.08	0.45	32155.86	2556.55	0.09

资料来源：《河南统计年鉴 2014》，经整理计算得到。

第四节　河南省社会保障基金结余情况

一、五项基金结余情况

由表 4 - 7 可以看出，2006~2013 年，五项基金结余稳定而快速的增长。养老保险金结余由 2012 年的 717.70 亿元增长到 2013 年的 840.00 亿元。医疗保险由 2012 年的 250.70 亿元增长到 2013 年的 310.80 亿元。失业保险由 2012 年的 76.70 亿元增长到 2013 年的 101.10 亿元。工伤保险和生育保险分别由 2012 年的 35.20 亿元、15.20 亿元增长为 2013 年的 42.00 亿元、21.80 亿元。

表 4 - 7　　　　2006~2013 年河南省五项社保基金结余及环比情况

年份	合计	增加额（亿元）	环比	养老保险（亿元）	失业保险（亿元）	医疗保险（亿元）	工伤保险（亿元）	生育保险（亿元）
2006	311.72	—	—	220.81	24.60	57.87	6.53	1.91
2007	405.40	93.68	0.30	287.10	28.20	77.90	9.50	2.70
2008	501.25	95.85	0.24	346.04	33.44	105.14	12.72	3.91

续表

年份	合计	增加额（亿元）	环比	养老保险（亿元）	失业保险（亿元）	医疗保险（亿元）	工伤保险（亿元）	生育保险（亿元）
2009	603.03	101.78	0.20	399.59	38.99	142.20	16.25	6.00
2010	737.30	134.27	0.22	499.00	42.90	166.40	20.90	8.10
2011	899.40	162.10	0.22	600.90	57.00	201.20	29.20	11.10
2012	1095.50	196.10	0.22	717.70	76.70	250.70	35.20	15.20
2013	1315.70	220.20	0.20	840.00	101.10	310.80	42.00	21.80

资料来源：《河南统计年鉴2014》，经整理计算得到。

五项基金合计由 2012 年的 1095.50 亿元增长为 2013 年的 1315.70 亿元。增长额为 220.20 亿元，环比增长 20.1%。

二、基金累计结余与 GDP

基金累计结余稳定而高速增长。2013 年结余为 1470.86 亿元。比较 2012 年的 977.21 亿元增加了 493.65 亿元。环比增长高达 50.5%。2013 年河南省 GDP 总量 32155.86 亿元，比 2012 年 GDP 总量 29599.31 亿元增加 2556.55 亿元，环比增长 8.64%。累计结余增速为远超当期 GDP 增速。（见表 4-8）

表 4-8　　　　　　　　　　2003~2013 年河南省基金累计结余总情况　　　　单位：亿元

年份	基金累计结余			GDP		GDP 增长率
	合计	增加额	增长率	GDP 总量	GDP 增加额	
2003	145.20	—	—	6867.70	—	—
2004	195.80	50.60	0.35	8553.79	1686.09	0.25
2005	244.20	48.40	0.25	10587.42	2033.63	0.24
2006	303.30	59.10	0.24	12362.79	1775.37	0.17
2007	363.80	60.50	0.20	15012.46	2649.67	0.21
2008	496.21	132.41	0.36	18018.53	3006.07	0.20
2009	595.57	99.36	0.20	19480.46	1461.93	0.08
2010	664.70	69.13	0.12	23092.36	3611.90	0.19
2011	806.68	141.98	0.21	26931.03	3838.67	0.17
2012	977.21	170.53	0.21	29599.31	2668.28	0.10
2013	1470.86	493.65	0.51	32155.86	2556.55	0.09

资料来源：《河南统计年鉴2014》，经整理计算得到。

如图 4 - 7 所示，基金累计结余与 GDP 相比，增速快于 GDP。

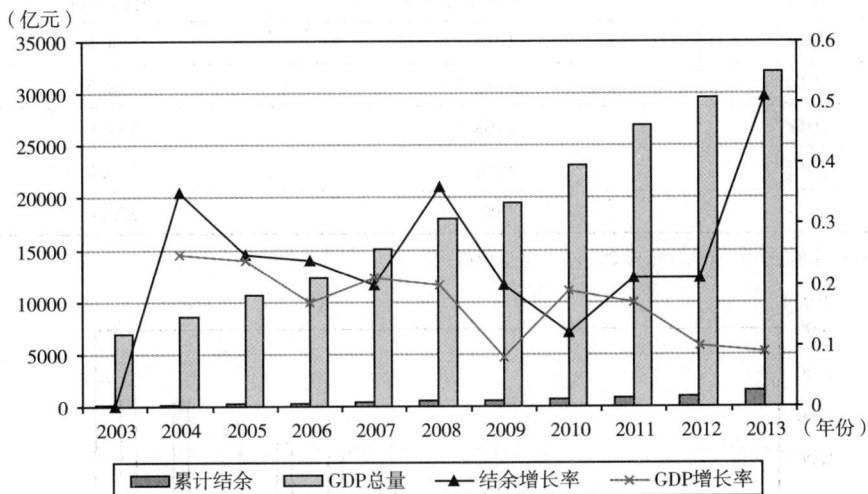

图 4 - 7　2003 ~ 2013 年基金累计结余和 GDP 及增长率

第五节　河南省社保基金参保人数

五项社保基金参保人数如表 4 - 9 所示。城镇职工基本养老保险、退休人员数量如图 4 - 8 所示。

表 4 - 9　　　　　　　　**2001 ~ 2013 年河南基本养老保险参保人数**　　　　单位：万人

年份	城镇职工基本养老保险	退休人员
2001	736. 6	141. 9
2002	757. 8	161. 5
2003	751. 1	171. 0
2004	781. 1	181. 1
2005	814. 0	194. 2
2006	863. 8	208. 2
2007	912. 9	224. 7
2008	972. 0	239. 1

年份	城镇职工基本养老保险	退休人员
2009	1019.1	254.5
2010	1079.3	270.3
2011	1168.4	287.9
2012	1270.6	306.0
2013	1350.0	325.6

资料来源:《河南统计年鉴2014》,经整理得到。

(万人)

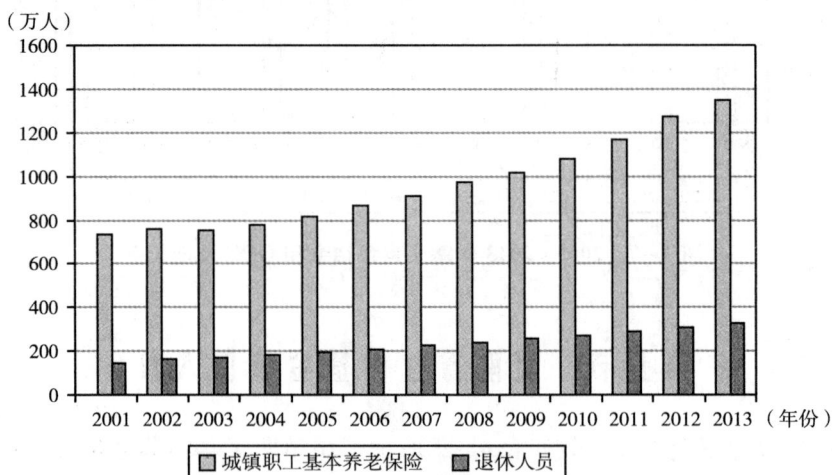

图4-8 2001～2013年城镇职工基本养老保险、退休人员数量

2001～2013年,河南省城镇职工养老保险参保人数呈逐年增加的趋势,而退休人员上升趋势相对于职工参保人数较小(见表4-10)。

表4-10　　　　　　　　　　2001～2013年失业保险参保人数　　　　　单位:万人

年份	年末参保人数	年末领取失业保险金人数
2001	676.1	10.0
2002	670.4	16.8
2003	680.0	18.7
2004	681.6	22.3
2005	681.9	29.2

年份	年末参保人数	年末领取失业保险金人数
2006	682.8	28.0
2007	682.9	21.6
2008	683.4	18.4
2009	690.2	16.7
2010	696.7	14.7
2011	701.2	13.3
2012	724.2	11.4
2013	741.3	10.5

资料来源:《河南统计年鉴2014》,经整理得到。

2001～2010年,河南省参加失业保险人数趋势趋于稳定,2010年之后稍有增加。而年末领取失业保险金人数呈现先上升后下降的趋势(见表4-11)。

表4-11　　　　　　2001～2013年城镇基本医疗保险参保人数　　　单位:万人

年份	职工基本医疗保险	退休人员
2001	460.3	94.8
2002	537.4	115.2
2003	567.9	126.9
2004	590.0	136.8
2005	641.5	154.1
2006	704.1	173.3
2007	781.0	197.4
2008	840.9	220.8
2009	920.1	243.7
2010	957.4	258.7
2011	1016.4	272.2
2012	1082.2	293.2
2013	1140.2	313.4

资料来源:《河南统计年鉴2014》,经整理得到。

如图4-9所示,2001～2013年职工基本医疗保险参保人数呈逐年上升趋势。

2001～2013年,河南省参加工伤保险人数逐年增加,享受工伤保险待遇人数呈上升趋势(见图4-10)。

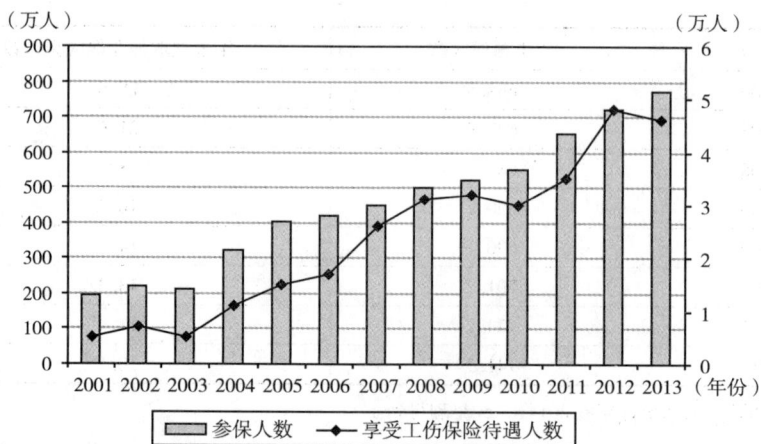

图 4 - 9　2001～2013 年河南省参保、享受工伤保险待遇人数

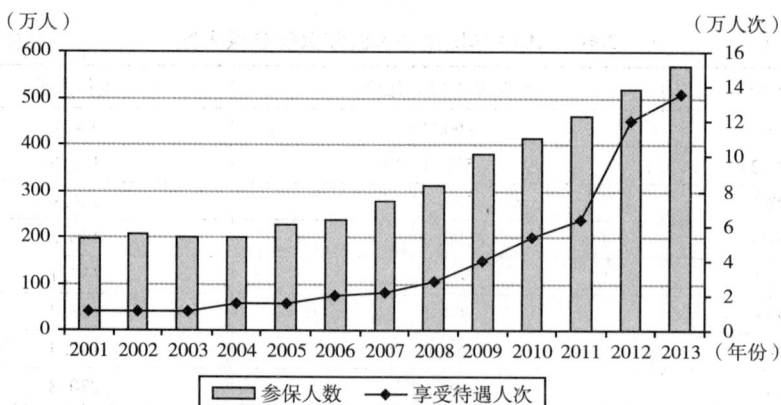

图 4 - 10　2001～2013 年河南省参保人数、享受待遇人次

　　2001～2013 年，河南省参加五项保险的人数持续增加，享受保险待遇的人数持续增加。

　　养老保险人数中城镇职工由 2012 年的 1270.6 万人增加为 2013 年的 1350 万人。失业保险由 2012 年年末的 724.2 万人增加到 2013 年年末的 741.3 万人。职工医疗保险参保由 2012 年的 1082.2 万人增加到 2013 年的 1140.2 万人。工伤保险参保人数由 2012 年的 720.6 万人增加为 2013 年的 773.1 万人。生育保险参保人数由 2012 年的 520.3 万人增加到 2013 年的 569.6 万人。

第五章　结论与政策建议

第一节　研究结论

本书就 2000～2013 年河南省居民收入分配的分布和演进状况进行了分析，发现这一时期河南省居民收入分配的主要特点为：第一，居民收入分配份额总体呈现下行趋势。第二，居民收入分配中收入的流动性较小。第三，农村居民收入结构变化较为显著，而城镇居民收入结构变化较小。

收入总量和结构的变化离不开整体经济环境的发展状况。这一时期，河南省 GDP 基本上稳居全国第 5 位，即便是在金融危机发生的 2008 年前后。以下三个方面的原因导致了河南省的经济发展水平较高但民生发展水平相对较低：一是河南省是人口大省。二是河南省的产业结构主要以农业和加工业为主，上述产业的附加值均较低，这就导致低技能劳动者难以充分享受到经济发展益处，从而产生 GDP 较高但民生发展状况相对滞后的情形。三是产业结构的缺陷导致了城镇化率偏低。

上述原因的出现，使得河南省居民收入总量增速慢、结构调整也相对滞后。这种情形的持续，使得河南省在中部六省中的收入相对水平也显著下降。2000 年，河南省经济发展较好的郑州市、濮阳市、安阳市和洛阳市职工平均工资排名均在前 10 位以内，平顶山市也紧随其后排在第 11 位。换言之，中部 48 个城市职工平均工资前 10 位的城市中，有 4 个在河南省，郑州市和濮阳市同时在前 5 位。除了商丘和漯河在 40 位左右外，其他城市的排名均在 10～40 位。这种位次，说明河南省部分城市 2000 年职工平均工资收入在黄河中游经济区中处于领先地位。但是到 2013 年，这种情形发生了显著的变化。发展较好的 5 个城市除了郑州市和平顶山市勉强保持在 20～30 位，其他城市职工平均工资收入的位次已经跌至 30 位以后，并且 40～48 位之间的有 6 个城市，30～39 位之间的城市有 8 个，共占河南省 17 个城市中的一半以上。经过 13 年的经济建设，河南省职工不仅没有享受到经济发展的益处，反而工资收入逐年下降，已在黄河中游综合经济区中处于末位。

因此，河南省居民收入分配状况在 1995～2013 年出现一定程度的恶化，与经济发展过程中产业结构发展特征密切相连。

即便如此，河南省居民的收入在时间趋势上仍出现了较大幅度的增长。1978～2013 年，城镇居民可支配收入和农村居民纯收入分别翻了 71 倍和 81 倍，年均增速分别为 12.18% 和 12.55%。总体而言，农村居民人均纯收入增速稍快于城镇居民人均可支配收入，因此城乡收入比呈现震荡下降的趋势，但降幅较为有限。

就居民收入的行业特征而言，2006～2013 年，河南省城镇单位就业人员总体平均工资水平呈现显著的下降趋势，2013 年已经是全国末尾。导致这种局面出现的原因，一方面是因为河南省劳动力的存量和增速均相对较快，降低了劳动力的使用价格。另一方面在于河南省的市场化程度相对较低，具有相对较高文化的劳动者均选择到较发达的区域内寻找就业机会，从而改善自身的收入，导致河南省内流动劳动者的素质呈现一种逆向选择，也在一定程度上降低了劳动者的工资收入。

就区位特征而言，河南省各地区之间居民收入水平的差异是较大的，最低的为驻马店市职工工资，水平相比最高的郑州市，差距为 12604.53 元，幅度为驻马店市年均工资水平的 38.98%。导致这种局面的深层原因在于河南省内资源分布的差异和生产率的差异。

就河南省社会保障而言，社保支出处于全国的中上水平，但是对于特殊群体以及贫困人口的生活及其他保障方面，政府及社会做得仍然欠缺，这一问题不能忽视。

第二节　政策建议

收入分配是经济发展过程中的重要议题之一，只有在经济不断发展的背景下，收入分配才存在改善的可能。根据本书的分析，这里提出相关政策建议：

首先，河南省的发展模式可以由外延式的产业结构转变为内涵式的附加值增量调整。河南省是传统的农业大省，这就对其产业升级具有一定的不利因素。虽然逐步提升产业结构存在一定的困难，但可以通过努力延长产业链的附加值来弥补这一潜在不足。2015 年逐渐兴起的"互联网＋"正为这一发展提供了有力的平台，有效节约了包含交易时间在内的诸多交易成本，能够有效助推这一发展模式的转变。

其次，河南省应充分发掘区位地理优势，应逐渐发展成为承接内陆与沿海、南方与北方发展的重要中转枢纽。河南省的地理位置在中国内陆地区，是重要的交通物流枢纽。随着电商产业的不断发展，现代物流业城市呈现快速增长。河南省应充分抓住这一历史机遇，培育和扶持一定规模的物流运输企业，充分利用自身的区位优势，在中国物流业快速发展的背景下积极参与，并逐渐建设成为现代物流业的核心区域。

再次，河南省应积极提高辖区内教育质量，从而为延长产业附加值和建设现代物流核心区域提供充足的人才储备。

通过上述宏观层面上产业结构的发展策略和微观层面上教育质量的提升，这种发展模式便具有调整的可能性。通过使省内居民更加充分地参与到不断深化的市场分工过程中，并逐渐树立基于河南省区域特色的发展模式，能够在一定程度上促进辖区内居民收入分配水平的改善。此外，河南省还应逐渐加强收入的二次调节机制，充分尊重初次合理分配的前提下对二次分配进行有效调节，从而不断增加社会公平和正义。

最后，要解决河南省特殊群体的生活保障以及扶贫问题，政府应该加快相关配套政策的制定和实施，特别是扶贫问题，要充分吸收并借鉴国内外先进经验，将扶贫措施具体化、指标化，要着力解决社会底层人民的生活、教育、医疗等方面的问题，从而更好地促进社会公平和经济的健康可持续发展，维护社会稳定。

广西篇

第六章　广西壮族自治区居民
收入分配总体状况

第一节　广西壮族自治区国民收入分配格局

一、广西壮族自治区的经济增长现状分析

为了准确全面地分析广西壮族自治区国民收入分配格局和居民收入分配格局，我们首先分析影响收入分配的经济基础，即广西壮族自治区 GDP 的规模与增速的变化，并与西部地区其他 11 省（区、市）进行对比，以分析广西壮族自治区经济发展水平和所处的位置。表 6－1 报告了 1978～2013 年按 1978 年为可比价计算的西部各省（区、市）的实际 GDP 规模及年平均增长速度；图 6－1 则描述了 1978～2013 年西部各省（区、市）实际 GDP 的变化趋势。

根据《广西统计年鉴》数据显示，在 2011 年，广西壮族自治区名义 GDP 达到 11720.87 亿元，首次超过万亿规模。表 6－1 比较了广西壮族自治区与西部其他地区实际 GDP 的增长情况。总体来看，广西壮族自治区 GDP 实现了较大规模的增长，但增长速度略低于西部地区平均速度。2013 年，广西壮族自治区的实际 GDP 由 1978 年的 75.85 亿元增加到 2413.07 亿元，增长了 30.81 倍。从西部地区实际 GDP 排名的变化来看，广西壮族自治区排名的最好时期是 1978 年，排第 2 位，仅落后于四川，但在以后的发展过程中，不断被其他地区超越。例如，广西壮族自治区 GDP 规模在 1979～1983 年被陕西赶超，排第 3 位；1984～1993 年，广西壮族自治区 GDP 又先后被云南、重庆、内蒙古赶超，排位甚至跌落至第 6 位；1994～2002 年，广西壮族自治区 GDP

表6－1　1978~2013年广西壮族自治区与西部其他地区 GDP 规模比较

单位:亿元

年份	广西	内蒙古	重庆	贵州	西藏	甘肃	宁夏	四川	云南	陕西	青海	新疆	广西在西部的排名
1978	75.85	58.04	67.32	47.00	6.70	65.00	13.00	185.00	69.10	81.10	15.54	39.10	2
1979	78.43	63.73	74.79	52.17	7.22	65.92	13.83	203.87	71.24	87.18	14.13	43.95	3
1980	86.44	64.81	80.55	54.47	8.84	71.91	14.93	223.24	77.30	93.55	16.64	47.16	3
1981	93.36	71.68	85.55	58.01	10.65	65.87	15.23	232.39	83.33	97.76	16.41	51.16	3
1982	105.03	85.01	93.16	67.17	10.68	71.75	16.58	257.72	96.24	106.65	18.35	56.23	3
1983	108.52	93.35	102.75	75.63	10.13	82.44	19.14	286.07	104.33	114.44	20.29	63.82	3
1984	116.03	108.37	119.09	90.61	12.69	93.82	21.74	321.26	119.45	134.81	23.05	72.82	5
1985	128.80	127.01	129.33	97.77	14.65	106.20	25.61	359.49	134.98	157.05	25.55	85.13	5
1986	137.05	134.51	140.46	103.24	13.30	117.92	27.74	379.26	140.79	170.71	27.62	95.09	5
1987	149.67	146.61	147.90	114.39	13.31	128.43	29.94	412.25	158.10	187.79	29.19	104.60	4
1988	156.41	160.98	161.95	124.23	13.87	146.03	33.57	443.17	183.40	227.22	31.44	114.64	6
1989	162.05	165.33	169.89	129.82	15.04	158.88	36.19	457.35	194.04	234.72	31.82	121.63	6
1990	173.41	178.89	181.78	135.40	16.37	167.82	37.56	498.97	210.92	244.81	33.00	135.86	6
1991	195.48	192.30	198.50	148.81	16.64	178.90	39.48	544.38	224.84	262.44	34.55	155.42	5
1992	231.28	213.65	231.26	162.35	17.82	196.61	42.87	615.15	249.35	288.16	37.11	175.78	4
1993	273.61	238.64	267.33	179.23	20.58	219.42	47.29	700.66	277.03	326.48	40.69	193.71	4
1994	317.39	265.37	303.42	194.47	23.81	243.12	51.17	780.53	310.82	354.56	44.03	217.15	3
1995	353.57	292.30	340.74	209.05	28.07	268.40	56.03	864.83	347.19	391.43	47.55	239.52	3
1996	389.99	334.39	379.59	227.66	31.78	300.61	62.14	956.50	385.73	434.10	51.69	255.09	3

续表

年份	广西	内蒙古	重庆	贵州	西藏	甘肃	宁夏	四川	云南	陕西	青海	新疆	广西在西部的排名
1997	425.09	370.50	422.10	248.15	35.53	327.96	67.07	1056.93	423.14	480.55	56.37	283.15	3
1998	467.59	410.14	458.40	269.24	39.83	359.84	72.98	1159.45	457.42	536.29	61.44	304.39	3
1999	506.40	446.38	494.16	292.94	44.73	392.34	79.62	1235.98	490.81	591.53	66.48	326.91	3
2000	546.41	494.58	537.15	318.42	49.38	430.39	87.74	1347.22	527.62	668.43	72.46	355.35	3
2001	591.76	547.50	586.57	346.44	55.70	472.57	96.60	1471.16	563.50	733.94	81.16	385.91	3
2002	654.49	619.77	648.16	377.97	62.88	519.36	106.49	1627.10	614.21	831.55	91.22	417.56	3
2003	721.25	730.71	723.99	416.14	70.49	575.13	120.02	1819.10	668.26	960.44	102.26	464.32	5
2004	806.35	883.43	813.77	463.58	79.09	641.33	133.46	2050.13	745.11	1105.47	114.83	517.25	5
2005	913.19	1093.76	908.98	522.46	88.66	717.31	148.00	2308.44	812.17	1281.24	128.84	573.64	4
2006	1037.38	1302.67	1021.69	589.33	100.54	799.87	166.83	2620.08	908.82	1488.80	145.98	636.74	4
2007	1194.03	1552.78	1184.14	676.56	114.62	898.26	188.02	2999.99	1019.70	1724.03	165.69	714.42	4
2008	1346.86	1829.18	1355.84	753.01	126.19	988.98	211.71	3329.99	1127.79	2006.77	188.06	793.00	5
2009	1534.07	2138.31	1557.86	838.85	141.84	1090.85	236.90	3812.84	1264.25	2279.69	207.05	857.24	5
2010	1751.91	2459.05	1824.26	946.22	159.29	1219.57	268.88	4388.58	1419.75	2612.52	238.73	948.10	5
2011	1967.40	2810.70	2123.44	1088.16	179.52	1372.01	301.42	5046.87	1614.26	2975.66	270.96	1061.88	5
2012	2189.72	3133.93	2412.22	1236.14	200.70	1544.88	336.08	5682.77	1824.11	3359.52	304.28	1189.30	5
2013	2413.07	3415.98	2708.93	1390.66	224.99	1711.73	369.01	6251.05	2044.83	3729.07	337.15	1320.12	5
年增长率（%）	10.39	12.35	11.13	10.16	10.56	9.80	10.03	10.58	10.16	11.56	9.19	10.58	7

资料来源：根据相关地区相应年份的统计年鉴数据计算得到。

（亿元）

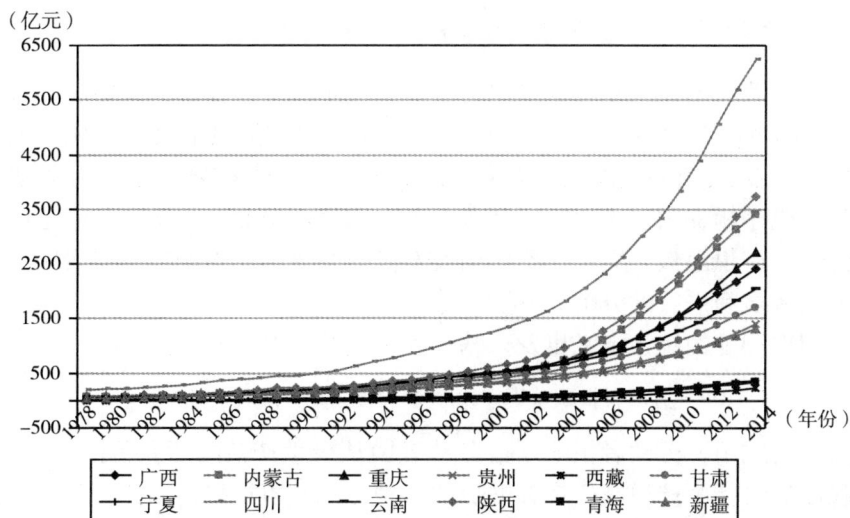

图 6 - 1 1978 ~ 2013 年西部地区实际 GDP 变化趋势

排名有所提升，上升至第 3 位；但 2003 年以来又有所下降，从 2008 年开始一直排第 5 位，落后于四川、陕西、内蒙古和重庆。

从实际 GDP 年均增长速度来看，1978 ~ 2013 年，西部地区整体的增长速度是 10.77%。其中，年增速最快的地区是内蒙古，达到了 12.35%，其次则是陕西，为 11.56%。而广西壮族自治区的增速则是 10.39%，略低于西部地区的平均增长速度，在西部地区排名比较靠后，排第 7 位（如图 6 - 2 所示）。这也在一定程度上解释了广西壮族自治区 GDP 排名不断下滑的原因所在。

（%）

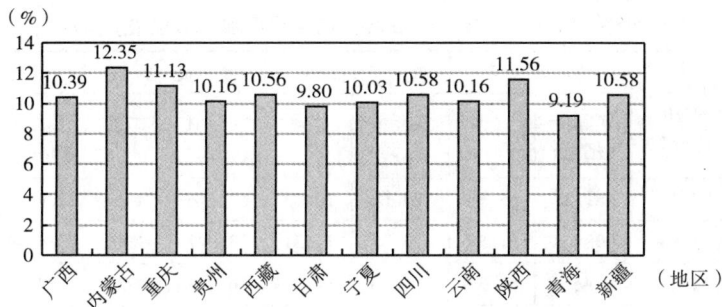

图 6 - 2 1978 ~ 2013 年西部地区 GDP 增速比较

二、广西壮族自治区劳动者报酬现状分析

生产活动离不开劳动力、资本、土地和技术等生产要素，在市场经济条件下，取得这些要素必须支付一定的报酬，这种报酬就形成各要素提供者的初次分配收入。在我国的国民收入核算体系中，国民收入按要素被分为劳动者报酬、生产税净额、固定资产折旧和营业盈余四类。因此，初次分配就是以劳动者报酬、生产税净额、固定资产折旧及营业盈余等形式对增加值在居民、政府和企业三者之间进行的分配。

从初次分配的统计定义出发，基于收入法的 GDP 计算公式为：

$$GDP = 劳动者报酬 + 生产税净额 + 固定资产折旧 + 营业盈余$$

在该公式中，劳动者报酬是指劳动者因从事生产活动所获得的全部报酬；生产税净额是指生产税减生产补贴后的余额，是政府所得；固定资产折旧是指一定时期内为弥补固定资产损耗，按照规定的固定资产折旧率提取的固定资产折旧，或按国民经济核算统一规定的折旧率虚拟计算的固定资产折旧；营业盈余是指常住单位创造的增加值扣除劳动者报酬、生产税净额和固定资产折旧后的余额。固定资产折旧和营业盈余为资本的报酬。

为了分析广西壮族自治区初次分配的构成，通过整理 1996～2014 年《中国统计年鉴》中的广西壮族自治区收入法 GDP 及其构成，以 1995 年为基期，运用 GDP 指数进行平减，得到了 1995～2013 年广西壮族自治区初次分配中劳动者报酬、生产税净额、固定资产折旧和营业盈余实际值，以及它们占实际GDP 的比重及实际年均增长率（如表 6－2 所示）。

表 6－2   1995～2013 年广西壮族自治区初次分配结构及变化趋势

年份	实际 GDP（1995 年可比价）	劳动者报酬		生产税净额		固定资产折旧		营业盈余	
		实际值（亿元）	比重（%）	实际值（亿元）	比重（%）	实际值（亿元）	比重（%）	实际值（亿元）	比重（%）
1995	1497.56	981.51	65.54	163.69	10.93	122.76	8.20	229.60	15.33
1996	1621.86	998.68	61.58	183.48	11.31	135.27	8.34	304.44	18.77
1997	1751.61	1109.35	63.33	197.05	11.25	161.43	9.22	283.78	16.20
1998	1926.77	1189.53	61.74	200.42	10.40	191.21	9.92	345.60	17.94
1999	2080.91	1257.56	60.43	217.43	10.45	207.78	9.99	398.13	19.13

续表

年份	实际GDP (1995年 可比价)	劳动者报酬		生产税净额		固定资产折旧		营业盈余	
		实际值 (亿元)	比重 (%)	实际值 (亿元)	比重 (%)	实际值 (亿元)	比重 (%)	实际值 (亿元)	比重 (%)
2000	2245.30	1325.04	59.01	246.56	10.98	235.81	10.50	437.90	19.50
2001	2431.66	1405.49	57.80	278.27	11.44	280.64	11.54	467.26	19.22
2002	2689.42	1530.20	56.90	309.02	11.49	329.03	12.23	521.17	19.38
2003	2963.74	1591.56	53.70	327.62	11.05	366.96	12.38	677.60	22.86
2004	3313.45	1613.55	48.70	370.36	11.18	377.17	11.38	952.37	28.74
2005	3750.83	2245.45	59.87	360.88	9.62	456.25	12.16	688.25	18.35
2006	4257.19	2540.79	59.68	452.97	10.64	476.67	11.20	786.76	18.48
2007	4900.03	2876.53	58.70	571.50	11.66	566.11	11.55	885.88	18.08
2008	5527.27	3424.37	61.95	594.72	10.76	633.28	11.46	874.86	15.83
2009	6295.52	3753.64	59.62	778.75	12.37	855.03	13.58	908.11	14.42
2010	7189.49	4268.86	59.38	929.80	12.93	937.74	13.04	1053.09	14.65
2011	8073.79	4688.55	58.07	1022.68	12.67	1143.19	14.16	1219.37	15.10
2012	8986.13	4952.06	55.11	1185.53	13.19	1016.78	11.31	1831.76	20.38
2013	9902.72	4742.37	47.89	1958.25	19.77	1088.61	10.99	2113.49	21.34
增长率 (%)	11.06	9.15		14.78		12.89		13.12	

资料来源：根据《中国统计年鉴》相关年份计算得到。

在表6-2中，1995～2013年，广西壮族自治区劳动者报酬、生产税净额、固定资产折旧及营业盈余的绝对值均得到了较快增长。劳动者报酬由981.51亿元增长到4742.37亿元；生产税净额从163.69亿元增长到1958.25亿元；固定资产折旧和营业盈余分别由122.76亿元、229.60亿元增长到1088.61亿元、2113.49亿元。劳动者报酬、生产税净额、固定资产折旧及营业盈余的实际年增长率分别为9.15%、14.78%、12.89%和13.12%。其中，劳动报酬的增长速度最慢，生产税净额的增长速度最快。通过与广西壮族自治区GDP的实际年增长率（11.06%）相比较可以发现，劳动者报酬的增长速度慢于GDP的增长速度，而其余三项的增长速度均快于GDP的增长速度。也就是说，广西壮族自治区在1995～2013年的初次分配中，一方面，劳动者所得的增长速度最慢，政府所得的增长速度最快；另一方面，劳动者所得增长速度慢于 GDP 的增长速度，而企业及政府所得增长速度均快于 GDP 的增长速度。

从结构比来看，广西壮族自治区劳动者报酬占 GDP 的比重从 1995 年的最高点 65.54% 下降到 2004 年的 48.70%，下降了近 17 个百分点。从 2005 年开始劳动者报酬占比大幅上升，达到了 59.87%，但在 2013 年又下降到 47.89%，成为最低点。政府所得生产税净额占 GDP 的比重从 1995 年的 10.93% 上升到 2004 年的 11.18% 后，在 2005 年下降到 9.62%，但从 2006 年起又开始上升，到 2013 年达到最高值 19.77%。企业所得（即资本的报酬，包括固定资产折旧和营业盈余）占 GDP 的比重由 1995 年的 23.53% 上升到 2004 年的 40.12%，达到最大值，上升了近 16.6 个百分点；2005～2008 年则逐年下降，此后又开始上升，2013 年回升到 32.34%。其中，企业的营业盈余所占比重在 2004 年上升到最大值 28.74%；接下来从 2005 年开始出现下降，在 2009 年达最低值 14.42%；从 2010 年开始又逐年上升，在 2013 年营业盈余占 GDP 的比重为 21.34%。

关于广西壮族自治区的劳动者（劳动者报酬）、政府（生产税净额）和企业（固定资产折旧和营业盈余）在初次分配中所得占 GDP 比重的变化趋势。从图 6-3 可以看出，劳动者所得占比呈下降趋势，而政府和企业所得比重呈上升趋势。

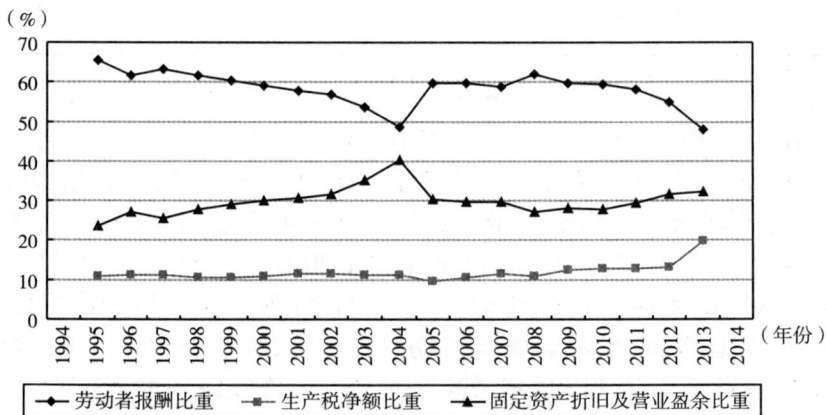

图 6-3　1994～2014 年广西壮族自治区初次分配结构变化趋势

三、广西壮族自治区劳动者报酬增长率与劳动生产率对比分析

基于效率原则，劳动者报酬的增长趋势与劳动生产率的变动应该保持同步。然而，在我国普遍存在劳动者报酬增长率与劳动生产率的提高不同步的现象，广西壮族自治区也不例外。这种不同步现象是我国经济结构失衡的重要原因。要使经济从失衡走向平衡，本质上就是要弥合劳动生产率提高和劳动报酬增长之间的差距，实现劳动报酬增长与劳动生产率提高的同步。表6-3报告了广西壮族自治区劳动者报酬与劳动生产率的变化趋势。在这里，劳动者报酬、各产业人均增加值都是以1995年为可比价通过运用GDP平减指数平减后所得到的实际值。全产业劳动生产率则是利用三次产业实际增加值之和除以三次产业从业人数之和计算得到。

表6-3　　1995~2013年广西壮族自治区劳动者报酬与劳动生产率变化

年份	劳动者报酬		第一产业劳动生产率		第二产业劳动生产率		第三产业劳动生产率		全产业劳动生产率	
	人均报酬（元）	实际增长率（%）	人均增加值（元）	实际增长率（%）	人均增加值（元）	实际增长率（%）	人均增加值（元）	实际增长率（%）	全产业人均增加值（元）	实际增长率（%）
1995	4118.80	—	2862.60	—	19002.13	—	9817.57	—	6284.35	—
1996	4130.17	0.28	3036.11	6.06	20695.94	8.91	10285.07	4.76	6707.43	6.73
1997	4515.04	9.32	3357.26	10.8	22020.48	6.40	10449.90	1.60	7129.04	6.29
1998	4754.31	5.30	3554.63	5.88	24839.10	12.80	10877.19	4.09	7700.91	8.02
1999	4994.29	5.05	3826.20	7.64	27130.37	9.22	11491.96	5.65	8264.13	7.31
2000	5156.79	3.25	3950.48	3.25	29191.95	7.60	11257.95	2.04	8738.27	5.74
2001	5445.74	5.60	4088.95	3.51	31871.24	9.18	12311.65	9.36	9421.75	7.82
2002	5903.55	8.41	4384.38	7.23	36129.59	13.36	13512.53	9.75	10375.83	10.13
2003	6116.69	3.61	4610.73	5.16	40011.52	10.74	14514.50	7.42	11390.22	9.78
2004	6090.46	-0.43	4937.74	7.09	45596.88	13.96	14824.86	2.14	12506.87	9.80
2005	8307.26	36.40	5333.58	8.02	48135.35	5.57	15891.56	7.20	13876.56	10.95
2006	9205.78	10.82	5672.79	6.36	55362.28	15.01	16968.00	6.77	15424.62	11.16
2007	10387.83	12.84	5984.28	5.49	53310.58	-3.71	21228.01	25.11	17695.20	14.72
2008	12141.28	16.88	6162.84	2.98	61848.57	16.02	23228.56	9.42	19597.11	10.75

续表

年份	劳动者报酬		第一产业劳动生产率		第二产业劳动生产率		第三产业劳动生产率		全产业劳动生产率	
	人均报酬（元）	实际增长率（%）	人均增加值（元）	实际增长率（%）	人均增加值（元）	实际增长率（%）	人均增加值（元）	实际增长率（%）	全产业人均增加值（元）	实际增长率（%）
2009	13112.51	8.00	6434.28	4.40	53024.23	-14.27	31127.05	34.00	21992.01	12.22
2010	14703.97	12.14	6687.60	3.94	68369.14	28.94	31567.18	1.41	24764.01	12.60
2011	15967.70	8.59	7035.47	5.20	77032.80	12.67	33973.34	7.62	27496.77	11.04
2012	17890.40	12.04	7851.84	11.60	95076.84	23.42	39348.78	15.82	32464.35	18.07
2013	17043.99	-4.73	8187.98	4.28	104300.55	9.70	43187.34	9.76	35590.17	9.63
年增长率（%）		8.21		6.01		9.92		8.58		10.11

资料来源：根据相关年份的《中国统计年鉴》、《广西壮族自治区统计年鉴》，经计算整理得到。

从表6-3可以看出，1995～2013年人均劳动者报酬由4118.80元增长到17043.99元，年均实际增长率为8.21%，不过，与上一年相比，在2004年、2013年广西壮族自治区人均劳动报酬均出现下降，尤其是2013年下降了4.73个百分点。在三次产业中，第一产业劳动生产率由2862.60元增长到8187.98元，年实际增长率为6.01%；第二产业劳动生产率除在2007年、2009年出现过下降外，其余年份一直保持较高速度增长，由1995年的人均19002.13元增长到2013年的人均104300.55元，年实际增长率达9.92%，为三次产业中最大增速，比第一产业高出3.91个百分点；第三产业劳动生产率则由9817.57元增长到43187.34元，年实际增长率为8.58%。整体来看，1995～2013年广西壮族自治区的全产业劳动生产率由6284.35元增长到35590.17元，年实际增长率为10.11%。从增长速度来看，劳动者报酬增长率低于第二、第三产业和全产业劳动生产率的增长率。

图6-4报告了广西壮族自治区人均劳动者报酬与全产业劳动生产率的增速的变化趋势。从图6-4可以看出，除1997年、2005年和2008年以外，广西壮族自治区人均劳动者报酬的实际增长率均低于全产业劳动生产率的实际增长率，并且劳动者报酬增长率波动幅度较大，而全产业劳动生产率增长率变化则相对平稳。从变化趋势来看，广西壮族自治区劳动者报酬增长率与劳动生产率的变动并不同步，二者呈现较大差异，尤其是自2002年以后，同步性几乎

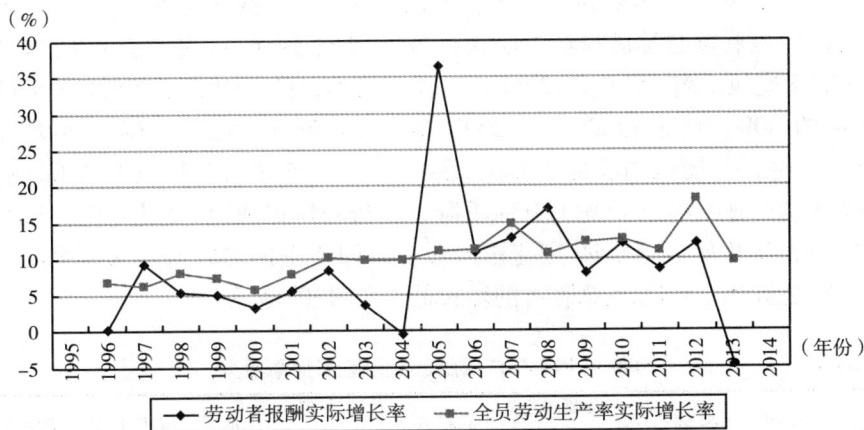

图 6-4　1995～2013 年广西壮族自治区劳动者报酬与劳动生产率的增速比较

完全不一致。这也说明广西壮族自治区还需要开展大量的工作去推动实现基于劳动生产率的变化来提高与稳定广西壮族自治区劳动者报酬。

四、广西壮族自治区国民收入分配格局的总体判断

基于前面的分析，可以对 1995～2013 年广西壮族自治区国民收入分配的总体格局做出如下判断：广西壮族自治区 GDP 规模实现了较大规模的增长，但与西部其他地区相比较，实际增长率略低于西部 12 省（区、市）平均水平，导致广西壮族自治区在西部地区 GDP 规模排名略有下降。在初次分配结构中，劳动者所得占比呈下降趋势，而政府和企业所得比重呈上升趋势。劳动者所得的增长速度不仅慢于 GDP 的增长速度，而且慢于企业及政府所得的增长速度，后者的增长速度均快于 GDP 的增长速度。同时，劳动者报酬增长率低于第二、第三产业和全产业劳动生产率的增长率，其变动趋势与劳动生产率的变动趋势未能保持同步。

第二节　广西壮族自治区城乡居民收入增长与差距

一、广西壮族自治区居民收入增长的特点

（1）广西壮族自治区居民总收入绝对值大幅增加，但增速低于 GDP 增

速。2000 年以来，广西壮族自治区居民总收入①有了显著提高。表 6 - 4 的结果表明，广西壮族自治区居民总收入由 2000 年的 1416.61 亿元上升到 2013 年的 6697.38 亿元，年均增长 12.69%。在此期间，广西壮族自治区的 GDP 由 2000 年的 2080.04 亿元提高到 2013 年的 14378.00 亿元，GDP 年均增长 16.03%。居民总收入增长低于 GDP 增长。图 6 - 5 表明，广西壮族自治区居民总收入增长速度经历了先上升后下降、再升再降的 W 形变化趋势，和 GDP 增长趋势大致相似，受 GDP 变化影响明显，即经济的增长会带来居民收入的增加，反之亦然。但居民总收入的增长低于 GDP 的增长。

表 6 - 4　　　　　　　　2000 ～ 2013 年广西壮族自治区居民总收入

年份	GDP（亿元）	城镇人口（万人）	城镇居民人均可支配收入（元）	农村人口（万人）	农村居民人均纯收入（元）	居民总收入（亿元）	居民总收入占GDP比重（%）
2000	2080.04	1337	5834	3414	1865	1416.61	68.10
2001	2279.34	1350	6666	3438	1944	1568.33	68.81
2002	2523.73	1365	7315	3457	2013	1694.30	67.13
2003	2821.11	1411	7785	3446	2095	1820.40	64.53
2004	3433.50	1550	8177	3339	2305	2037.15	59.33
2005	3984.10	1567	8917	3093	2495	2168.87	54.44
2006	4746.16	1635	9899	3084	2771	2473.06	52.11
2007	5823.41	1728	12200	3040	3224	3088.26	53.03
2008	7021.00	1838	14146	2978	3690	3698.92	52.68
2009	7759.16	1904	15451	2952	3980	4116.90	53.06
2010	9569.85	1849	17064	2761	4543	4409.46	46.08
2011	11720.87	1942	18854	2703	5231	5075.39	43.30
2012	13035.10	2038	21243	2644	6008	5917.84	45.40
2013	14378.00	2115	23305	2604	6791	6697.38	46.58

资料来源：根据《广西壮族自治区统计年鉴》相关年份计算得到。

---

① 全省居民总收入是由城镇居民人均收入和农村居民人均纯收入乘以相应人口得到的。为了估算结果更可靠，在以上计算中选用《广西壮族自治区统计年鉴》中按居住地划分的城乡人口数。

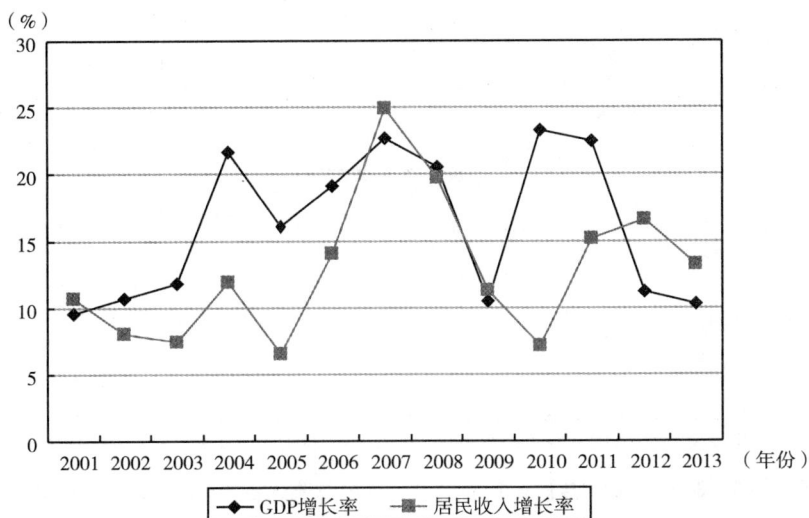

图 6 - 5 2000～2013 年广西壮族自治区居民收入及 GDP 增长率

（2）广西壮族自治区居民总收入占 GDP 比重偏低，且呈下降趋势。居民收入在国民收入分配中的比重是收入分配研究领域的研究热点之一。表 6 - 4 的结果表明，进入 21 世纪后，广西壮族自治区居民总收入占 GDP 的比重大体呈现明显的下降趋势。具体来说，居民总收入占 GDP 的比重由 2000 年的 68.10%上升到 2001 年的 68.81%，随后开始逐年下降到 2006 年的 52.11%，在 2007 年居民总收入占 GDP 的比重有所回升，随后又经历小幅下降、上升、下降。在 2011 年达到最低值 43.30%，与 2000 年的 68.10%相比下降接近 25 个百分点。2013 年广西壮族自治区居民总收入占 GDP 的比重虽然有所提高，但依然较低，仅占 GDP 的 46.58%。相关的变化趋势如图 6 - 6 所示。

（3）广西壮族自治区城乡居民收入显著提高，但与全国水平的差距仍然比较大。自 1980 年以来，广西壮族自治区城乡居民收入有了显著提高。表 6 - 5的结果表明，1980～2013 年，广西壮族自治区城镇居民人均可支配收入由 455.04 元上升到 2013 年的 23305.00 元，名义增长率为 12.67%。2000～2013 年，广西壮族自治区城镇居民人均可支配收入名义增长率为 11.24%；农村居民家庭人均纯收入由 1980 年的 173.44 元上升到 2013 年的 6791.00 元，名义增长率为 11.75%。2000～2013 年，广西壮族自治区农村居民家庭人均纯收入名义增长率为 10.45%。2000～2013 年，广西壮族自治区的 GDP 年均增

（%）

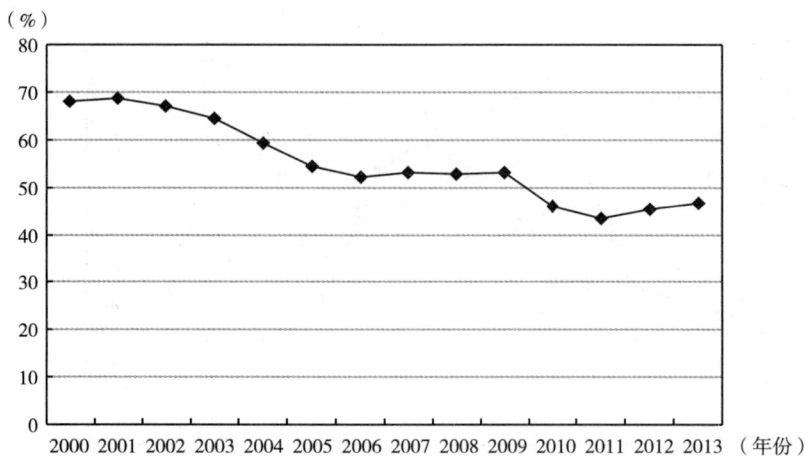

图 6-6　2000~2013 年广西壮族自治区居民总收入占 GDP 比重的变化趋势

长 16.03%。由此可以看出，城镇居民收入增长低于 GDP 增长，而农村居民收入增长既低于城镇居民收入增长，也低于 GDP 的增长。具体变化趋势如图 6-7 所示。

表 6-5　　　　1980~2013 年广西壮族自治区城乡居民收入水平与全国比较

年　份	城镇居民人均可支配收入			农民人均纯收入			广西壮族自治区城乡收入比
	全国（元）	广西壮族自治区（元）	广西壮族自治区/全国	全国（元）	广西壮族自治区（元）	广西壮族自治区/全国	
1980	477.60	455.04	0.95	191.30	173.44	0.91	2.62
1981	500.40	429.00	0.86	223.40	204.00	0.91	2.10
1982	535.30	427.00	0.80	270.10	235.00	0.87	1.82
1983	564.60	444.00	0.79	309.80	262.00	0.85	1.69
1984	652.10	563.00	0.86	355.30	267.00	0.75	2.11
1985	739.10	683.00	0.92	397.60	303.00	0.76	2.25
1986	900.90	783.84	0.87	423.80	316.10	0.75	2.48
1987	1002.10	899.04	0.90	462.60	353.95	0.77	2.54
1988	1180.20	1158.92	0.98	544.90	424.23	0.78	2.73
1989	1373.90	1304.14	0.95	601.50	483.04	0.80	2.70

续表

年　份	城镇居民人均可支配收入			农民人均纯收入			广西壮族自治区城乡收入比
	全国（元）	广西壮族自治区（元）	广西壮族自治区/全国	全国（元）	广西壮族自治区（元）	广西壮族自治区/全国	
1990	1510.20	1448.06	0.96	686.30	639.45	0.93	2.26
1991	1700.60	1613.64	0.95	708.60	657.74	0.93	2.45
1992	2026.60	2103.83	1.04	784.00	731.69	0.93	2.88
1993	2577.40	2895.23	1.12	921.60	884.85	0.96	3.27
1994	3496.20	3981.09	1.14	1221.00	1107.02	0.91	3.60
1995	4283.00	4791.87	1.12	1577.70	1446.14	0.92	3.31
1996	4838.90	5033.33	1.04	1926.10	1703.13	0.88	2.96
1997	5160.30	5110.29	0.99	2090.10	1875.28	0.90	2.73
1998	5425.10	5412.24	1.00	2162.00	1971.90	0.91	2.74
1999	5854.00	5619.54	0.96	2210.30	2048.00	0.93	2.74
2000	6280.00	5834.43	0.93	2253.40	1864.51	0.83	3.13
2001	6859.60	6665.73	0.97	2366.40	1944.33	0.82	3.43
2002	7702.80	7315.32	0.95	2475.60	2012.60	0.81	3.63
2003	8472.20	7785.00	0.92	2622.20	2095.00	0.80	3.72
2004	9421.60	8177.46	0.87	2936.40	2305.00	0.78	3.55
2005	10493.00	8916.82	0.85	3254.90	2494.67	0.77	3.57
2006	11759.50	9899.00	0.84	3587.00	2771.00	0.77	3.57
2007	13785.80	12200.00	0.88	4140.40	3224.00	0.78	3.78
2008	15780.80	14146.00	0.90	4760.60	3690.00	0.78	3.83
2009	17174.70	15451.00	0.90	5153.20	3980.44	0.77	3.88
2010	19109.40	17064.00	0.89	5919.00	4543.00	0.77	3.76
2011	21809.80	18854.00	0.86	6977.30	5231.00	0.75	3.60
2012	24564.70	21243.00	0.86	7916.60	6008.00	0.76	3.54
2013	26955.10	23305.00	0.86	8895.90	6791.00	0.76	3.43
年增长率（%）	13.00	12.67	—	12.34	11.75	—	—

资料来源：根据《中国统计年鉴》、《广西壮族自治区统计年鉴》相关年份计算得到。

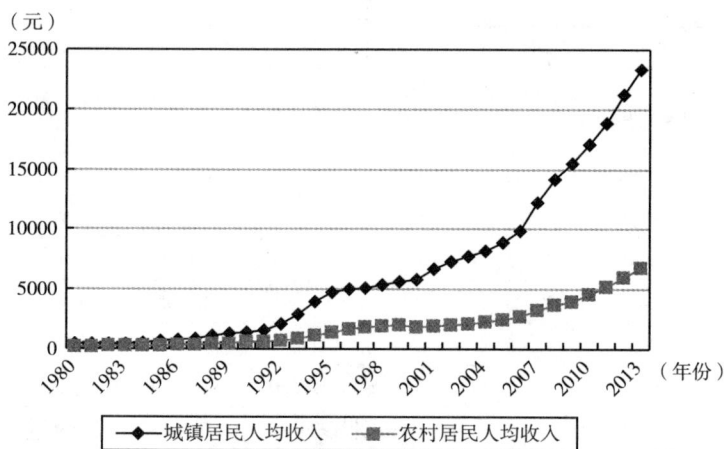

图 6 - 7   1980 ~ 2013 年广西壮族自治区城乡居民人均收入变化趋势

不过，广西壮族自治区作为欠发达少数民族地区，居民收入水平常年低于全国平均水平。从表 6 - 5 也可以看出，广西壮族自治区城镇居民收入水平除1992 ~ 1998 年基本达到全国水平，其余年份均低于全国平均值，从 1999 年以来，这种差距还有不断扩大的趋势，且在最近几年保持不变。而广西壮族自治区农村居民的人均纯收入水平从未达到过全国平均水平，其中最好的情况也就是 1993 年达到全国平均值的96%，从 1999 年开始，与全国平均水平的差距也有不断扩大的趋势。相关变化趋势如图 6 - 8 所示。

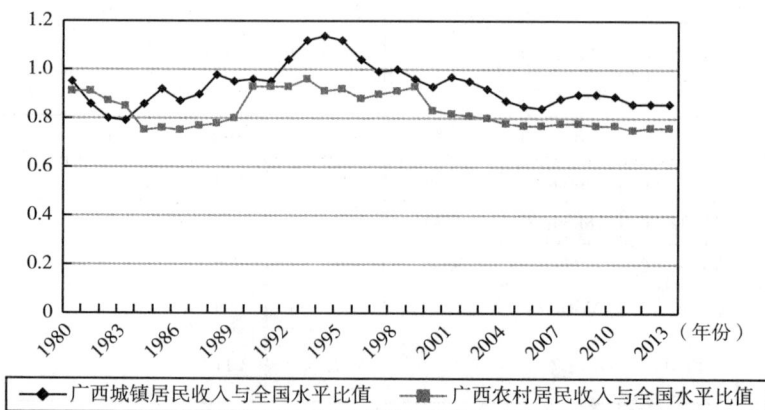

图 6 - 8   1980 ~ 2013 年广西壮族自治区城乡居民收入水平与全国水平的比值变化趋势

（4）广西壮族自治区城镇居民收入增长速度快于农村居民，城乡差距扩大。改革开放以来，广西壮族自治区居民收入水平之所以得到显著改善，很重要的原因在于城镇居民可支配收入和农村居民纯收入均得到了较快速度的增长。从收入绝对数的变化来看，广西壮族自治区城镇居民人均可支配收入增长速度长期快于农村居民人均纯收入的增长。从 2003 年开始，二者的差距有进一步扩大的趋势。具体情况如图 6-7 所示。

（5）广西壮族自治区最低工资标准得到大幅提升。广西壮族自治区自1995 年首次公布最低工资标准，之后综合考虑全省经济发展水平、职工平均工资和城镇居民消费价格指数等因素，至 2015 年共进行了 12 次调整，其中在2001 年先后调整了 2 次，如表 6-6 所示。2004 年广西壮族自治区最低工资标准其最低限的月收入为 320 元，到 2015 年提高到每月 1000 元；2004 年广西壮族自治区最低工资标准其最高限的月收入为 460 元，到 2015 年提高到 1400元。最低工资标准中的小时工资其最低限由 2004 年的 2.4 元提高到 2015 年的9.5 元，最高限由 2004 年的 3.5 元提高到 2015 年的 13.5 元。这些结果均远远超过了实现居民收入倍增的要求和目标，增长速度也相对较快，这既有利于广西壮族自治区低收入群体收入水平的进一步提高，也有助于倒逼广西壮族自治区经济发展方式的转型和产业结构的调整。

表 6-6 　　　　　　1995~2015 年广西壮族自治区历年最低工资标准

年份	小时工资（元）	最低工资标准（元）	执行日期	政策文件
1995	—	200/190/170/150	1995.4.20	桂政发〔1995〕38 号
1997	—	210/200/180/160	1997.9.1	桂政发〔1997〕68 号
2001	—	275/260/235/210	2001.5.28	桂政发〔2001〕40 号
2001	—	340/335/315/305	2001.9.19	桂政发〔2001〕64 号
2004	3.5/3.0/2.7/2.4	460/400/360/320	2004.10.25	桂政发〔2004〕54 号
2006	3.8/3.3/2.9/2.6	500/435/390/345	2006.9.1	桂政发〔2006〕35 号
2007	4.5/4.0/3.5/3.0	580/500/450/400	2007.11.30	桂政发〔2007〕号文
2008	5.0/4.5/4.0/3.5	670/580/520/460	2008.8.1	桂政发〔2008〕号文
2010	6.0/5.5/5.0/4.5	820/710/635/565	2010.9.1	桂政发〔2010〕65 号
2012	8.5/7.5/6.5/6.0	1000/870/780/690	2012.1.14	桂政发〔2012〕2 号
2013	10.5/9.5/8.5/7.5	1200/1045/936/830	2013.2.7	桂政发〔2013〕12 号
2015	13.5/11.5/10.5/9.5	1400/1210/1085/1000	2015.1	桂政发〔2015〕13 号

资料来源：历年广西壮族自治区政府相关文件。

二、广西壮族自治区城乡居民收入差距分析

尽管城乡居民人均收入都有了很大提高，但从图 6 – 7 可以看出，城乡居民人均收入差距却在不断扩大。这是广西城乡居民人均收入绝对数的变化趋势，如果从环比增长速度来看，结果见图 6 – 9。总体来说，广西城乡人均收入环比增长率基本都大于 0，且呈现不规律变化趋势。1980～2013 年广西城乡居民人均收入环比增长率的变化形态基本保持一致（1999 年由于统计口径的变化导致 2000 年广西农村居民人均纯收入出现了较大幅度下降，属于例外）。在 2005 年以前的绝大部分年份里，广西城镇居民收入环比增长速度都要快于农村居民。这直接导致广西城乡居民收入比不断扩大。但自 2009 年以后，广西农村居民的收入环比增长速度开始超过城镇居民，城乡居民的收入比有所下降。

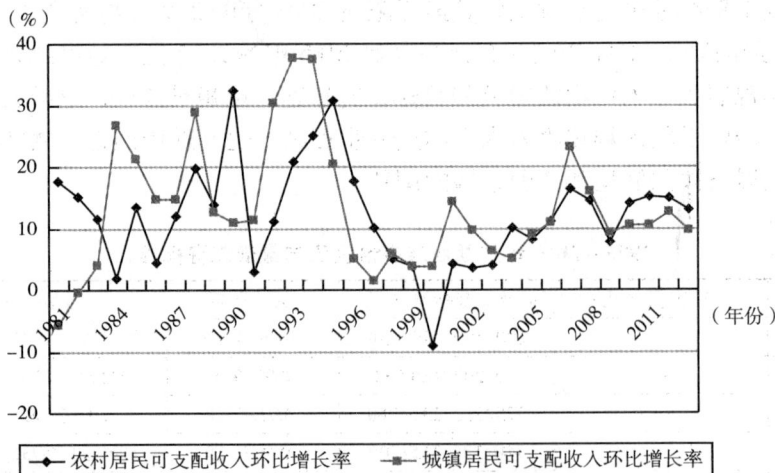

图 6 – 9　1981～2011 年广西城乡居民人均收入环比增长率变化趋势

再通过城乡收入比来进行分析。在 2010 年以前，广西城乡收入比大体呈上升趋势，到 2010 年后开始下降。具体来说，1980～1983 年，广西城镇居民收入与农村居民人均收入的比值不断下降，1983 年为最小值 1.69 倍。此后快速上升，到 1994 年的 3.60 倍，后又经历下降、上升，在 2009 年达到最大值 3.88 倍。2010～2013 年，虽呈下降趋势，但到 2013 年仍达 3.43 倍，与 1980 年相比，城乡居民人均收入差距扩大了将近 1 倍。这也反映了广西城乡间居民

收入差距不断扩大的客观事实。具体变化趋势见图6-10。

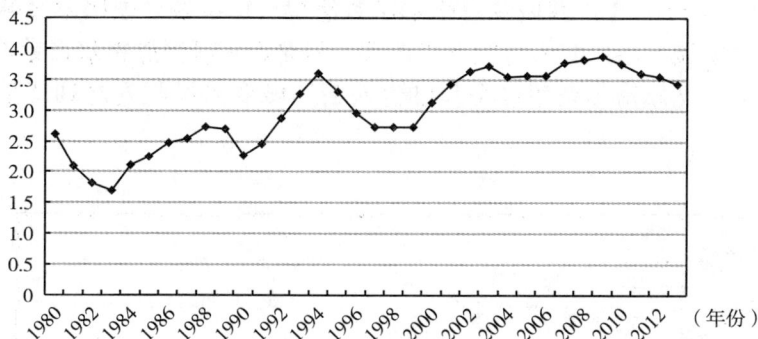

图6-10 1980~2012年广西城乡居民收入比的变化趋势

2000~2013年，广西城镇居民收入占总收入的比重持续上升，由55.07%增加到73.60%，增长了近20个百分点。而与此相对应的则是农村居民收入占总收入的比重一直下降，2013年达最低值26.40%。与1990年水平71.27%相比，下降超过45个百分点。两者之间所占比重差距越来越大，并从图6-11的变化趋势可以判断出，广西城镇居民人均收入占总收入的比重还有可能会进一步上升。

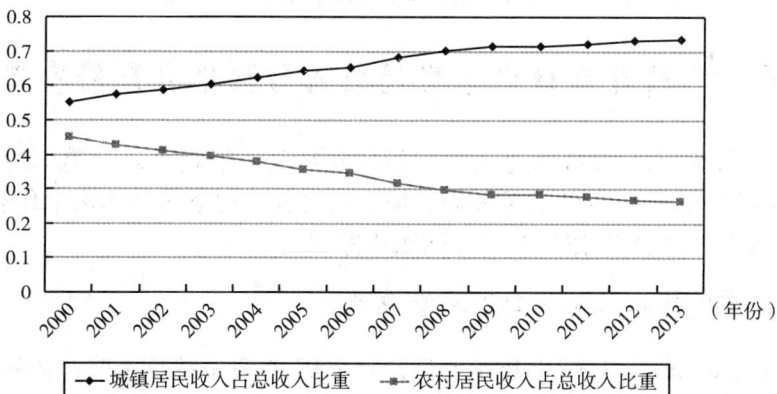

图6-11 2000~2013年广西城乡居民收入占总收入比重的变化趋势

恩格尔系数是食品支出总额占个人消费支出总额的比重。且随着家庭收入的增加，家庭收入中（或总支出中）用来购买食物的支出比例则会下降。从另一角度来讲，恩格尔系数也可以用来衡量一个地区家庭收入情况。图 6 – 12 说明了 1980 ~ 2013 年广西城乡恩格尔系数情况。广西城乡恩格尔系数呈现下降趋势，说明城乡居民收入情况有所改善。但是农村居民恩格尔系数明显高于城镇居民的，从恩格尔系数这个角度也说明了城乡居民收入之间还是存在差距的。

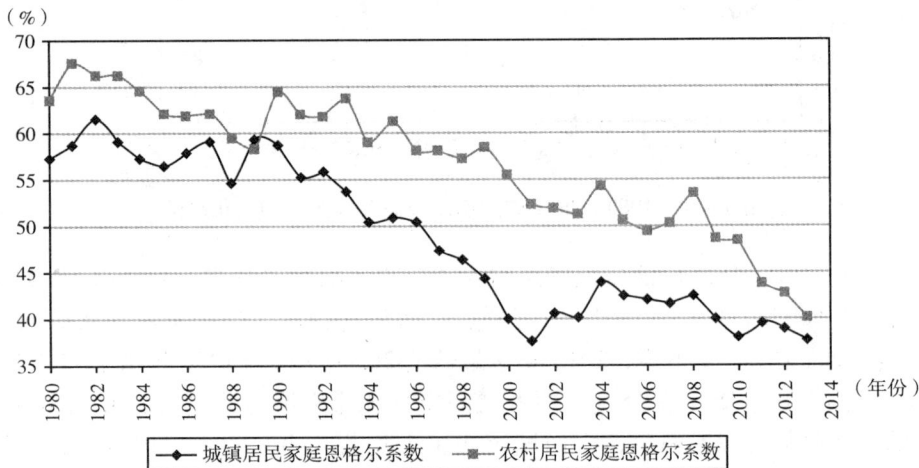

图 6 – 12　1980 ~ 2014 年广西城乡居民恩格尔系数

第三节　广西壮族自治区居民收入分配中存在的主要问题

2013 年，广西居民收入总量上保持较快增长，宏观收入分配结构有所改善。但居民总收入占 GDP 比重偏低、城乡居民收入与全国平均水平仍有差距、城乡居民收入分配差距依然较大等问题依然存在。

一、居民总收入占 GDP 比重偏低

广西居民总收入占 GDP 比重偏低，自 2001 年以来持续下降，累积下降幅度较大。在 2006 年这一下降趋势有所回升，但幅度较小，到 2009 年又开始延续下降趋势。2013 年广西居民收入占 GDP 的比重为 46.58%，与 2001 年的 68.81% 相比，下降近 23 个百分点。完善相关政策，推进政策实施，调整收入分配结构，努力提高居民总收入占 GDP 的比重，这依然是今后长时期内发展的目标。

二、城乡居民收入低于全国平均水平

自 1980 年以来，广西城乡居民收入有了显著提高，但广西作为欠发达的少数民族地区，居民收入水平常年低于全国平均水平。尤其是广西农村居民的人均纯收入水平从未达到过全国的平均水平。今后要努力提高广西城乡居民收入水平，还有很长一段路需要走。

三、城乡居民收入分配差距依然较大

收入分配及收入差距问题是一个关系人们切身利益的敏感话题。地处西部的广西，由于历史、地理、政策等多方面的原因，城乡收入差距较大，严重影响广西经济总体的发展。到 2013 年广西城镇居民人均收入是农村居民人均收入的 3.43 倍，与 1980 年相比，城乡居民人均收入差距扩大将近 1 倍，说明广西城乡间居民收入差距依然较大。

第四节　政策建议

改善居民收入分配的现状，事关广西和谐社会建设和"两个建成"奋斗目标的实现。广西各级政府及相关部门在未来一段时间里，不仅要努力提高居民收入水平，还应该提高居民收入占 GDP 的比重，逐步缩小居民收入差距。其实居民收入水平是社会经济系统各方面综合作用的结果。它不仅会受到社会财富分配制度的影响，更会受制于地区经济的发展水平与发展能力。因此，解决广西居民收入分配问题的思路，首先应该是立足于促进地区经济总量快速、持续增长，缩小区域经济差距，为居民收入稳步增长提供源源不断的内生动力源。然后在此基础上完善再分配制度、加快推进新型城镇化和完备的低收入群体收入保障制度。按照这一基本思路，特提出如下政策建议：

一、加快产业结构转型升级

经济增长是居民收入增长的内在驱动力。在经济新常态背景下，要实现广西经济的持续增长着实不易。建议广西在接下来较长的一段时间，应该围绕国家给出的"一路一带"有机衔接重要门户这一全新战略定位，抢抓"一路一带"战略重大发展机遇，深入实施北部湾经济区、桂西资源富集区、西江经济带发展规划。在继续综合运用税收、国债、财政补贴、政府采购、转移支付等政策工具，持续推动广西14个千亿元产业和4大新兴产业集群化发展的基础上，灵活运用政府投资、补助、费用和成本抵扣、税收优惠政策等全力推进重点产业的主导企业建立技术研发基地，开展技术创新活动，推动产业体系向现代化整体转变，构建以技术密集型、知识密集型产业为主的产业结构。

二、完善再分配制度

完善再分配制度，政府必须合理运用税收、转移支付等措施，弥补市场缺陷，提高居民总收入占 GDP 的比重。结合财税体制改革，重建公共财政，加大财政向欠发达地区、向农村、向困难群体转移支付的力度；强化个人所得税征管，完善个人所得税制度，充分发挥税收对收入分配的调节作用。建立健全社会信用体系，完善纳税信息档案制度，加强对高收入群体的收入跟踪和监督。

三、加快推进新型城镇化建设

缩小城乡居民收入差距，使进入城市的农民真正融入城市，必须加快推进新型城镇化建设。首先，要放宽中小城市落户条件，全面推开小城镇户籍管理制度。并逐步取消城乡农业户口和非农户口的划分方式，有序推进农业转移人口市民化，建立城乡统一的户口登记管理，推行居住证制度，破除现有的城乡二元结构。其次，推进土地制度改革，探索农村土地流转的新模式，节约利用土地，建立城乡统一的建设用地市场。再者政府要创造条件，去推动产业发展，人口积聚，推动二者良性互动，以城促产、以产兴城，推进产城融合。

四、进一步完善社会保障制度

社会保障制度可以有效地缓解经济波动对民生的影响。完善的社会保障政策，不仅可以增进消费、促进经济发展，而且还可以创造良好的就业环境，促进形成经济增长和居民增收的良性循环。广西应增加财政用于社保领域方面的支出，加快构建全面覆盖城乡居民、标准一致、制度统一的养老保险和医疗制度。进一步完善社会救助体系，为低收入群体的基本生活和基本权益提供必要保障。

第五节　本章小结

本章通过分析广西居民收入总体状况，了解到目前广西居民收入分配存在的问题，并系统分析了广西居民收入差距，得出如下结论：

1. 广西 GDP 规模实现了较大规模的增长，但与西部其他地区相比较，实际增长率略低于西部 12 省（区、市）平均水平，导致广西 GDP 规模排名略有下降。

2. 在初次分配结构中，劳动者所得占比呈下降趋势，而政府和企业所得比重呈上升趋势。劳动者所得的增长速度不仅慢于 GDP 的增长速度，而且慢于企业及政府所得的增长速度，后者的增长速度均快于 GDP 的增长速度。同时，劳动者报酬增长率低于第二、第三产业和全产业劳动生产率的增长率，其变动趋势与劳动生产率的变动趋势未能保持同步。

3. 从绝对值上看，广西居民总收入大幅增长，由 2000 年的 1416.61 亿元上升到 2013 年的 6697.38 亿元，年均增长 12.69%。但是，从年增长速度来看，忽快忽慢，无显著规律。

4. 广西居民总收入占 GDP 比重偏低，且呈下降趋势。居民总收入占 GDP 的比重由 2000 年的 68.10% 上升到 2001 年的 68.81%，随后开始逐年下降到 2006 年的 52.11%，在 2007 年居民总收入占 GDP 的比重有所回升。到 2011 年达到最低值 43.30%，与 2000 年的 68.10% 相比下降接近 25 个百分点。2013 年广西居民总收入占 GDP 的比重虽然有所提高，但依然较低，仅占 GDP 的 46.58%。

5. 广西城乡居民收入显著提高，但与全国水平的差距仍然比较大。广西城乡居民收入逐年增长，但作为欠发达少数民族地区，居民收入水平常年低于全国平均水平。广西城镇居民收入水平除 1992～1998 年基本达到全国水平，其余年份均低于全国平均值，从 1999 年以来，这种差距还有不断扩大的趋势，且在最近几年保持不变。而广西农村居民的人均纯收入水平从未达到过全国平均水平，其中最好的情况也就是 1993 年达到全国平均值的 96%，从 1999 年开始，与全国平均水平的差距也有不断扩大的趋势。

6. 广西城镇居民收入增长速度快于农村居民，城乡差距扩大。改革开放以来，广西居民收入水平之所以得到显著改善，很重要的原因在于城镇居民可支配收入和农村居民纯收入均得到了较快速度的增长。从收入的绝对数的变化来看，广西城镇居民人均可支配收入增长速度长期快于农村居民人均纯收入的增长。从 2003 年开始，二者的差距有进一步扩大的趋势。

7. 广西城乡居民收入差距不断扩大。2000～2013 年，广西城镇居民收入占总收入的比重持续上升，由 55.07% 增加到 73.60%，增长了近 20 个百分点。而与此相对应的则是农村居民收入占总收入的比重一直下降，2013 年达到最低值 26.40%。与 1990 年水平 71.27% 相比，下降超过 45 个百分点。两者之间所占比重差距越来越大，并且广西城镇居民人均收入占总收入的比重还有可能会进一步上升。

第七章 广西壮族自治区城镇居民收入分配状况

第一节 广西壮族自治区城镇居民收入总体状况

一、广西壮族自治区城镇居民收入现状分析

表7-1 清晰地显示了广西壮族自治区城镇居民人均可支配收入的规模和增速,并将广西壮族自治区与西部地区和全国的情况进行了对比。由于数据的可得性,这里的城镇居民人均可支配收入均按现价计算水平。

表7-1 2000~2013年广西壮族自治区城镇居民人均可支配收入规模与增速 单位:元

年份	全国		广西壮族自治区		西部地区	
	绝对值	增速（%）	绝对值	增速（%）	平均值	增速（%）
2000	6280.00		5834.43		5647.92	
2001	6859.60	9.23	6666.00	14.25	6156.96	9.01
2002	7702.80	12.29	7315.32	9.74	6648.65	7.99
2003	8472.20	9.99	7785.04	6.42	7162.60	7.73
2004	9421.60	11.21	8177.00	5.03	7958.55	11.11
2005	10493.00	11.37	9287.00	13.57	8615.28	8.25
2006	11759.50	12.07	9899.00	6.59	9545.27	10.79
2007	13785.80	17.23	12200.44	23.25	11149.82	16.81
2008	15780.80	14.47	14146.04	15.95	12742.62	14.29
2009	17174.70	8.83	15452.00	9.23	13901.71	9.10
2010	19109.44	11.27	17064.00	10.43	15389.42	10.70
2011	21809.78	14.13	18854.06	10.49	17550.53	14.04
2012	24565.00	12.63	21242.80	12.67	19890.06	13.33

续表

年份	全国		广西壮族自治区		西部地区	
	绝对值	增速（%）	绝对值	增速（%）	平均值	增速（%）
2013	26955.00	9.73	23305.00	9.71	21945.02	10.33
年均增速（%）		11.86		11.24		11.00
2013/2000	4.29		3.99		3.89	

资料来源：历年《中国统计年鉴》以及历年西部各地区的统计年鉴，并经过计算整理得到。其中西部地区城镇居民人均可支配收入平均值为西部12省（区、市）城镇居民人均可支配收入取平均数得到。

从2000～2013年广西壮族自治区城镇居民人均可支配收入由5834.43元上升到23305.00元，年均名义增长率为11.24%，增长了3.99倍；西部12省（区、市）则从2000年的5647.92元上升到2013年的21945.02元，年均名义增长率为11.00%，增长了3.89倍；全国则从2000年的6280.00元上升到2013年的26955.00元，年均名义增长率为11.86%，增长了4.29倍。由于广西壮族自治区城镇居民人均可支配收入的年增长速度比全国水平要小，从而使得广西壮族自治区城镇居民人均可支配收入与全国水平的差距在不断扩大。

从平均增速来看，2000～2013年，广西壮族自治区城镇居民人均可支配收入增速虽然低于全国平均水平，但高于西部地区平均水平。不过，从环比增长速度来看，广西壮族自治区城镇居民人均可支配收入增速的波动较大，与西部地区以及全国的变动趋势同步性较差。2000～2013年，仅有2001年、2005年、2007年、2008年、2009年这5个年份的广西壮族自治区城镇居民人均可支配收入增速既高于西部地区平均增速，又高于全国增速。然而，自2009年以后，广西壮族自治区城镇居民人均可支配收入的增速突然发生逆转，不仅落后于全国增速，而且明显低于西部地区的平均增速。具体情形见图7-1。这说明，从宏观层面来看，2009年以来，广西壮族自治区城镇居民收入水平面临着与全国的差距不断加大、与西部地区的差距不断缩小的态势。提高广西壮族自治区城镇居民收入增长速度，切实缩小广西壮族自治区与全国差距的工作可谓任重道远。

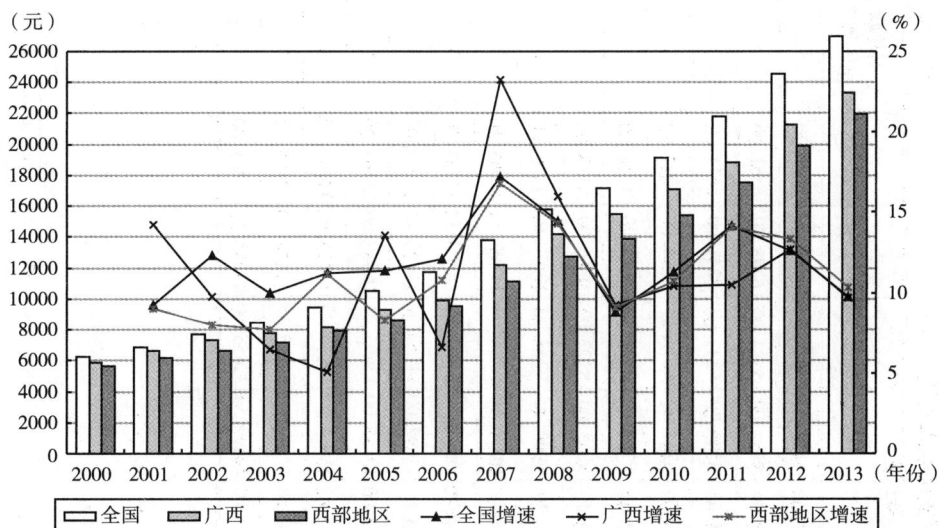

图7-1　2000~2013年广西壮族自治区城镇居民人均可支配收入规模与增速比较

　　从西部地区城镇居民人均可支配收入规模的排名来看（如表7-2所示），广西壮族自治区城镇居民实际人均可支配收入在西部地区的最好排名是位于第2位（2002年落后于西藏，2005年落后于重庆）、最差排名是位于第5位（2000年落后于重庆、西藏、云南、四川）。不过，自2007年开始，排位略有提升，一直维持在第3位，位于内蒙古和重庆之后。

二、广西壮族自治区城镇居民收入结构比较

　　广西壮族自治区城镇居民人均总收入由工资性收入、家庭经营净收入、财产性收入以及转移性收入构成，来源趋于多元化，增长较快。其中，财产性收入和经营净收入增速大于工资性收入和转移性收入增速，工资性收入增速最慢。表7-3和图7-2分别报告了2002~2012年广西壮族自治区城镇居民实际人均总收入的构成。

表7-2   2000～2013年西部地区城镇居民人均可支配收入规模

单位:元

年份	广西壮族自治区	内蒙古	重庆	贵州	西藏	甘肃	宁夏	新疆	青海	陕西	云南	四川	广西壮族自治区排名
2000	5834.43	5129.10	6276.00	5122.21	7426.00	4916.30	4912.50	5645.00	5170.00	5124.24	6325.00	5894.30	5
2001	6666.00	5536.00	6721.10	5452.00	7869.20	5383.00	5544.20	6215.00	5854.00	5484.00	6798.00	6361.00	4
2002	7315.32	6051.24	7238.10	5944.10	8079.12	6151.44	6067.44	6554.00	6200.00	6331.00	7241.00	6611.00	2
2003	7785.04	7013.00	8094.00	6569.23	8058.00	6657.24	6531.00	7006.00	6745.32	6806.40	7644.00	7042.00	3
2004	8177.00	8123.10	9221.00	7322.10	9167.42	7377.00	7218.00	7503.42	7320.00	7492.50	8871.00	7710.00	4
2005	9287.00	9137.00	10244.00	8151.13	8411.00	8087.00	8094.00	7990.20	8058.00	8272.02	9266.00	8386.00	2
2006	9899.00	10358.00	11570.00	9117.00	8941.10	8921.00	9177.30	8871.30	9000.40	9268.00	10070.00	9350.11	4
2007	12200.44	12378.00	12591.00	10678.40	11131.00	10012.34	10859.33	10313.44	10276.10	10763.34	11496.11	11098.30	3
2008	14146.04	14433.00	14368.00	11759.00	12482.00	10969.41	12932.00	11432.10	11648.30	12858.00	13250.22	12633.40	3
2009	15452.00	15849.20	15749.00	12863.00	13544.41	11930.00	14025.00	12258.00	12692.00	14129.00	14424.90	13904.00	3
2010	17064.00	17698.20	17532.43	14143.00	14981.00	13189.00	15345.00	13644.00	13855.00	15695.21	16065.00	15461.20	3
2011	18854.06	20407.57	20249.70	16495.01	16195.56	14988.68	17578.92	15513.62	15603.31	18245.23	18575.62	17899.12	3
2012	21242.80	23150.26	22968.14	18700.51	18028.32	17156.89	19831.41	17920.68	17566.28	20733.88	21074.50	20306.99	3
2013	23305.00	25497.00	25216.00	20667.07	20023.35	18964.78	21833.00	19874.54	19498.54	22858.00	23235.53	22368.00	3

资料来源:历年西部地区相关地区统计年鉴,并经过计算整理得到。

表7－3　　　　　2002～2013 年广西壮族自治区城镇居民人均总收入构成

年份	城镇居民人均总收入（元）	总收入构成（元）				各项收入占比（％）			
		工资性收入	经营净收入	财产性收入	转移性收入	工资性收入	经营净收入	财产性收入	转移性收入
2002	7756.90	5835.80	354.60	142.10	1424.40	75.23	4.57	1.83	18.36
2003	8293.90	6149.80	402.40	169.20	1572.50	74.15	4.85	2.04	18.96
2004	9324.00	6737.70	341.90	174.20	2070.20	72.26	3.67	1.87	22.20
2005	10022.40	6975.40	519.90	176.10	2351.00	69.60	5.19	1.76	23.46
2006	10624.30	7419.40	890.80	189.80	2124.30	69.83	8.38	1.79	19.99
2007	13182.60	9075.20	890.80	449.40	2767.60	68.84	6.76	3.41	20.99
2008	15393.20	10321.20	1314.40	441.20	3316.40	67.05	8.54	2.87	21.54
2009	17032.90	11193.60	1385.90	493.40	3960.10	65.72	8.14	2.90	23.25
2010	18742.20	12061.80	1474.90	576.90	4628.60	64.36	7.87	3.08	24.70
2011	20846.10	13550.20	1699.80	844.90	4751.20	65.00	8.15	4.05	22.79
2012	23209.40	14693.15	2131.80	883.7	5500.40	63.31	9.19	3.81	23.70
2013	25028.72	15647.77	2326.75	997.91	6056.30	62.52	9.30	3.99	24.20
年增速(％)	11.24	9.38	18.65	19.39	14.06				

资料来源：根据相关年份《广西壮族自治区统计年鉴》数据计算整理得到。

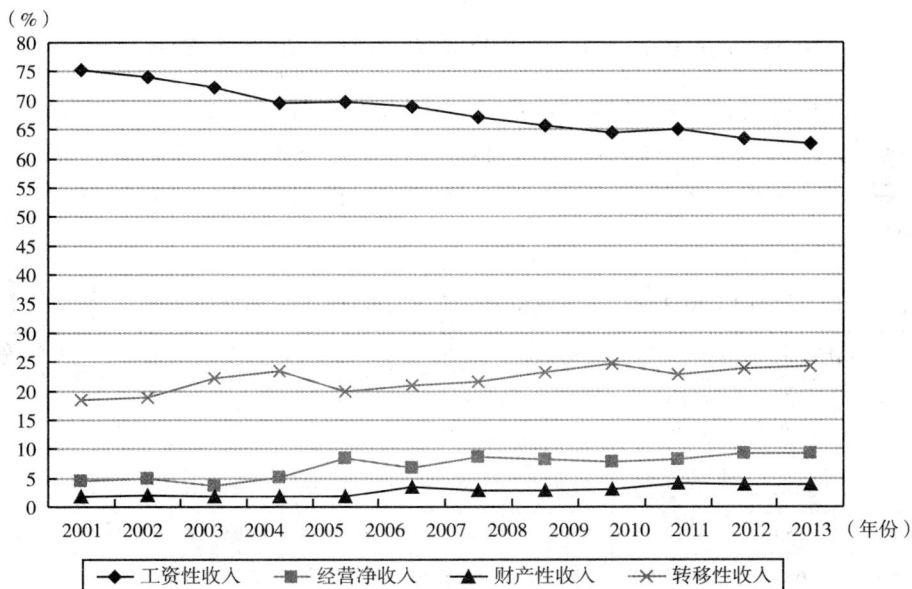

图 7－2　2000～2013 年广西壮族自治区城镇居民人均总收入构成比例

表7-3和图7-2的数据显示，广西壮族自治区城镇居民实际人均总收入由 2002 年的 7756.90 元提高到 2013 年的 25028.72 元，年均增长11.24%。从各项收入占比来看，工资性收入是广西壮族自治区城镇居民最主要的收入来源，由 2002 年的 5835.80 元上升到 2013 年的 15647.77 元，年均增长为 9.38%，但其占总收入比重呈逐年下降趋势，从 2002 年的75.23% 逐年下降到 2013 年的 62.52%，下降了 12.71 个百分点；广西壮族自治区城镇居民第二大收入来源为转移性收入，由 2002 年的 1424.40 元上升到 2013 年的 6056.30 元，年均增长率为 14.06%，占总收入比重则由2002 年的 18.36% 提高到 2013 年的 24.20%，增加了 5.84 个百分点；虽然家庭经营净收入和财产性收入占总收入的比重较小，其中家庭经营净收入的最高占比仅有 9.30%（2013 年），财产性收入的最高占比仅有 4.05%（2011 年），但是，它们的年均增长速度都比较快（家庭经营净收入为18.65%，财产性收入为 19.39%），远超过其他两项收入的增长速度和城镇居民人均总收入的增长速度。

第二节 广西壮族自治区城镇居民收入分配差距

一、广西壮族自治区城镇居民各收入组人均可支配收入

广西壮族自治区城镇居民各收入组收入差距开始回落。城镇居民分组人均可支配收入的分布情况可以反映居民收入分配及收入差距情况，表7-4报告了 2003～2013 年广西壮族自治区城镇居民分组人均可支配收入情况。

表7-4　　2003～2013 年广西壮族自治区城镇居民分组人均可支配收入

年份	最低收入户（元）（占比10%）	低收入户（元）（占比10%）	中等偏下收入户（元）（占比20%）	中等收入户（元）（占比20%）	中等偏上收入户（元）（占比20%）	高收入户（元）（占比10%）	最高收入户（元）（占比10%）	最高收入/最低收入
2003	2074.56	3503.52	5038.56	6930.72	9299.40	12570.00	23544.96	11.35
2004	2650.25	4220.31	5788.48	7832.59	10091.26	13280.12	18683.69	7.05
2005	2686.65	4417.92	5988.79	8163.40	11257.35	15135.96	22446.74	8.35
2006	3310.83	5080.73	6633.86	9032.20	12429.68	16555.97	24901.08	7.52

续表

年份	最低收入户（元）（占比10%）	低收入户（元）（占比10%）	中等偏下收入户（元）（占比20%）	中等收入户（元）（占比20%）	中等偏上收入户（元）（占比20%）	高收入户（元）（占比10%）	最高收入户（元）（占比10%）	最高收入/最低收入
2007	3748.27	5806.37	7838.70	10419.84	14713.32	19458.86	30014.29	8.01
2008	4581.75	7018.31	9672.82	12938.30	16947.21	22563.16	32345.01	7.06
2009	5203.31	7781.31	10593.56	13959.50	18595.09	24474.17	35575.78	6.84
2010	6204.91	8940.13	11713.04	15563.90	20284.22	26381.57	37744.69	6.08
2011	6241.05	9493.43	12564.84	16800.27	21774.04	28777.45	44034.70	7.06
2012	7660.32	11321.92	14618.66	19100.83	24475.38	31539.88	50127.11	6.54
2013	—	10192.18	15833.11	21185.89	27850.92	50365.86	—	4.94
年均增长率（%）	15.62	11.27	12.13	11.82	11.59	14.89	8.76	
2013/2003	3.69	2.91	3.14	3.06	2.99	4.01	2.13	

资料来源：根据相关年份《广西壮族自治区统计年鉴》数据计算得到。

通常由于马太效应的存在，收入越高的人，其收入增长速度也会越快，从而导致收入差距不断扩大。不过，广西壮族自治区已经开始走出这一怪圈。从表7-4可以看出，2003~2013年广西壮族自治区收入增速最快的不是最高收入户所在组，而是最低收入户所在组。其中，最低收入户人均可支配收入从2003年的2074.56元上升到2012年的7660.32元（从2013年开始，《广西壮族自治区统计年鉴》已不再统计最低收入户和最高收入户人均可支配收入）。

二、广西壮族自治区城镇居民各收入组收入占可支配总收入的比重

利用表7-4的数据计算可以得出广西壮族自治区城镇居民各收入组收入占可支配总收入的比重（如表7-5所示）。

表 7 - 5　　　广西壮族自治区城镇居民各收入组收入占可支配总收入的比重　　单位:%

年份	最低收入户	低收入户	中等偏下收入户	中等收入户	中等偏上收入户	高收入户	最高收入户	基尼系数
2003	2.46	4.16	11.96	16.46	22.08	14.92	27.95	0.343
2004	3.07	4.89	13.42	18.16	23.40	15.40	21.66	0.293
2005	2.81	4.63	12.54	17.09	23.57	15.85	23.50	0.312
2006	3.12	4.79	12.51	17.04	23.44	15.61	23.48	0.303
2007	3.00	4.65	12.54	16.68	23.55	15.57	24.02	0.310
2008	3.15	4.82	13.28	17.77	23.28	15.49	22.21	0.295
2009	3.27	4.88	13.30	17.52	23.34	15.36	22.33	0.292
2010	3.56	5.13	13.43	17.85	23.26	15.13	21.64	0.279
2011	3.27	4.97	13.17	17.61	22.82	15.08	23.08	0.292
2012	3.53	5.22	13.47	17.60	22.55	14.53	23.10	0.282
2013	—	8.13	12.62	16.89	22.20	40.16	—	0.295

资料来源：根据相关年份《广西壮族自治区统计年鉴》数据计算得到。

表 7 - 5 的结果表明，收入最低的 10% 人口的收入占总收入的比重从 2003 年的 2.46% 上升到 2012 年的 3.53%，期间虽有反弹，但总体趋势是不断上升的。收入最高的 10% 人口的收入占总收入的比重从 2003 年的 27.95% 下降到 2012 年的 23.10%，期间同样有反弹，但总体趋势是不断下降的。这在一定程度上说明广西壮族自治区城镇居民收入差距呈现出缩小的态势。

三、广西壮族自治区城镇基尼系数计算与比较

度量收入不平等程度的常用指标有基尼系数、泰尔指数、变异系数等。其中，基尼系数是根据洛伦兹曲线推导出来的。即 45° 线与洛伦兹曲线围成的面积与 45° 线以下三角形面积之比。该比例越大，则表明收入的不平等程度越高。自从基尼（1912）在相对平均差的基础上定义了基尼系数以后，很多学者对基尼系数的度量进行了研究，提出了很多的计算方法。这里主要选取基尼系数来分析广西壮族自治区城镇居民收入差距现状，所运用的计算公式是 Sen（1973）所定义的基尼系数计算公式：

$$G = 1 + \frac{1}{n} - \frac{2}{n^2\mu} \sum_{i=1}^{n} \left[(n - i + 1)y_i \right]$$

式中，μ 为全部样本的人均收入；n 为样本数量；y_i 为排在第 i 位的个体收入。

利用表 7-4 的数据，计算得到如表 7-5 所示广西壮族自治区城镇居民2003 ~ 2013 年的基尼系数。2003 年，广西壮族自治区城镇居民的基尼系数为0.343，为最大值。不过，近几年广西壮族自治区城镇居民的基尼系数总体呈下降趋势，但期间出现多次先降后升的波动。2013 年的基尼系数为 0.295，与2003 年相比下降了 0.048，与 2012 年相比则上升了 0.013。通常学者们将基尼系数等于 0.4 视为收入分配差距的警戒线，如果基尼系数大于 0.4，则认为收入差距较大；如果基尼系数在 0.3 ~ 0.4，则认为收入相对合理；如果基尼系数在 0.2 ~ 0.3，则认为收入比较公平。按照这一常用标准来判断，广西壮族自治区城镇居民的收入差距总体还算是合理的。

结合 2003 ~ 2013 年各收入组收入所占可支配总收入比重的变化趋势来看，最低收入户和最高收入户比重的变动趋势与基尼系数的变动趋势基本同步。当最低收入比重有所提高、最高收入户比重有所下降时，基尼系数则会相应下降。这说明调控高收入者的收入对于缩小收入分配差距的重要性。

四、广西壮族自治区各地级市城镇居民可支配收入比较

分地区的城镇居民人均可支配收入可以在一定程度上反映地区收入差距。广西壮族自治区各地区城镇居民人均可支配收入增速较快，速度差异不大，收入差距呈缩小趋势。表 7-6 报告了 2000 ~ 2013 年广西壮族自治区各地区城镇居民人均可支配收入的变动趋势。在广西壮族自治区的 14 个地级市中，城镇居民人均可支配收入平均年增长率为 11.24%，共有柳州、梧州、钦州、玉林、河池、来宾、崇左 7 个城市的增长速度超过了平均值。年增速最快的城市是来宾市，为 12.49%。不过，广西壮族自治区首府南宁市 2000 ~ 2013 年城镇居民人均可支配收入的增速最慢，为 9.70%，落后平均值 1.54 个百分点。

在 14 个市区中，收入最高市区与收入最低市区的城镇居民人均可支配收入之比先由 2000 年的 1.50 倍下降到 2001 年的 1.49 倍，再上升到 2002 年、2003 年的 1.75 倍，此后逐年下降，直到 2007 年为 1.21 倍。2008 ~ 2011 年，则在 1.22 倍及 1.21 倍之间小幅振荡，2012 ~ 2013 年，上升并维持在 1.26 倍。整体来看，2000 ~ 2013 年，广西壮族自治区地级市中收入差距并不是很严重，差距变化幅度较小，且表现出缩小趋势。

单位:元

表7-6　2000~2013年广西壮族自治区各地区城镇居民人均可支配收入

地区	2000	2001	2002	2003	2004	2005	2006	2007	2008	2009	2010	2011	2012	2013	年增长率(%)
广西	5834.43	6666.00	7315.32	7785.04	8177.00	9287.00	9899.00	12200.44	14146.04	15452.04	17064.00	18854.06	21242.80	23305.00	11.24
南宁	7448.00	7906.24	8796.24	9162.00	8060.00	9203.21	10193.00	11877.09	14446.00	16254.00	18032.18	20005.00	22561.00	24817.10	9.70
柳州	5740.00	7547.00	7928.00	8370.00	9155.00	9556.25	11002.24	12866.43	14536.00	16017.32	17766.00	19615.00	22181.00	24355.00	11.76
桂林	6997.00	7547.00	7852.00	8246.16	8149.18	9268.00	10713.00	13020.00	14636.03	16221.00	17949.14	19882.00	22300.00	24552.00	10.14
梧州	5221.00	5838.00	6282.12	7062.12	6785.21	8257.00	9449.26	11362.00	13268.00	14747.00	16578.00	18531.00	20563.00	22537.05	11.91
北海	6167.00	7013.00	7692.36	8015.00	8773.38	9160.00	10380.00	12334.00	13989.01	15134.00	16798.13	18656.00	21202.00	23407.36	10.81
防城港	6200.00	6661.00	7663.68	7832.64	6324.23	7254.37	9113.18	12387.00	14364.00	16067.00	17831.31	19722.00	22203.00	24423.24	11.12
钦州	5692.00	6328.00	6734.16	7440.96	7959.83	8964.17	10041.00	12150.00	14298.00	15768.00	17356.04	19563.00	21600.00	23695.00	11.60
贵港	5468.00	6118.00	6927.00	7620.00	6209.00	7642.41	8938.00	10717.00	12666.22	13915.00	15531.02	17017.00	19314.00	21361.36	11.05
玉林	5890.00	6390.00	7881.00	7877.00	7138.00	8297.00	10175.00	12202.00	14156.00	15827.00	17642.24	19590.00	22171.00	24366.00	11.54
百色	5747.21	6807.43	7215.36	7361.64	6687.35	8077.00	9887.26	12197.00	13169.00	14542.00	15976.37	17384.00	19561.00	21458.14	10.67
贺州	5549.37	5996.56	7029.60	7868.64	6305.18	7516.00	8619.42	11069.44	12772.01	14151.00	15802.00	17606.00	19855.00	21682.00	11.05
河池	/	5292.00	5033.00	5238.00	6156.00	7170.03	8619.00	10752.00	12042.00	13369.00	14889.15	16448.00	17964.00	19653.00	11.55
来宾	/	/	6453.48	6930.72	6428.07	8166.00	10051.00	12089.00	14037.00	15609.00	17334.00	19233.00	21499.00	23563.00	12.49
崇左	4960.37	5686.42	5891.52	6304.32	6208.32	7102.49	8650.00	11070.00	12732.06	14051.00	15620.00	17301.00	19370.00	21289.00	11.86
高低收入比	1.50	1.49	1.75	1.75	1.49	1.35	1.28	1.21	1.22	1.22	1.21	1.22	1.26	1.26	

资料来源:玉林市2000~2004年的城镇居民人均可支配收入数据来源于《玉林市统计年鉴》相关部分;其余数据来源于《广西壮族自治区统计年鉴》。不过,河池是2001年设市,来宾是2002年设市,在此之前无收入数据。此外,来宾市2002年、2003年城镇居民人均可支配收入数据在《广西壮族自治区统计年鉴》中均缺失,考虑到来宾市在全区的经济发展水平,表中选取了《广西壮族自治区统计年鉴》中对应年份的全区中等收入户人均可支配收入进行替代。

五、广西壮族自治区分地区城镇从业人员平均劳动报酬对比分析

从业人员的劳动报酬也是衡量一地区居民收入的重要指标。表 7 - 7 给出了 2006 ~ 2013 年广西壮族自治区各地区城镇从业人员平均劳动报酬情况。从表中可以看出，南宁市和柳州市城镇从业人员平均劳动报酬在 14 个市区中相对较高，南宁市从业人员平均劳动报酬从 2006 年的 19907 元上升到 2013 年的 46993 元，年均增长 13.05%，接近广西壮族自治区总平均的年均增长率；柳州市则从 2006 年的 21924 元提高到 2013 年的 43905 元，不过年均增长是 14 个市区里最低的，为 10.43%。尽管钦州市和贵港市从业人员平均劳动报酬较低，但两者年均增速是较快的，分别为 16.63% 和 15.39%。在广西壮族自治区 14 个市区中，从业人员平均劳动报酬最高的市比上最低的市，其比值由 2006 年的 1.73 倍，下降到 2013 年的 1.41 倍，一直表现为下降的趋势。这说明各地区之间从业人员平均劳动报酬的差距是在不断缩小的。

同样可以观察到广西壮族自治区各地区在岗职工的平均工资变化情况与从业人员平均劳动报酬的变化大致相似，最高地区与最低地区的比值也是呈不断下降的趋势。这也从另一角度说明广西壮族自治区各地区间的差距在不断缩小。具体就不再赘述。

表 7 - 7　　2006 ~ 2013 年广西壮族自治区分地区城镇从业人员平均劳动报酬　　单位：元

地区	2006	2007	2008	2009	2010	2011	2012	2013	年均增长率（%）
总计	17571	21251	24798	27322	30673	33032	36386	41391	13.02
南宁	19907	24178	28427	31063	35400	37730	41331	46993	13.05
柳州	21924	26025	29836	32756	35777	36773	38223	43905	10.43
桂林	17675	21086	24422	27363	30141	33085	36049	40728	12.67
梧州市	15095	18469	21832	23583	26762	28784	31427	33261	11.95
北海	14619	17727	20605	23569	27045	29961	34466	38928	15.02
防城港	15271	19960	24166	26035	29472	32702	35485	39608	14.59
钦州	12646	15889	21027	24504	27834	29809	34499	37113	16.63
贵港	13307	17298	19428	21000	24449	26334	28787	36241	15.39
玉林	15659	17946	20337	23056	26488	27463	31678	36029	12.64
百色	17522	20979	25229	26526	28637	31456	34023	37739	11.58

地区	2006	2007	2008	2009	2010	2011	2012	2013	年均增长率（%）
贺州	14629	17707	21268	24239	26840	29520	33312	37589	14. 43
河池	15699	19074	22085	23963	25953	28351	30109	35451	12. 34
来宾	17989	21492	24432	26838	29512	30474	33471	39159	11. 75
崇左	13619	16709	19745	21765	24921	27253	29674	34379	14. 14
高低收入比	1. 73	1. 64	1. 54	1. 56	1. 46	1. 43	1. 44	1. 41	

资料来源：根据相关年份《广西壮族自治区统计年鉴》数据计算得到。

第三节　政策建议

广西壮族自治区城镇内部各阶层之间的收入差距有逐年缩小的趋势。结合2000～2012 年相关数据来看，最低收入户和最高收入户比重的变动趋势与基尼系数的变动趋势基本同步。当最低收入比重有所提高、最高收入户比重有所下降时，基尼系数则会相应下降。但自 2012 年以来，却表现出差距扩大的趋势。按照调高、扩中、提低这一思路，特提出以下政策建议。

一、调节高收入

采取税收手段调节高收入是最有效的方法。调节过高收入要靠直接税而非间接税。按照现代税收的功能标准，构建一个结合实现税收收入与调节收入分配、稳定经济功能于一体的税制体系，是必需的。而构建这样一个税制体系，重点就在于增加直接税的份额。这就需要通过启动一系列增加直接税并相应调减间接税比重的税制改革，调整并重构现行税制体系的总体布局。

另外要区分两种"高"收入人群，一种是合法经营收入，例如合法经营所得，这是受到法律保护且应该得到政策鼓励的。另一种是非法收入、腐败收入等，这部分人群收入往往很高，他们也是"调高"的重点对象。因此，要根据不同收入来源，来采取相应政策。如果高收入来自腐败，则加大反腐力度；如果是灰色收入，则要加大财产公开力度。另外要考虑怎样使税收发挥更大作用，例如建立税收核查制度，防止逃税漏税。

二、扩大中等收入

"扩中"就是要减税，减轻中等收入人群的税负。另外要发展教育，加大教育支出，提高初等、中等以及高等教育的质量，增加高等教育的公平度。此外还要改变经济结构，转变经济发展方式，一改原来粗略式发展，减少低技术高耗能产业，增加高技术低能耗产业。

三、提高低收入

"提低"主要是通过政府的转移支付、健全社会保障体系等，重点是提高城镇贫困居民、企业退休人员和低收入工薪劳动者这三部分人的所得。因此规范的转移支付制度和健全社会保障体系成为"提低"的重中之重。

第四节　本章小结

1. 广西壮族自治区城镇居民总收入呈现增长趋势。2000 年广西壮族自治区城镇居民收入为 1416.61 亿元，到 2013 年为 6697.38 亿元，年均增长12.69%。这 14 年来广西壮族自治区城镇居民收入一直保持增长，其中，2007年增长率达到最大 30.26%，这无疑得益于经济的快速发展。在 2010 年，居民收入增长率降到 7.25%，达到近年来最低值，随后又开始快速增长。从人均可支配收入来看，广西壮族自治区城镇居民人均可支配收入增速虽然低于全国平均水平，但高于西部地区平均水平。

2. 从分组人均可支配收入占比判断，广西壮族自治区城镇居民收入差距呈缩小的态势。在 2006 年最高收入户的人均可支配收入是最低收入户的 7.52倍，到 2012 年，则是 6.54 倍，呈现出不断下降的趋势。收入最低的 10% 人口的收入占总收入的比重从 2006 年的 3.12% 增长到 2012 年的 3.53%，而收入最高的 10% 人口的收入占总收入的比重从 2006 年的 23.48% 下降到 2012 年的23.10%。按照基尼系数来判断，广西壮族自治区城镇居民收入差距比较合理，但自 2012 年以来，基尼系数表现出差距扩大的苗头。近几年广西壮族自治区城镇居民的基尼系数在 0.29 左右徘徊，其中，2009 年达最高值为 0.310。不过，2013 年与 2012 年相比，由 0.282 上升到 0.295，增长了 0.013。

3. 通常学者们将基尼系数等于 0.4 视为收入分配差距的警戒线，如果基尼系数大于 0.4，则认为收入差距较大；如果基尼系数在 0.3~0.4，则认为收入相对合理；如果基尼系数在 0.2 ~ 0.3，则认为收入比较公平。按照这一常用标准来判断，广西壮族自治区城镇居民的收入差距总体还算是合理的，但自 2012 年以来，表现出基尼系数小幅上升的苗头。

4. 广西壮族自治区各地区在岗职工的平均工资变化情况与从业人员平均劳动报酬的变化大致相似，最高地区与最低地区的比值也是呈下降的趋势，从另一角度说明广西壮族自治区各地区间的差距在缩小。

第八章　广西壮族自治区农村
居民收入分配状况

第一节　广西壮族自治区农村居民收入现状分析

一、广西壮族自治区农村居民人均纯收入水平

广西壮族自治区农村居民收入快速增长，但增速不仅慢于全国水平，而且还慢于西部地区平均水平，收入水平已落后于西部平均值。从农村居民人均纯收入规模来分析，2002～2013年，广西壮族自治区农村居民人均纯收入实现了较快速的增长，从2012.60元上升到6791.00元，增长了3.37倍，年均增长率为11.69%，超过了同期广西壮族自治区城镇居民人均可支配收入的增速。同时期内，全国农村居民人均纯收入则由2475.60元上升到8896.00元，增长了3.59倍；年均增长率为12.33%。与全国水平相比，广西壮族自治区农村居民人均纯收入的绝对值、年均增长率均落后于全国水平，这与广西壮族自治区经济发展水平在全国的地位基本匹配。不过，需要引起重视的是，2002～2013年，广西壮族自治区农村居民人均纯收入不仅落后于全国水平，而且还大幅落后于西部地区平均水平。在这一时期，西部12省（区、市）农村居民人均纯收入由1791.73元上升到6816.78元；增长了3.8倍；年均增长率为12.92%。尤其是从2012年开始，广西壮族自治区农村居民人均纯收入的绝对值水平甚至落后于西部地区平均水平（如表8－1所示）。

表8－1　2002～2013年广西壮族自治区农村居民人均纯收入规模比较

年份	广西壮族自治区		西部地区		全国	
	绝对值（元）	增速（%）	平均值（元）	增速（%）	绝对值（元）	增速（%）
2002	2012.60		1791.73		2475.60	
2003	2094.50	4.07	1920.98	7.21	2622.20	5.92

年份	广西壮族自治区		西部地区		全国	
	绝对值（元）	增速（%）	平均值（元）	增速（%）	绝对值（元）	增速（%）
2004	2305.20	10.06	2135.78	11.18	2936.40	11.98
2005	2494.70	8.22	2355.63	10.29	3254.90	10.85
2006	2770.50	11.06	2575.73	9.34	3587.00	10.20
2007	3224.10	16.37	3004.23	16.64	4140.40	15.43
2008	3690.30	14.46	3481.25	15.88	4760.60	14.98
2009	3980.40	7.86	3788.37	8.82	5153.20	8.25
2010	4543.40	14.14	4392.43	15.95	5919.00	14.86
2011	5231.30	15.14	5220.97	18.86	6977.30	17.88
2012	6007.50	14.84	6008.33	15.08	7916.60	13.46
2013	6791.00	13.04	6816.78	13.46	8896.00	12.37
2013/2002	3.37		3.80		3.59	
年均增长率（%）	11.69		12.92		12.33	

资料来源：历年《中国统计年鉴》、《广西壮族自治区统计年鉴》及西部相关地区统计年鉴，并经过计算整理得到。

图 8-1 则具体描述了 2002~2013 年广西壮族自治区农村居民人均纯收入绝对值、增长率与西部地区平均水平和全国水平的比较结果。图 8-1 清晰地反映出绝对值水平，2002~2011 年，广西壮族自治区农村居民人均纯收入水平高于西部地区平均水平，但二者差距不断缩小；从 2012 年开始，则被后者反超。2002~2013 年，广西壮族自治区农村居民人均纯收入与全国水平的差距则在不断扩大。从增长速度来看，广西壮族自治区仅 2006 年的增速略高于西部平均水平。尤其是至 2007 年以来，西部地区农村居民人均纯收入的平均增长速度均高于全国水平，但广西壮族自治区仅 2007 年、2012 年、2013 年的增速略高于全国水平。这在一定程度上表明，近几年广西壮族自治区农村居民收入水平并没有能够与西部地区实现同步增长，相对而言，反而落后了。这从广西壮族自治区农村居民人均纯收入水平在西部 12 省（区、市）排名情况的变化趋势也可以得到印证。

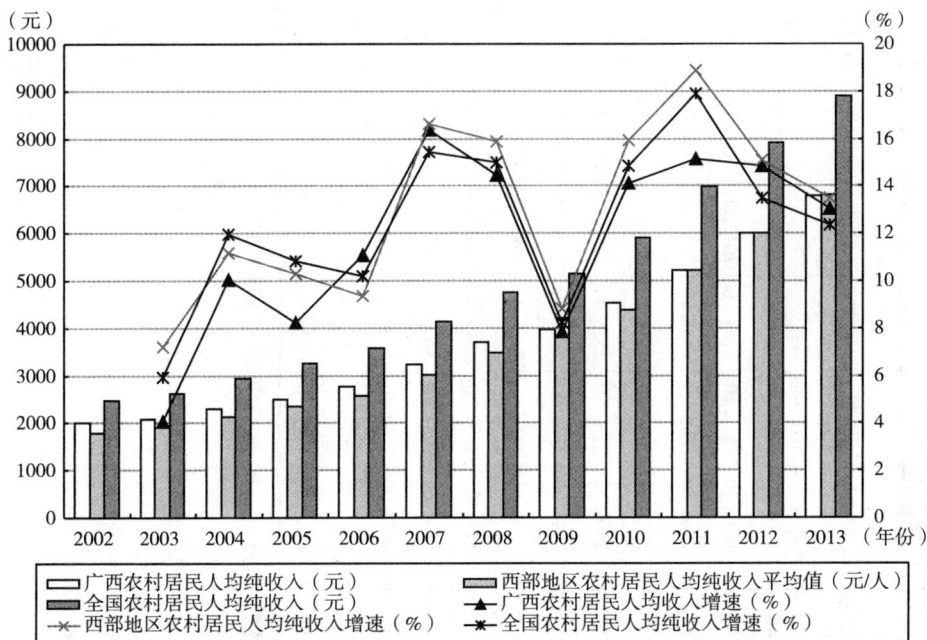

图 8 − 1　2002 ~ 2013 年广西壮族自治区农村居民人均纯收入规模与增速比较

如表 8 − 2 所示，广西壮族自治区农村居民人均实际纯收入排名从 2002 年的第 4 位到 2005 年下滑到第 5 位，之后维持在第 4 位，2010 年又下滑至第 6 位，此后则一直维持在第 6 位。因此，在接下来的一段时期，广西壮族自治区必须着力提高农村居民的收入水平。否则，未来广西壮族自治区农村居民收入水平与全国差距不仅会进一步扩大，而且会大幅落后于西部地区平均水平。

从倍增的实现情况来看，相对于 2002 年，广西壮族自治区倍增目标的实现同样落后于全国和西部绝大部分地区。从表 8 − 2 可以看出，广西壮族自治区、甘肃在 2010 年实现倍增目标。而内蒙古、重庆、西藏、陕西是在 2008 年实现倍增目标，四川、贵州、云南、青海、宁夏、新疆是在 2009 年实现倍增目标，全国也是于 2009 年实现倍增目标。这进一步表明对于广西壮族自治区居民收入分配改革而言，提高农村居民的收入水平和增长速度的重要性。

表8-2   2002~2013年西部地区农村居民人均纯收入规模

单位:元

年份	广西壮族自治区	内蒙古	重庆	四川	贵州	云南	西藏	陕西	甘肃	青海	宁夏	新疆	广西壮族自治区排名
2002	2012.60	2086.00	2097.60	2107.60	1489.90	1608.60	1462.30	1596.30	1590.30	1668.90	1917.40	1863.30	4
2003	2094.50	2267.70	2214.60	2229.90	1564.70	1697.10	1690.80	1675.70	1673.10	1794.10	2043.30	2106.20	5
2004	2305.20	2606.40	2510.40	2518.90	1721.60	1864.20	1861.30	1866.50	1852.20	1957.70	2320.10	2244.90	6
2005	2494.70	2988.90	2809.30	2802.80	1877.00	2041.80	2077.90	2052.60	1979.90	2151.50	2508.90	2482.20	5
2006	2770.50	3341.90	2873.80	3002.40	1984.60	2250.50	2435.00	2260.20	2134.10	2358.40	2760.10	2737.30	4
2007	3224.10	3953.10	3509.30	3546.70	2374.00	2634.10	2788.20	2644.70	2328.90	2683.80	3180.80	3183.00	4
2008	3690.30	4656.20	4126.20	4121.20	2796.90	3102.60	3175.80	3136.50	2723.80	3061.20	3681.40	3502.90	4
2009	3980.40	4937.80	4478.40	4462.10	3005.40	3369.30	3531.70	3437.60	2980.10	3346.20	4048.30	3883.10	5
2010	4543.40	5529.60	5276.70	5086.90	3471.90	3952.00	4138.70	4105.00	3424.70	3862.70	4674.90	4642.70	6
2011	5231.30	6641.60	6480.40	6128.60	4145.40	4722.00	4904.30	5027.90	3909.40	4608.50	5410.00	5442.20	6
2012	6007.50	7611.30	7383.30	7001.40	4753.00	5416.50	5719.40	5762.50	4506.70	5364.40	6180.30	6393.70	6
2013	6791.00	8595.73	8332.00	7895.00	5434.00	6141.31	6578.24	6503.00	5107.76	6196.39	6931.00	7296.00	6

资料来源:根据国家统计局网站提供的相关地区历年统计年鉴数据计算整理得到。个别数据与地区统计年鉴存在细微差异。

二、广西壮族自治区农村居民人均纯收入构成

农村居民人均纯收入由工资性收入、家庭经营纯收入、财产性收入以及转移性收入构成。家庭经营纯收入依然是广西壮族自治区农村居民最主要的收入来源，但广西壮族自治区农村居民收入结构已经呈现多元化趋势，增速差异较大。表8－3报告了2000～2013年广西壮族自治区农村居民实际人均纯收入的构成及结构占比情况。

表8－3　　　　2000～2013年广西壮族自治区农村居民人均纯收入构成

年份	收入构成（元）				结构占比（%）			
	工资性收入	家庭经营纯收入	财产性收入	转移性收入	工资性收入	家庭经营纯收入	财产性收入	转移性收入
2000	483.80	1297.20	7.50	76.13	25.95	69.57	0.40	4.08
2001	543.82	1296.90	11.37	92.24	27.97	66.70	0.58	4.74
2002	687.00	1236.26	9.11	81.00	34.12	61.40	0.45	4.02
2003	784.60	1229.90	16.80	63.30	37.46	58.72	0.80	3.02
2004	857.63	1365.30	17.51	64.82	37.20	59.23	0.76	2.81
2005	907.40	1516.40	18.30	52.70	36.37	60.78	0.73	2.11
2006	974.32	1705.75	22.50	70.00	35.14	61.52	0.81	2.52
2007	1128.80	1973.40	29.13	92.24	35.01	61.21	0.90	2.88
2008	1283.40	2190.62	41.80	174.70	34.78	59.36	1.13	4.73
2009	1465.22	2228.23	41.50	245.50	36.81	55.98	1.04	6.17
2010	1707.20	2510.20	33.80	292.30	37.57	55.25	0.74	6.43
2011	1820.37	3007.93	41.22	361.80	34.80	57.50	0.79	6.92
2012	2245.95	3234.55	53.87	473.17	37.39	53.84	0.90	7.88
2013	2712.27	3420.36	70.44	587.83	39.94	50.37	1.04	8.66
年均增长率（%）	14.18	7.74	18.80	17.03	3.37	-2.45	7.56	5.95
2013/2000	5.61	2.64	9.39	7.72				

资料来源：根据相关年份《广西壮族自治区统计年鉴》数据计算得到。

表8-3的数据显示，家庭经营纯收入依然是广西壮族自治区农村居民最主要的收入来源，由2000年的1297.20元上升到2013年的3420.36元，年均增长率仅为7.74%。广西壮族自治区农村居民的第二大收入来源为工资性收入，由2000年的483.80元上升到2013年的2712.27元，年均增长率为14.18%，增速快于纯收入的增长速度（11.63%）。广西壮族自治区农村居民的第三大收入来源为转移性收入，由2000年的76.13元上升到2013年的587.83元，年均增长率为17.03%，这主要得益于各种惠农政策的大力深入推行。广西壮族自治区农村居民的财产性收入则由2000年的7.50元上升到2013年的70.44元，规模很小，但年均增长速度在四项收入来源中排第一达18.80%。

虽然广西壮族自治区农村居民人均纯收入增长率低于全国水平，但各收入来源占比的变化趋势与全国农村基本趋于一致。关于广西农村居民收入来源结构占比的变化趋势如图8-2所示。整体来看，广西农村居民家庭经营纯收入占纯收入比重呈下降趋势，由2000年的69.57%持续下降到2013年的50.37%，下降了19.20个百分点，年均下降2.47%。由于农民工外出打工的数量不断上升，以及工资水平上涨较多，使得工资性收入占纯收入的比重由2000年的25.95%提高到2013年的39.94%，增加了近14.01个百分点。转移性收入占比先从2000年的4.08%上升到2001年的4.74%，然后一直下降，到2005年达最低值为2.11%，此后连续上升，在2013年达到8.66%。财产性收入占比虽然快速增长，但比值依然比较小，即使到2013年也仅为1.04%。

从倍增的情况来看，2013年广西农村居民人均纯收入是2000年的3.64倍，增长了3.64倍。其中，财产性收入增长最快，增长了9.39倍；转移性收入增长次之，增长了7.72倍；工资性收入增长排第3，增长了5.61倍；家庭经营纯收入增长最慢，仅增长了1.64倍。因此，对于广西农村居民来说，重点要提高占比最高、增速最慢的家庭经营纯收入，同时，进一步增加转移性收入和财产性收入。2000～2013年广西农村居民人均纯收入构成比例变化见图8-2。

三、广西壮族自治区农村居民分组人均纯收入

按照五等分分组的广西农村居民人均纯收入情况如表8-4所示。2006～2013年，广西农村居民高收入户组的人均纯收入由5360.06元增长到13823.37元，增长2.58倍，年均增长率为14.49%，是人均纯收入增长最快的组。增长速度最慢的则是中低收入户组，由2006年的2009.52元增长到

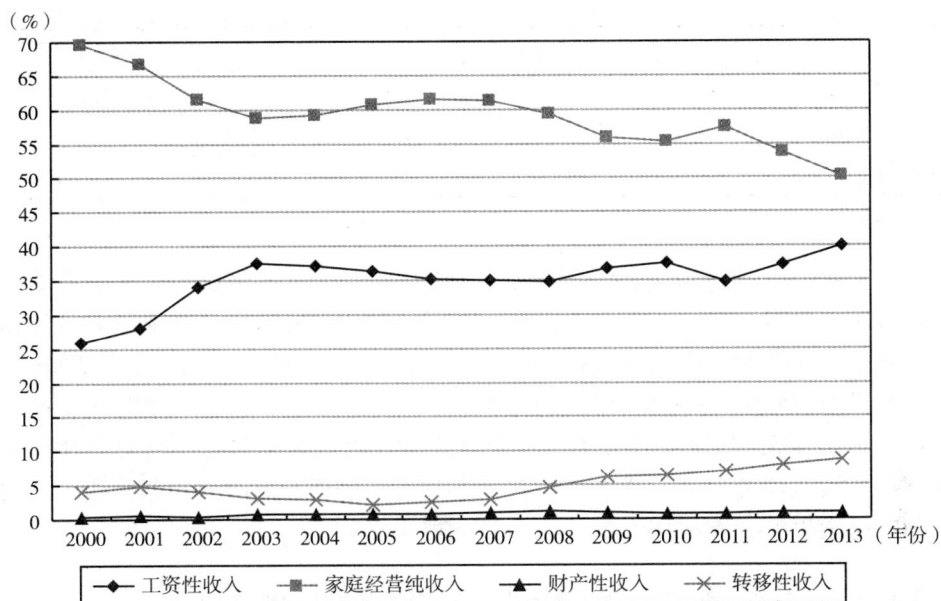

图 8 - 2 2000～2013 年广西农村居民人均纯收入构成比例变化

2013 年的 4477.39 元，年增长速度为 12.13%。广西壮族自治区低收入户的人均纯收入增长速度则略快于中低收入户，其 2006～2013 年的年增长速度为 12.33%，由 1189.21 元增长到 2682.89 元。中等收入户和中高等收入户则处于中间位置，年增长速度分别为 13.22% 和 14.14%。由此可以发现，广西壮族自治区农村居民分组人均纯收入呈现出收入越高增长速度越快的特征。

表 8 - 4   2006～2013 年广西壮族自治区农村居民分组人均纯收入情况   单位：元

年份	低收入户	中低收入户	中等收入户	中高收入户	高收入户
2006	1189.21	2009.52	2602.21	3350.87	5360.06
2007	1322.65	2269.04	3067.80	4033.16	6277.72
2008	1423.00	2570.80	3475.00	4594.90	7492.80
2009	1705.80	2798.40	3739.50	4937.10	7882.50
2010	1845.60	3166.10	4277.80	5657.80	9050.20
2011	1814.80	3415.20	4774.40	6595.20	11345.90
2012	2185.80	4110.36	5558.33	7583.53	12693.36

年份	低收入户	中低收入户	中等收入户	中高收入户	高收入户
2013	2682. 89	4477. 39	6204. 75	8456. 99	13823. 37
2013/2006	2. 26	2. 23	2. 38	2. 52	2. 58
年均增长率（%）	12. 33	12. 13	13. 22	14. 14	14. 49

资料来源：根据相关年份《广西壮族自治区统计年鉴》数据计算得到。

表8-5对广西农村居民各分组人均纯收入的比值进行比较，包括高收入户和低收入户的比值，中高和中低收入户的比值以及较高的两组和较低两组的收入比值。表8-5显示，广西农村居民高收入户和低收入户的比值由2006年的4.51增长至2013年的5.15，有逐渐扩大的趋势，且8年来该组收入的比值都不曾低于4.5，收入差距较大；其余两组的比值则相对较低，尤其是中高收入与中低收入户的比值，基本维持在1.7左右，远低于高收入户与低收入户的比值。这表明广西农村居民收入两极分化严重。

表8-5　　　2006~2013年广西壮族自治区农村居民分组人均纯收入比值

年份	高收入户/低收入户	中高等收入/中低收入户	中高收入和高等收入/低收入和中低收入户
2006	4. 51	1. 67	2. 72
2007	4. 75	1. 78	2. 87
2008	5. 27	1. 79	3. 03
2009	4. 62	1. 76	2. 85
2010	4. 90	1. 79	2. 93
2011	6. 25	1. 93	3. 43
2012	5. 81	1. 84	3. 22
2013	5. 15	1. 89	3. 11

第二节　广西壮族自治区农村居民收入差距分析

一、广西壮族自治区农村居民人均纯收入差距

虽然近几年广西壮族自治区农村居民收入实现了快速增长，但增速不仅

慢于全国水平，而且慢于西部地区平均水平。与全国水平相比，广西农村居民人均纯收入的绝对值、年均增长率均落后于全国水平，这与广西经济发展水平在全国的地位基本匹配。不过，需要引起重视的是，2002～2013 年，广西农村居民人均纯收入不仅落后于全国水平，而且还大幅落后于西部地区平均水平。在这一时期，西部 12 省（区、市）农村居民人均纯收入由1791.73 元上升到 6816.78 元；增长了 2.8 倍；年均增长率为 12.92%。尤其是从 2012 年开始，广西农村居民人均纯收入的绝对值水平甚至落后于西部地区平均水平。

　　进一步计算比较 2002～2013 年西部地区农村居民人均纯收入年均增长速度（见表 8－6），可以发现增速排前 5 位的分别是西藏（14.65%）、内蒙古（13.74%）、陕西（13.62%）、重庆（13.36%）、新疆（13.21%），而广西的增速排名则为倒数第 2 位，仅高于甘肃（11.19%）0.5 个百分点。显然这与广西在西部地区的经济地位是不相适应的。

表 8－6　　　　2002～2013 年西部地区农村居民人均纯收入年均增长速度

地区	年均增长率（%）	地区	年均增长率（%）
广西	11.69	西藏	14.65
内蒙古	13.74	陕西	13.62
重庆	13.36	甘肃	11.19
四川	12.76	青海	12.67
贵州	12.48	宁夏	12.39
云南	12.95	新疆	13.21

　　资料来源：根据历年《广西壮族自治区统计年鉴》及西部其他相关地区统计年鉴数据计算整理得到。

二、广西壮族自治区农村居民人均纯收入定基增长

　　改革开放初期，我国将重点放在农村，在农村推行了家庭联产承包责任制，极大地调动了农民的生产积极性，带动了农村经济的发展；随后，我国将经济重心转移，加大对城市的建设力度，此后长期形成的"城乡二元结构"极大地阻碍了我国农村的发展，使我国农村经济长期落后城市，增速缓慢；进入 21 世纪后，我国逐渐加大对农村的投入力度，推出一系列惠农政策，促进我国农村经济的迅速发展。农民收入的提升离不开当地经济的发展，广西经济

的发展更离不开全国经济发展的大环境。随着我国经济的波动发展，广西居民收入也自改革开放以来波动上升，如表8-7所示。

表8-7   1981～2013年广西与全国农民人均纯收入定基增长率

年份	全国农民人均纯收入定基增长率（%）	广西农民人均纯收入定基增长率（%）	年份	全国农民人均纯收入定基增长率（%）	广西农民人均纯收入定基增长率（%）
1981	16.78	17.62	1998	37.03	36.36
1982	41.19	35.49	1999	14.76	20.25
1983	61.94	51.06	2000	7.81	-0.57
1984	59.04	30.88	2001	9.45	-1.40
1985	47.20	28.94	2002	12.00	-1.73
1986	36.80	20.65	2003	16.37	12.36
1987	30.20	32.57	2004	24.09	18.55
1988	37.05	40.01	2005	31.48	23.95
1989	41.93	52.81	2006	36.79	32.27
1990	48.36	80.66	2007	41.00	39.87
1991	30.04	55.04	2008	46.26	47.92
1992	30.34	51.48	2009	43.66	43.65
1993	34.29	38.38	2010	42.96	40.91
1994	72.31	68.31	2011	46.56	41.76
1995	101.24	97.64	2012	53.62	50.94
1996	109.00	92.48	2013	50.29	49.48
1997	71.18	69.40			

资料来源：根据相关年份《广西壮族自治区统计年鉴》与《全国统计年鉴》数据计算获得。

同时，从图8-3还可以发现，广西居民人均纯收入的增长趋势与全国农村居民人均纯收入增速的变化趋势趋于一致。而且，这种变化趋势与全国大环境的发展密不可分，自改革开放以来，农村居民人均纯收入在波动中增长，大致可分为五个阶段。

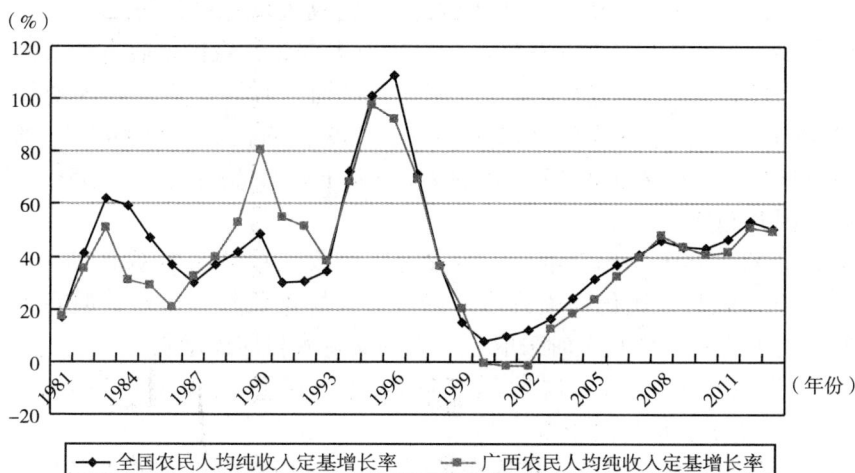

图 8 - 3 1981 ~ 2011 年广西壮族自治区农民与全国农民人均纯收入定基增长率

　　第一阶段，1980 ~ 1983 年，广西农村居民收入实现快速增长。我国改革开放自农村开始，初期，我国在农村推行家庭联产承包责任制，极大地调动了农村居民生产积极性，逐渐恢复了我国农村经济的生气，广西农村居民人均纯收入由 1981 年的 17.62% 增长至 1983 年的 51.06%，全国居民收入也由 16.78% 增长至 61.94%，农村居民收入实现快速增长。

　　第二阶段，1984 ~ 1990 年，广西农村居民收入在波动中缓慢增长。这一时期全国农业生产出现徘徊，主要农产品产量下降，农业生产资料等工业品价格大幅度上涨，农业增产不增收的矛盾突出，农村居民收入增速产生剧烈波动。广西农村居民人均纯收入经历了先下降后逐渐回升，再下降的变化趋势。从 1985 年开始，广西调整了农村产业结构，改革国家对农村经济的管理体制，找到了适合广西农村经济发展的道路，实现了农民人均收入的增长。1989 ~ 1990 年，广西人均纯收入增速大于全国农村居民人均纯收入，由 52.81% 增至 80.66%，增长了 27.85%，远大于全国人均收入增长率的 6.43%。

　　第三阶段，1991 ~ 1996 年，广西农村居民收入逐渐回升。经过 3 年的整顿，乡镇企业已经逐渐显露生机，广西深刻贯彻执行对内搞活、对外开放的改革方针，积极推动工业的发展，带动广西经济迅速提升，人民收入增加。1991 ~ 1996 年，广西农村居民收入实现了 97.64% 的飞速增长，但仍然低于全国水平，至 1996 年全国农民人均收入增长 109%。

第四阶段，1997～2002 年，广西农村居民收入增速持续下降。农业和农村经济发展进入新阶段，"三农"形势发生重大变化，农民增收进入最困难时期，农村居民收入增速持续下降。这期间，广西农村居民人均收入增长率由 1997 年的 69.4% 急剧下降至 2002 年的 -1.73%，农民收入急剧减少。同期，全国农村居民人均收入也由 1997 年的 71.18% 下降至 2001 年的 9.45%，2001 年以后有回升趋势。

第五阶段，2003～2013 年，广西农村居民收入在波动中逐渐回升。进入 21 世纪，我国农村居民仍面临许多新困难，农民增收较为困难，但我国政府对此给予高度重视，中央及时采取了一系列支持农村居民增收的重大政策，使我国居民收入增速回升。这期间广西农村居民收入实现年平均增长率 12.48%，历年增长均超过 10%。

同期，我国农村居民收入年均增长 12.99%，历年增长均超过 15%，广西农村居民收入仍低于全国水平（见图 8-3）。

三、广西壮族自治区农村居民分组人均纯收入差距

图 8-4 显示，按照五等分分组的广西农村居民人均纯收入中，各组居民间收入差距十分明显。差距最大的是高等收入户和低等收入户，低等收入户由

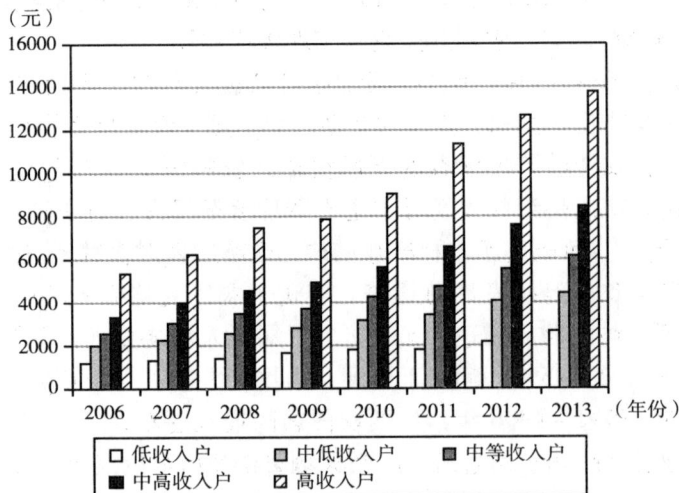

图 8-4　2006～2013 年广西壮族自治区农村居民五等分分组人均纯收入

于增速十分缓慢，随着时间的推延与高等收入户之间的差距越来越大，尤其是2010 年以后，差距扩大十分明显。2009 年之前，中低收入户、中等收入户和中高收入户之间的差距变动幅度较小，2009 年之后，差距逐渐拉大。由此发现，广西居民分组收入随着时间的推移，各组之间差距越来越大，农村居民内部收入不均衡现象严重。

四、广西壮族自治区地区间农村居民人均纯收入

广西壮族自治区各地区农村居民收入增速差异较大，收入差距呈现扩大趋势。表 8 - 8 报告了分地区的广西壮族自治区农村居民人均纯收入变动情况，以反映地区农村居民收入差异。

在表 8 - 8 中，2002 ~ 2013 年，除南宁、百色和崇左的农村居民人均纯收入出现过下降趋势之外，其余地区均一直保持上升趋势。其中，崇左在 2002 年尚属于南宁地区，2003 年设市，因此，2002 年的数据为当时崇左农村居民人均可支配数据。由于行政区划的调整，导致崇左 2003 年农民人均纯收入与 2002 年出现下降。2013 年农村居民人均纯收入最高的地区是防城港（8556.9 元），最低的地区是崇左（4967.5 元），两者相差 3589.4 元。整体来看，南宁、钦州、北海、防城港农村居民人均纯收入水平较高，而百色、河池、崇左地区的农村居民人均纯收入水平相对较低。年均增长速度差异较大，其中增速最快的地区是玉林，增速为 13.99%，增速最慢的地区是崇左，增速仅为 8.62%。从收入最高的市与收入最低的市的人均收入之比来看，2002 年的比值为 1.73 倍，在 2008 年收窄到最低值 1.59 倍，但此后不断扩大，在 2013 年达到 1.72 倍。虽然波动幅度并不太大，但反映出地区差距有进一步扩大的趋势。

第三节　政策建议

一、坚持发展理念

当前广西壮族自治区农村居民收入分配面临的主要矛盾是农村居民收入增速缓慢，与全国甚至西部地区差距较大；2002 ~ 2013 年，广西壮族自治区农村居民人均纯收入年均增长率为 11.69%，在 2013 年达到 6791.00 元；同期，全国农村居民人均纯收入年均增长率为 12.33%，在 2013 年达到 8896.00 元；在西部地区农村居民人均纯收入年均增长速度比较中，广西壮族自治区排名倒数第 2 位，仅高于甘肃（11.19%）0.5 个百分点。

表 8 - 8　　2002～2013 年广西壮族自治区各地区农民人均纯收入

单位:元

地区	2002 年	2003 年	2004 年	2005 年	2006 年	2007 年	2008 年	2009 年	2010 年	2011 年	2012 年	2013 年	年增长率(%)
南宁	2524.0	2231.0	2467.0	2680.0	3033.0	3461.8	4001.0	4385.1	5005.5	5848.4	6777.0	7685.1	10.65
柳州	1954.0	2082.0	2250.0	2535.5	2913.5	3497.4	3956.0	4330.5	4934.7	5721.2	6746.5	7663.0	13.23
桂林	2194.0	2354.0	2638.0	3003.0	3391.2	3908.0	4465.5	4833.4	5487.4	6324.8	7327.6	8361.0	12.93
梧州	1897.0	2006.0	2292.0	2575.0	2857.2	3251.7	3854.4	4218.2	4879.0	5651.4	6592.1	7475.3	13.28
北海	2454.0	2587.0	2790.0	3179.0	3414.4	3845.7	4309.5	4697.1	5426.2	6248.5	7226.9	8238.6	11.64
防城港	2164.0	2335.0	2517.0	2704.0	3171.6	3791.0	4473.5	4929.8	5628.1	6502.4	7539.1	8556.9	13.31
钦州	2441.0	2610.0	2783.0	3091.0	3404.6	3934.3	4443.6	4843.3	5628.1	6166.8	7140.4	8054.4	11.46
贵港	2091.0	2228.0	2399.0	2693.0	2961.0	3471.8	4049.0	4504.0	5289.4	6257.4	7253.1	8188.7	13.21
玉林	1959.0	2035.0	2259.0	2573.0	3041.4	3536.0	4123.0	4531.1	5302.0	6269.4	7268.7	8272.0	13.99
百色	1959.0	1403.0	1550.0	1783.0	2109.7	2463.5	2819.6	3063.6	3460.9	4052.4	4773.9	5409.0	9.67
贺州	1793.0	2047.0	2090.0	2351.0	2681.6	3092.9	3457.8	3775.7	4297.6	4963.3	5823.4	6557.1	12.51
河池	1419.0	1497.0	1727.0	1912.0	2188.0	2592.3	2943.6	3183.1	3598.6	4117.9	4620.4	5198.1	12.53
来宾	1769.0	1927.0	2113.0	2385.0	2829.1	3244.9	3767.0	4094.1	4659.1	5382.4	6231.0	7085.0	13.44
崇左	2001.0	1928.0	2122.0	2298.0	2766.8	3290.2	3754.3	4028.0	4621.3	5370.0	6263.4	4967.5	8.62
高低收入人比	1.73	1.86	1.80	1.78	1.61	1.60	1.59	1.61	1.63	1.60	1.63	1.72	—

资料来源:根据相关年份《广西壮族自治区统计年鉴》数据计算得到。

　　因此，化解广西壮族自治区农村居民收入分配中存在的矛盾首先是要用发展的办法。农民收入的提升离不开当地经济的发展，只有加快发展才能加速提高农村居民的收入水平，提高农村居民收入在全部居民收入中所占的比重，在收入水平全面提高的基础上解决农村居民收入分配差距持续扩大的问题。

二、增强财政对农民理财的引导作用

　　尽管目前广西壮族自治区农村居民的财产性收入还不多，占收入的比重还很低，但增长速度较快。从 2000 年的 0.4% 迅速增长至 2013 年的 1.04%，人均收入达到 70.44 元。随着财产集中程度的增加和财产性收入增长速度加快，财产性收入差距将成为影响收入差距扩大的重要因素，这对近年农村居民收入分配差距扩大产生了较大影响。加大支持力度开拓广西壮族自治区农村理财渠道，为农民财产性收入的增长提供广阔空间，能够有效预防农村居民收入的进一步扩大。一是要积极培育农村理财市场。广西壮族自治区各地政府应提供必要的财税优惠政策，使以盈利为目的的证券公司愿意进入农村，为农民进行证券投资提供条件和渠道。二是要支持培养高素质的亲农理财人员，鼓励他们深入农村向农民宣传理财知识，更新农民的理财观念。三是要加大对广西壮族自治区农村信息网络平台建设的资金投入力度，拓宽农民了解理财信息的渠道。

三、提高财政对农民的转移支付水平

　　由前面的分析可以发现，广西壮族自治区农村居民收入中转移性收入占比较低，是第三大收入来源，由 2000 年的 76.13 元上升到 2013 年的 587.83 元，年均增长率为 17.03%，增长速度虽然较快，但绝对额仍然远低于家庭经营纯收入与工资性收入。广西壮族自治区应进一步加大对农村居民的支持力度，继续推进惠农政策，提高农村居民的转移性收入。一方面自治区财政要调增对广西壮族自治区农村落后地区的转移支付财力支持，同时还要积极争取中央财政转移支付政策对广西壮族自治区农村落后地区的倾斜力度，构建和完善农村社会保障体系，促进城乡公共保障均等化。

四、加大政府对收入分配的调节力度

　　广西壮族自治区农村居民收入存在城乡收入差距大，地区收入不均衡的问题，由前面的分析可以发现，广西壮族自治区农村分组人均收入中，高等收入与低等收入差距十分显著，且近几年有逐渐扩大的趋势。缩小收入分配差距，最迫切、最现实的前提和基础是实现政府职能转型，加大政府对收入分配的调节力度，树立公平和效率并重的理念。要合理调整收入分配结构和政策，改变城乡二元结构的体制机制，加大对农业的支持和保护力度，扎实推进社会主义新农村建设。既要加快农业科技进步，调整优化农村经济结构，推进现代农业建设，发展农业产业化经营，提高农业综合生产能力；又要加强农村基础设施建设，为全体公民提供社会保障、义务教育、医疗卫生等最基本的公共产品和公共服务。加大对偏远地区、少数民族地区的政策支持力度，缩小地区间发展的基础条件差异，提高这些地区的自身竞争力，以达到缩小城乡差距、地区差距以及民族差距的目的。

第四节　本章小结

本章通过数据比较和图表分析，对广西壮族自治区农村居民收入分配状况进行了初步的探讨，对农村居民人均纯收入进行了来源分析、分组构成分析及分地区探讨，对广西壮族自治区农村居民收入分配的内部差距进行了深入分析；通过与全国农村居民人均纯收入的绝对值比较及环比增长比较，对广西壮族自治区农村居民进行了大范围的比较分析。通过以上探讨分析，我们得出如下结论：

1. 广西壮族自治区农村居民收入取得了较大幅度的提升。经过30多年的改革开放，广西壮族自治区的农业生产取得了突破性的成果，农民收入获得前所未有的增加。1999年全省农民人均纯收入首次突破2000元大关，达到2048元，比1980年增加了1875元。21世纪后，广西壮族自治区农村居民人均纯收入实现了大幅度提升，特别是2006年之后人均纯收入迅速增长，由3587元增长至2013年的8895.9元，增长了148%。

2. 广西壮族自治区农村居民收入差距大。随着时间的推移，广西壮族自治区农村居民分组收入的组间差距越来越大，尤其是高等收入组和低等收入组。在广西壮族自治区的14个地级市中，2002～2013年，南宁、钦州、北海、防城港农村居民人均纯收入水平较高，而百色、河池、崇左地区的农村居民人均纯收入水平相对较低。年均增长速度差异较大，其中增速最快的地区是玉林，增速为13.99%，增速最慢的地区是崇左，增速仅为8.62%。

3. 广西壮族自治区农村居民收入水平远低于全国水平。广西壮族自治区作为欠发达少数民族地区，居民收入虽然取得了提升，但却仍常年低于全国平均水平。广西壮族自治区农村居民的人均纯收入水平从未达到过全国平均水平，最好的情况也就是 1993 年达到全国平均值的96%，从 1999 年开始，与全国水平的差距也有不断扩大的趋势。

4. 广西壮族自治区农村居民收入增长趋势与全国变化趋势趋于一致。居民收入的增长离不开当地经济的发展，广西壮族自治区农村经济发展受到全国大环境的影响使得广西壮族自治区农村居民收入增长趋势呈现五个阶段，经历了增长、下降、波动等系列变化趋势，进入 21 世纪后，受到国家宏观调控影响，在波动中实现增长。

第九章 广西壮族自治区地区间
居民收入分配状况

第一节 广西壮族自治区各地级市城乡居民收入差距比较

一、绝对收入差距

表 9－1 是对广西壮族自治区各地级市 2006 年和 2013 年城乡居民可支配收入的绝对值差额的描述。由表 9－1 可以看出，广西壮族自治区各地级市城乡居民人均可支配收入绝对值差额在 2006 年时均未超过 1 万元，最高只有 8088.7 元；而相比较 2006 年，2013 年广西壮族自治区各地级市城乡人均可支配收入绝对值差额则均超过 1 万元，最高达到 17132 元。其中，变化最大的是崇左市，由 2006 年的 5872.7 元增加至 2013 年的 16320.7 元，增长了 10448元；变化最小的是贵港市，由 2006 年的 5976.6 元，增加至 2013 年的 13172.7元，增长了 7196.1 元。由此发现，广西壮族自治区各地级市城乡人均可支配收入绝对值差额逐渐扩大，且趋势明显。

表 9－1　　　　2006 年和 2013 年广西壮族自治区各地级市城乡居民
人均可支配收入绝对差距

地区	2006 年			2013 年		
	城镇（元/人）	农村（元/人）	绝对差额（元）	城镇（元/人）	农村（元/人）	绝对差额（元）
南宁	10192.8	3033	7159.8	24817.1	7685.1	17132
柳州	11002.2	2913.5	8088.7	24355	7663	16692
桂林	10712.5	3391.2	7321.3	24552	8361	16191
梧州	9449.3	2857.2	6592.1	22537.1	7475.3	15061.8
北海	10379.7	3414.4	6965.3	23407.4	8238.6	15168.8
防城港	9113.2	3171.6	5941.6	24423.2	8556.9	15866.3
钦州	10040.6	3404.6	6636	23695	8054.4	15640.6

续表

地区	2006 年			2013 年		
	城镇（元/人）	农村（元/人）	绝对差额（元）	城镇（元/人）	农村（元/人）	绝对差额（元）
贵港	8937.6	2961	5976.6	21361.4	8188.7	13172.7
玉林	10174.7	3041.4	7133.3	24365.7	8272	16093.7
百色	9887.3	2109.7	7777.6	21458.1	5409	16049.1
贺州	8619.4	2681.6	5937.8	21681.6	6557.1	15124.5
河池	8618.7	2188	6430.7	19653	5198.1	14454.9
来宾	10050.9	2829.1	7221.8	23563	7085	16478
崇左	8639.5	2766.8	5872.7	21288.2	4967.5	16320.7

资料来源：根据《广西壮族自治区统计年鉴》相关数据计算所得。

二、相对收入差距

表 9-2 是对广西壮族自治区各地级市 2006 年和 2013 年城乡居民人均纯收入相对值的描述。2006～2013 年，除了崇左市外，各地级市城乡居民可支配收入比值均实现了下降。表明，广西壮族自治区各地级市城乡居民人均可支配收入相对差距有缩小的趋势。2006 年，城乡之间比值较高的是百色、河池和柳州，比值分别为 4.69、3.94 和 3.78；与 2006 年相比，2013 年城乡之间比值排名前三的是崇左、百色和河池，不难发现，城乡之比持续名列前茅的百色市和河池市，城镇居民人均纯增长在广西壮族自治区 14 个地级市中却居于下游水平，反之，城乡收入之比处于较低水平的防城市和贵港市，城乡收入水平则位于较高位置。这表明，收入水平越低的地区，城乡收入差距越大；收入水平越高的地区，城乡收入差距则越小。

表 9-2 2006 年和 2013 年广西壮族自治区各地级市城乡居民人均可支配收入相对差距

地区	2006 年			2013 年		
	城镇（元/人）	农村（元/人）	城乡收入比	城镇（元/人）	农村（元/人）	城乡收入比
南宁	10192.8	3033	3.36	24817.1	7685.1	3.23
柳州	11002.2	2913.5	3.78	24355	7663	3.18
桂林	10712.5	3391.2	3.16	24552	8361	2.94
梧州	9449.3	2857.2	3.31	22537.1	7475.3	3.01
北海	10379.7	3414.4	3.04	23407.4	8238.6	2.84
防城港	9113.2	3171.6	2.87	24423.2	8556.9	2.85

续表

地区	2006 年			2013 年		
	城镇（元/人）	农村（元/人）	城乡收入比	城镇（元/人）	农村（元/人）	城乡收入比
钦州	10040.6	3404.6	2.95	23695	8054.4	2.94
贵港	8937.6	2961	3.02	21361.4	8188.7	2.61
玉林	10174.7	3041.4	3.35	24365.7	8272	2.95
百色	9887.3	2109.7	4.69	21458.1	5409	3.97
贺州	8619.4	2681.6	3.21	21681.6	6557.1	3.31
河池	8618.7	2188	3.94	19653	5198.1	3.78
来宾	10050.9	2829.1	3.55	23563	7085	3.33
崇左	8639.5	2766.8	3.12	21288.2	4967.5	4.29

资料来源：根据《广西壮族自治区统计年鉴》相关数据计算所得。

三、环比增长差距

图 9－1 是对广西壮族自治区各地级市城乡居民人均纯收入年增长率的对比。图 9－1 显示，广西壮族自治区各地级市城乡居民人均纯收入差距不一，有些地级市城镇居民人均纯收入增长快于农村居民，有些则反之。整体来看，大部分地级市仍是农村居民人均纯收入年增长率大于城镇居民，只有，防城市、贺州市、河池市、来宾市和崇左市的城镇居民人均纯收入年增长率高于农村居民人均纯收入年增长率。

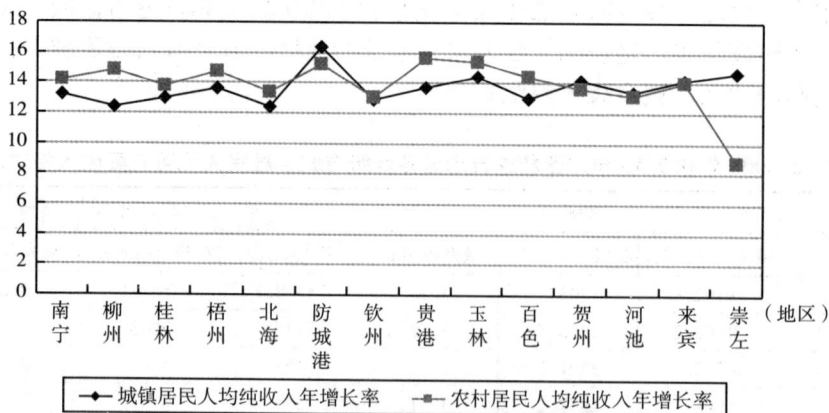

图 9－1　广西壮族自治区城乡居民人均纯收入年增长率

表9-3显示，广西壮族自治区各地级市中城乡居民人均纯收入年增长率差距最大的是崇左市，达到5.98%，差距最小的是钦州市和来宾市只有0.19%，两者相差30多倍；然而，除崇左市和柳州市外，其余地级市城乡居民人均纯收入年增长率差距维持在0.19%～1.94%，远远小于与崇左市的差距，这表明广西壮族自治区各地级市间不仅存在城乡居民收入差距问题，而且存在较为严重的两极分化现象。

表9-3　　　　　广西壮族自治区城乡居民人均纯收入年增长率　　　　单位:%

地区	广西壮族自治区城镇居民人均纯收入年增长率	广西壮族自治区农村居民人均纯收入年增长率	差额
南宁	13.2	14.2	-1
柳州	12.4	14.81	-2.41
桂林	13	13.76	-0.76
梧州	13.6	14.73	-1.13
北海	12.4	13.41	-1.01
防城港	16.4	15.23	1.17
钦州	12.9	13.09	-0.19
贵港	13.7	15.64	-1.94
玉林	14.4	15.37	-0.97
百色	13	14.4	-1.4
贺州	14.2	13.63	0.57
河池	13.4	13.16	0.24
来宾	14.2	14.01	0.19
崇左	14.7	8.72	5.98

资料来源：根据《广西壮族自治区统计年鉴》相关数据计算所得。

四、分地区城乡居民人均收入差距

表9-4报告了广西壮族自治区各地区2002～2013年城乡居民人均收入差距。其中，城镇居民收入水平用人均可支配收入来代表，农村居民收入水平用人均纯收入来反映。

表 9 - 4   2002～2013 年广西壮族自治区各地区城乡居民人均收入比（农村为 1）

年份	2002	2003	2004	2005	2006	2007	2008	2009	2010	2011	2012	2013	平均值
南宁	3.49	4.11	3.27	3.43	3.36	3.43	3.61	3.71	3.60	3.42	3.33	3.23	3.50
柳州	4.06	4.02	4.07	3.77	3.78	3.68	3.67	3.70	3.60	3.43	3.29	3.18	3.69
桂林	3.58	3.50	3.09	3.09	3.16	3.33	3.28	3.36	3.27	3.14	3.04	2.94	3.23
梧州	3.31	3.52	2.96	3.21	3.31	3.49	3.44	3.50	3.40	3.28	3.12	3.01	3.30
北海	3.13	3.10	3.14	2.88	3.04	3.21	3.25	3.22	3.10	2.99	2.93	2.84	3.07
防城港	3.54	3.35	2.51	2.68	2.87	3.27	3.21	3.26	3.17	3.03	2.95	2.85	3.06
钦州	2.76	2.85	2.86	2.90	2.95	3.09	3.22	3.26	3.08	3.17	3.03	2.94	3.01
贵港	3.31	3.42	2.59	2.84	3.02	3.13	3.09	2.94	2.72	2.66	2.61		2.95
玉林	4.02	3.87	3.16	3.22	3.35	3.45	3.43	3.49	3.33	3.12	3.05	2.95	3.37
百色	3.68	5.25	4.31	4.53	4.69	4.95	4.67	4.75	4.62	4.29	4.10	3.97	4.48
贺州	3.92	3.84	3.02	3.20	3.21	3.58	3.69	3.75	3.68	3.55	3.41	3.31	3.51
河池	3.55	3.50	3.56	3.75	3.94	4.15	4.09	4.20	4.14	3.99	3.89	3.78	3.88
来宾	3.65	3.60	3.04	3.42	3.55	3.73	3.73	3.81	3.72	3.57	3.45	3.33	3.55
崇左	2.94	3.27	2.93	3.09	3.13	3.36	3.39	3.49	3.38	3.22	3.09	4.29	3.30

资料来源：根据《广西壮族自治区统计年鉴》相关年份数据计算整理得到，其中来宾市 2002 年的城镇居民人均可支配收入是选用"全区中等收入户人均可支配收入"替代得到。

数据表明，2002～2013 年，广西壮族自治区 14 个地级市中，城乡居民收入比介于 2～6 倍之间，其中，2003 年百色市的城乡居民人均收入比为 5.25 倍，是最高值；2013 年贵港市的城乡居民人均收入比为 2.61 倍，是最低值。省会南宁市 2003 年城乡居民收入比为 4.11 倍，为该市的最高值，2013 年为 3.23 倍，为该市的最低值，平均比值为 3.50 倍。用平均水平来衡量的话，位于西江经济带的贵港市城乡收入差距最小，城乡居民人均收入比平均值为 2.95 倍，位于北部湾经济区的钦州市次之，平均比值为 3.01 倍。而桂西资源富集区的百色市城乡收入差距最大，其城乡居民平均收入比达到了 4.48 倍，同属于桂西资源富集区的河池市城乡收入差距仅次于百色市，其城乡居民平均收入比为 3.88 倍。总体来看，西江经济带和北部湾经济区的城乡居民收入差距要小于桂西资源富集区。这也印证了经济越是发达的地区，居民收入差距越小，经济越是落后的地区，居民收入差距越大这一常见规律。

为了进一步考察 2002～2013 年广西壮族自治区各地区城乡居民收入差距的变化情况，我们绘制了相应的趋势变化图，如图 9 - 2 所示。该图清晰地反映出百色、河池地区的城乡居民收入差距明显要大于广西壮族自治区其他地级市。虽然自 2009 年以来，这两个地区的城乡居民收入差距比呈下降趋势，但是 2013 年的城乡居民收入比仍然要高于 2002 年水平。崇左市 2013 年城乡居民收入差距与 2012 年相比则表现出急剧扩大的趋势，由 3.09 倍快速上升到 4.29 倍。总体来看，除百色、河池、崇左外，其余各地区城乡居民收入差距呈现出明显的缩小趋势，2013 年的城乡居民收入比与 2002 年相比，均有一定幅度的下降，并且进一步下降的趋势明显。

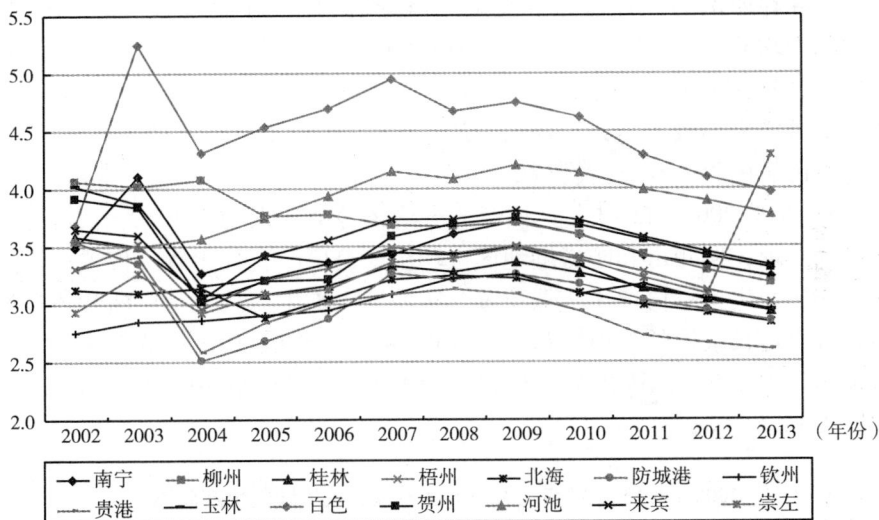

图 9 - 2　2002 ～ 2013 年广西壮族自治区各地区城乡居民人均收入比变化趋势

第二节　广西壮族自治区各地级市居民收入与经济增长同步情况

一、广西壮族自治区城镇居民收入与经济增长同步情况

随着改革开放的实行，我国经济实现了突飞猛进的发展，经济总量位居世界第二，综合国力大大增强。经济的发展必然会带动地区居民收入的提升，但居民收入的增长速度与经济发展的增长速度是否同步发展，还有待商榷。近些年，在我国经济迅猛发展的同时，我国居民收入差距问题却日益显现，不仅城乡居民收入差距严重，地区居民收入差距也十分明显，基于此，我国政府提出了努力实现居民收入增长和经济发展同步的目标，强调在发展经济的同时更加

注重民生。本章主要对广西壮族自治区各地级市居民收入与地区经济增长进行分析，探讨广西壮族自治区各地级市居民收入是否与经济增长同步发展。

关于经济发展与地区居民收入分配的关系是当前理论界关注和探讨较多的问题。魏后凯等实证研究表明，1985～1995年，中国省际居民人均收入差异与人均国民收入或人均国内生产总值差异之间存在着逆向变动，即省际人均国民收入或国内生产总值差异不断缩小的同时，居民家庭人均收入的差异却在不断扩大，存在所谓的"地区差异变动之悖论"。陈宗胜通过对1978～1999年全国省际人均GDP与居民人均收入的地区差别变化情况分析后同样认为，省际存在着"地区差异变动之悖论"。接下来，我们主要通过对广西壮族自治区各地级市居民人均收入与人均地区生产总值进行图表比较，得出广西壮族自治区各地级市居民收入与经济发展的关系。

表9-5是2006～2013年广西壮族自治区各地区人均GDP及其增长情况。从中可以发现，柳州市和防城港地区人均生产总值一直处于较高位置；贵港和河池人均地区生产总值位于较低位置。防城港人均生产总值是广西壮族自治区各地级市中增长最快的，由2006年的14764元增长至2013年的58810元，年均增长达到18.86%；贺州增长最慢，由8897元增长至2013年的21261元，年均增长11.5%。

表9-5　　　2006～2013年广西壮族自治区各地区人均地区生产总值

地区	2006年(元)	2007年(元)	2008年(元)	2009年(元)	2010年(元)	2011年(元)	2012年(元)	2013年(元)	增长率(%)
南宁	13071	15759	19102	21829	26330	33017	37016	41094	15.39
柳州	17356	20737	24776	28291	35230	41832	47795	52342	14.80
桂林	12209	15370	18128	19362	22780	27843	30849	34114	13.71
梧州	8813	10565	13115	14776	19430	25644	28523	33710	18.26
北海	13252	15988	20093	20302	25657	32215	40372	46560	17.01
防城港	14764	19329	25375	29602	37264	47416	50302	58810	18.86
钦州	7107	9552	11740	12206	16421	20896	22147	23957	16.40
贵港	5587	8038	9387	10215	12932	15245	16281	17652	15.47
玉林	6908	9083	10770	12033	15011	18501	19822	21394	15.18
百色	7902	9781	11517	12424	16106	19079	21539	22762	14.14
贺州	8897	11552	12103	11831	14589	18163	19922	21261	11.50

续表

地区	2006 年（元）	2007 年（元）	2008 年（元）	2009 年（元）	2010 年（元）	2011 年（元）	2012 年（元）	2013 年（元）	增长率（%）
河池	6449	8486	9667	9990	12991	15141	14472	15440	11.53
来宾	8230	10852	11903	13180	18385	23055	24183	24069	14.36
崇左	8366	10826	12226	13921	18734	24557	26288	28886	16.75
最高/最低	3.1	2.6	2.6	2.8	2.7	2.7	2.9	3.0	

资料来源：根据《广西壮族自治区统计年鉴》相关年份计算得到。

此外，广西壮族自治区 14 个地级市中，人均地区生产总值高低收入比基本上位于 2.6 ~ 3.0，变化不是很大。2006 ~ 2008 年变化较为明显，从 3.1 降为 2.6，之后差距逐渐缩小，2013 年为 3.0，说明广西壮族自治区各地级市之间人均地区生产总值差距有缩小的趋势。

表 9 - 6 是 2006 ~ 2013 年广西壮族自治区各地级市城镇居民人均收入及其增长情况。从中可以发现，南宁市、柳州市和桂林市城镇居民人均收入在广西壮族自治区各地级市中一直处于较高位置，相比较而言，贵港、河池城镇居民人均收入则处于较低位置。2006 ~ 2013 年，防城港城镇居民人均收入增长最快，年增长率达 15.12%，增长最慢的是百色，年增长 11.71%。广西壮族自治区城镇居民高低收入比变化幅度较小，基本均位于 1.2 ~ 1.3，广西壮族自治区各地级市城镇居民人均收入差距不显著。

表 9 - 6　　　2006 ~ 2013 年广西壮族自治区各地区城镇居民人均纯收入

地区	2006 年（元）	2007 年（元）	2008 年（元）	2009 年（元）	2010 年（元）	2011 年（元）	2012 年（元）	2013 年（元）	年均增长率（%）
南宁	10192.8	11877.1	14445.5	16254.5	18032	20005	22561	24817.1	13.56
柳州	11002.2	12866.4	14473.6	16017.3	17766	19615	22181	24355	12.02
桂林	10712.5	12908	14636	16221.5	17949	19882	22300	24552	12.58
梧州	9449.3	11361.6	13268.2	14747	16427	18239	20563	22537.1	13.22
北海	10379.7	12333.8	13989	15134.3	16798	18656	21202	23407.4	12.32
防城港	9113.2	12159.2	14363.8	16067.2	17831	19722	22203	24423.2	15.12
钦州	10040.6	12057.4	14105.7	15767.7	17356	19248	21600	23695	13.05
贵港	8937.6	10716.6	12666.2	13914.6	15531	17017	19314	21361.4	13.26
玉林	10174.7	12201.9	14155.9	15826.7	17642	19590	22171	24365.7	13.29

续表

地区	2006 年（元）	2007 年（元）	2008 年（元）	2009 年（元）	2010 年（元）	2011 年（元）	2012 年（元）	2013 年（元）	年均增长率（%）
百色	9887.3	12196.9	13168.6	14541.9	15976	17384	19561	21458.1	11.71
贺州	8619.4	11069.4	12772	14151	15802	17606	19855	21681.6	14.09
河池	8618.7	10751.7	12041.5	13368.9	14889	16448	17964	19653	12.5
来宾	10050.9	12088.8	14037	15609.5	17334	19233	21499	23563	12.94
崇左	8639.5	11069.9	12732.1	14050.5	15620	17301	19370	21288.2	13.75
最高/最低	1.3	1.2	1.2	1.2	1.2	1.2	1.3	1.3	

资料来源：根据《广西壮族自治区统计年鉴》相关年份计算得到。

图 9-3 是广西壮族自治区人均生产总值增长率与城镇居民人均收入增长率的比较，图中显示，广西壮族自治区各地级市中，大部分地区城镇居民人均纯收入年增长率均低于人均地区生产总值增长率，且差距较大。由表 9-5 和表 9-6 可以看出，只有贺州、河池两地的城镇居民人均收入增长率高于人均地区生产总值增长率，分别为 14.09% 和 12.5%，然而，贺州和河池的人均地区生产总值却是广西壮族自治区各地区中增长最为缓慢的；相比较而言，人均地区生产总值增长最为迅速的柳州、防城港，其城镇人均收入增长率则远低于地区生产总值增长率。

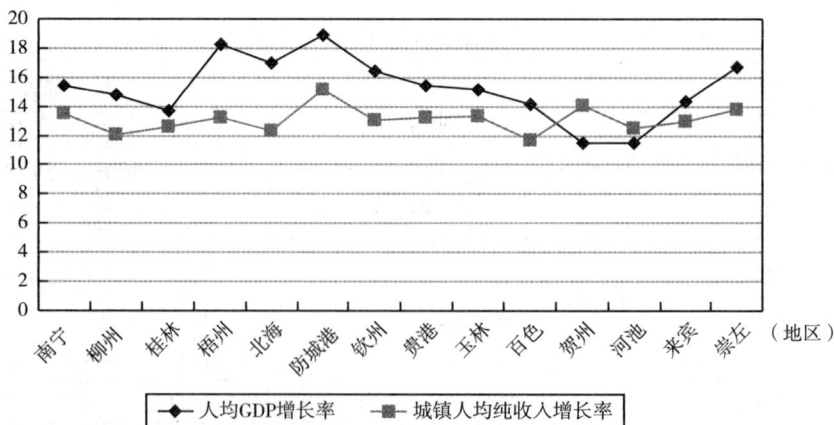

图 9-3　广西壮族自治区城镇居民收入与经济增长状况

二、广西壮族自治区农村居民收入与经济增长同步情况

表9-7是2006~2013年广西壮族自治区各地区农村居民人均收入及其增长情况。从中可看出，防城港和钦州农村居民人均收入在广西壮族自治区各地级市中一直处于较高位置，相比较而言，百色、河池农村居民人均收入则处于较低位置。2006~2013年，贵港市农村居民人均收入增长最快，年增长率达15.64%，增长最慢的是崇左市，年增长率达8.72%。

表9-7　　　2006~2013年广西壮族自治区各地区农村居民人均纯收入

地区	2006年（元）	2007年（元）	2008年（元）	2009年（元）	2010年（元）	2011年（元）	2012年（元）	2013年（元）	年增长率（%）
南宁	3033	3461.8	4001	4385.1	5005.5	5848.4	6777	7685.1	14.2
柳州	2913.5	3497.4	3956	4330.5	4934.7	5721.2	6746.5	7663	14.81
桂林	3391.2	3908	4465.5	4833.4	5487.4	6324.8	7327.6	8361	13.76
梧州	2857.2	3251.7	3854.6	4218.2	4879	5651.4	6592.1	7475.3	14.73
北海	3414.4	3845.7	4309.5	4697.1	5426.2	6248.5	7226.9	8238.6	13.41
防城港	3171.6	3791	4473.5	4929.8	5628.1	6502.4	7539.1	8556.9	15.23
钦州	3404.6	3934.3	4443.6	4843.3	5628.1	6166.8	7140.4	8054.4	13.09
贵港	2961	3471.8	4049	4504	5289.4	6257.4	7253.1	8188.7	15.64
玉林	3041.4	3536	4123	4531.1	5302	6269.4	7268.7	8272	15.37
百色	2109.7	2463.5	2819.6	3063.6	3460.9	4052.4	4773.9	5409	14.4
贺州	2681.6	3092.9	3457.8	3775.7	4297.6	4963.3	5823.4	6557.1	13.63
河池	2188	2592.3	2943.6	3183.1	3598.6	4117.9	4620.4	5198.1	13.16
来宾	2829.1	3244.9	3767	4094.1	4659.1	5382.4	6231	7085	14.01
崇左	2766.8	3290.2	3754.3	4028	4621.3	5370	6263.4	4967.5	8.72
高低收入比	1.61	1.6	1.59	1.61	1.63	1.6	1.63	1.72	—

此外，广西壮族自治区14个地级市中，农村居民人均纯收入高低收入比值基本上位于1.6左右，2013年达到最高值1.72倍，相比2006年，增长了0.13倍，说明广西壮族自治区各地级市之间农村居民人均纯收入差距有扩大的趋势。

图9－4是广西壮族自治区人均生产总值增长率与农村居民人均收入增长率的比较，图9－3显示，广西壮族自治区各地级市中，有一半地级市农村居民人均纯收入年增长率高于地区人均生产总值增长率，分别为柳州市、桂林市、贵港市、玉林市、百色市、贺州市和河池市，这表明广西壮族自治区农村居民收入近些年取得较大提升，经济发展的同时，也带动了广西壮族自治区农民收入水平的提升。

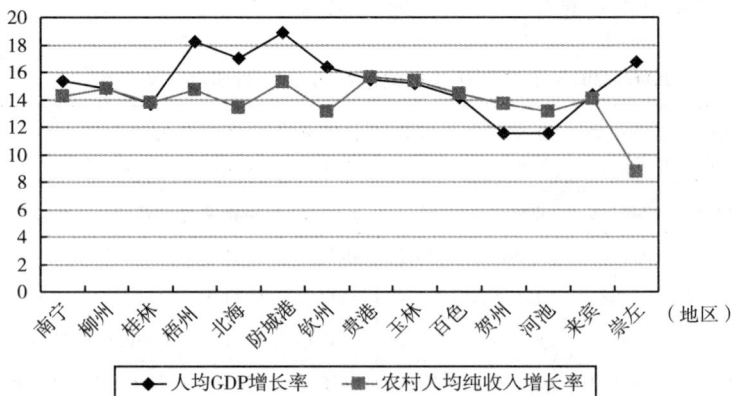

图9－4　广西壮族自治区农村居民收入与经济增长状况

综合比较表9－5可以看出，这半数地级市中，贵港市和河池市的人均地区生产总值在广西壮族自治区14个地级市中位于最低位置，然而，他们的农村居民人均纯收入却实现了与经济同步增长，与此相反，人均地区生产总值增长最快的防城港市却并未实现居民收入与经济发展的同步增长。

通过对广西壮族自治区各地级市城镇居民与农村居民人均可支配收入与经济增长的分析，我们发现，广西壮族自治区各地级市经济发展与居民收入分配同样呈现逆向变动（方向的不一致性）的特点。2006～2013年，对比广西壮族自治区人均GDP和城镇居民人均收入的增长情况，发现只有贺州、河池两地的城镇居民人均收入增长率高于人均地区生产总值增长率，分别为14.09%和12.5%，然而，贺州和河池的人均地区生产总值却是广西壮族自治区各地区中增长最为缓慢的；同样的，在对广西壮族自治区农村居民人均纯收入和地区人均生产总值进行对比后，可以发现，人均地区生产总值在广西壮族自治区14个地级市中位于最低位置的贵港市和河池市，却是实现经济发展和居民收入同步增长的城市，反之，人均地区生产总值增长最快的防城港市却并未实现居民收入与经济发展的同步增长。由此可以得出，广西壮族自治区经济发展与居民收入增长并非是同向关系，这就要求广西壮族自治区要做好居民收入的再分配，努力实现经济发展与居民收入同步增长的目标。

三、广西壮族自治区城乡居民收入与经济增长同步情况

结合图 9 - 5 综合考察广西壮族自治区各地级市城乡居民收入增长与经济增长同步情况。无论是城镇，还是农村，都实现居民收入与经济增长同步的有贺州市和河池市；而其余 12 个地级市均没有实现居民收入与经济增长的同步。

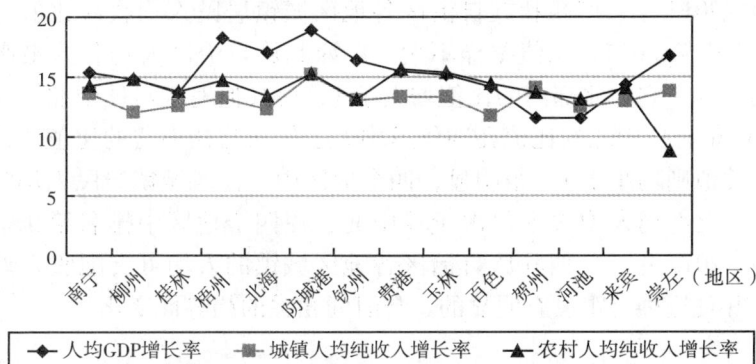

图 9 - 5　广西壮族自治区城乡居民人均收入与人均地区生产总值年增长率

进一步研究可以看出，实现同步增长的 2 个地级市，人均地区生产总值增长在广西壮族自治区 14 个地级市中均位于末尾位置，而尚未实现收入与经济同步增长的其余地级市中，多数地区不仅经济增长排名靠前，城乡居民收入也位于前列，这表明，广西壮族自治区经济欠发达地级市在实现经济发展的同时，也在努力实现居民收入的增长。

第三节　广西壮族自治区分地区城乡居民收入差距

本节参考了改革开放以来广西壮族自治区地市级行政区设置的历史变迁和《广西统计年鉴》中地区的划分方法，也考虑到各市经济发展的现状和数据处理的难度，将广西壮族自治区划分为四个区：北部湾地区、桂中北地区、桂东地区和桂西地区。北部湾地区包括南宁市、北海市、防城港市、钦州市、崇左市和玉林市。桂中北地区包括柳州市、桂林市和来宾市。桂东地区包括梧州

市、贺州市、贵港市。桂西地区包括百色市、河池市。

通过对现有数据的分析,我们以各地级市城乡人均收入和各地级市城乡人口计算得出各个地区总收入,再除以各地区总人口得到各个地区人均纯收入,通过计算各个地区人均纯收入比值,了解广西壮族自治区各地区城乡居民收入差距。

一、分地区城镇人均收入比

表9-8是对广西壮族自治区各地区城镇居民人均纯收入比值。表9-8显示,2010~2013年,广西壮族自治区各地区城镇居民人均收入比值基本上都集中在0.845~1.012,比值差异不大。广西壮族自治区人均收入最高的地区是桂中北地区,它与北部湾的比值均大于1,而其他地区与桂中北的比值则都小于1;桂东与桂中北的比值在四年里均大于桂西与桂中北的比值,而桂西与北部湾的比值则均小于1,很明显,四个地区中,桂西城镇居民人均收入处于最低位置。北部湾人均收入仅次于桂中北,在四个地区中排名第二。总体来说,2010~2013年,广西壮族自治区各地区城镇的人均可支配收入差距是比较小的,并且这种差距没有明显的、与时间相关的趋势性变化。

表9-8　　　　2010~2013年广西壮族自治区各地区城镇人均纯收入比

年份	桂中北/北部湾	桂东/北部湾	桂西/北部湾	桂东/桂中北	桂西/桂中北	桂西/桂东
2010	1.012	0.905	0.879	0.894	0.868	0.971
2011	1.009	0.901	0.868	0.893	0.860	0.964
2012	1.007	0.903	0.854	0.897	0.848	0.945
2013	1.006	0.903	0.851	0.898	0.845	0.942

二、分地区农村人均收入比

表9-9是对广西壮族自治区各地区农村居民人均纯收入比值。表9-9显示,2010~2013年,广西壮族自治区各地区农村居民人均收入比值基本上都集中在0.672~1.027,比值差异较大。广西壮族自治区人均收入较高的地区是北部湾地区和桂中北地区,人均收入最低的是桂西地区,处于中间位置的是桂东地区。表中比值显示,除了2013年的桂中北地区外,其他地区在2010~2013年与北部湾地区的比值均小于1,2010~2013年,桂东、桂中北、北部

湾三个地区的比值均大于0.9，这表明，这三个地区间的人均收入差距较小；桂西地区与其他三个地区的比值则一直处于0.67周围徘徊，可见，桂西地区与其他地区人均收入差距较大。总的来说，广西壮族自治区各地区农村居民人均收入差距较大，但这种差距仍然没有明显的、与时间相关的趋势性变化。

表9－9　　　2010～2013年广西壮族自治区各地区农村人均纯收入比

年份	桂中北/北部湾	桂东/北部湾	桂西/北部湾	桂东/桂中北	桂西/桂中北	桂西/桂东
2010	0.985	0.945	0.676	0.960	0.687	0.716
2011	0.985	0.957	0.678	0.972	0.688	0.708
2012	0.988	0.961	0.672	0.972	0.680	0.700
2013	1.027	0.990	0.693	0.965	0.675	0.699

第四节　政策建议

一、推进区域合作，整合区域资源

广西壮族自治区14个地级市除柳州外，其他城市工业化水平都不高；城市之间的经济合作与联系不强，这造成广西壮族自治区各地区间发展不均衡的现状。因此，必须统筹发展，形成合力，加快柳州、南宁、桂林等核心城市的建设，尽快形成以核心城市为增长极的区域城市经济圈；加快北海、钦州、防城港等沿海城市的建设，尽快形成以临海工业、高新技术为主的沿海经济开发区域；加快发展梧州、玉林、贵港、贺州、百色、河池、来宾、崇左等其他中心城市，尽快形成特色鲜明、涵盖齐全的轻重工业发展区域；把基础好、潜力大、区位优势和经济优势明显的县城，发展成为功能较全、设施配套且有一定辐射能力和带动作用的地域经济文化中心。要牢固树立"以人为本"的发展理念，更加重视城乡困难群体的生存和发展要求，努力消除贫困。

二、提高对外开放程度，推进产业结构调整

由前面的分析可以发现北部湾地区城乡居民收入差距较大，居民收入水平未能实现与经济的同步增长。缩小北部湾居民收入一方面要加大再分配力度，更重要的是要加快农村经济的发展。当前，广西壮族自治区北部湾经济区产业结构调整和升级面临两大难题，一是产业升级的要素短缺，主要是资金和技术

的短缺，二是产业升级的市场约束。要解决这两个难题，一个重要的途径是通过吸引外资，与外商特别是跨国公司合资合作来解决。此外，实行对内开放，加快发展国内经济技术合作交流与劳务输出，吸引东部发达地区资本、人才、品牌流向北部湾地区也是促进其产业结构调整升级的重要途径。

三、实施生态优先战略，走绿色发展之路

广西壮族自治区四大区域中，桂西经济较为落后，城乡居民收入水平最低，发展桂西经济是解决桂西地区居民收入水平差异的当务之急。良好的生态环境是经济社会可持续发展的重要条件，桂西地区虽然是经济发展水平落后的地区，但其发展不能走"先污染再治理"的老路，必须把建设桂西资源富集区的生态文明摆在更加突出的战略地位。应坚持"生态优先"的原则，大力推进资源节约型、环境友好型社会建设，加快形成节约能源资源和保护生态环境的绿色产业结构、增长方式和消费模式，在发展中保护，在保护中发展，探索一条环境保护与经济社会协同发展的新道路。

第五节　本章小结

本章通过数据比较分析，对广西壮族自治区地区间居民收入分配进行了分析研究。本章主要从广西壮族自治区各地级市城乡居民收入分配差距，广西壮族自治区各地级市城乡居民收入与经济发展同步情况及分地区广西壮族自治区城乡居民收入分配差异三方面对广西壮族自治区地区居民收入进行分析，得出如下几点结论：

1. 广西壮族自治区各地级市城乡居民收入绝对值差距扩大。广西壮族自治区各地级市城乡居民收入绝对值由 2006 年的均不足 1 万元，增长至 2013 年 14 个地级市全部超过 1 万元，最高差额达到 17132 元，2006 年绝对值最高差额只有 8088.7 元。广西壮族自治区各地级市城乡居民收入绝对值差额已逐渐扩大。

2. 广西壮族自治区各地级市城乡居民收入相对值差距缩小，且与收入负相关。比较 2006 年，2013 年，除了崇左市外，各地级市城乡居民可支配收入比值均实现了下降。2006 年，城乡之间比值较高的是百色、河池和柳州，比值分别为 4.69、3.94 和 3.78；与 2006 年相比，2013 年城乡之间比值排名前三的是崇左、百色和河池，连续名列前茅的百色市和河池市相对应的城镇居民

可支配收入则居于广西壮族自治区下游水平，同样的，城乡比值较低的城市，对应的农村居民收入则处于较高位置。广西壮族自治区城乡居民收入相对值与收入呈反方向趋势。

3. 广西壮族自治区各地级市城乡居民收入与经济发展不同步，且呈反方向变动。通过对广西壮族自治区各地级市城镇居民与农村居民人均可支配收入与经济增长的分析，我们发现，2006～2013年，广西壮族自治区有半数以上地级市人均收入年增长率低于地区人均生产总值增长率，居民收入与经济发展尚未实现同步增长。仅有的个别实现同步增长的地区，其地区生产总值在广西壮族自治区14个地级市中却处于下游位置，相反，地区经济发展较快的地级市，居民收入增长却并未实现与经济的同步增长。

4. 广西壮族自治区各地区城镇居民收入差距较小，农村居民收入差距较大。通过对广西壮族自治区2010～2013年城乡居民地区人均收入比值进行分析，发现广西壮族自治区各地区城镇居民人均收入比值基本上都集中在0.845～1.012，比值差异不大。地区农村居民人均收入比值基本上都集中在0.672～1.027，比值差异较大。2010～2013年，在广西壮族自治区的四个区域中，城乡居民收入均处于较高位置的是桂中北，处于较低位置的则是桂西地区。

第十章 广西壮族自治区行业收入差距分析

改革开放以来，广西壮族自治区各个行业的收入水平都有了显著提高，但是总体来说行业间的收入差距在不断扩大。可以说，广西壮族自治区行业收入分配从20世纪五六十年代的平均主义极端走入了收入差距悬殊的极端。本章通过对广西壮族自治区各个行业职工工资进行分析，来比较广西壮族自治区行业收入差距，并对其原因进行剖析，提出相应的政策建议。

第一节 广西壮族自治区行业收入差距测定方法的界定

一、行业划分标准

测算行业收入差距，需要首先界定一下行业的定义。一般来说，行业是指按照生产同类产品或者具有相同工艺过程或同类劳动服务划分的经济类别。行业是随着社会化大分工的发展而逐步独立出来的，我国对行业的分类经历了一个不断完善的过程。

我国行业的分类从20世纪80年代的农、林、牧、渔、水利业、工业等12个行业到90年代发展为包括采掘业、制造业等在内的16个行业，到21世纪初更进一步细分，增加了采矿业、计算机等行业，2003年《中国统计年鉴》调整了行业分类标准，将中国行业分为19大类，分别为农、林、牧、渔业；采矿业；制造业；电力、燃气及水的生产和供应业；建筑业；交通运输、仓储和邮政业；信息传输、计算机服务和软件业；批发和零售业；住宿和餐饮业；金融业；房地产业；租赁和商务服务业；科学研究、技术服务和地质勘查业；水利、环境和公共设施管理业；居民服务和其他服务业；教育；卫生、社会保障和社会福利业；文化、体育和娱乐业；公共管理和社会组织。

二、行业收入的界定

在本章关于广西壮族自治区行业收入差距的分析中，把行业职工收入限定在职工平均工资水平上。众所周知，行业的实际收入包含着各种比例的隐性收入、灰色收入等，这些都会无形中提高职工的收入水平，尤其是垄断行业，在垄断行业中权力寻租行为非常普遍，且寻租收入占职工收入的比重比较高。但是由于这些收入具有较高的隐蔽性，数据很难获得，因此本章主要用行业职工平均工资作为衡量行业收入的指标，职工平均工资指企业、事业、机关单位的职工在一定时期内平均每人所得的货币工资额，它表明一定时期职工工资收入的高低程度，是反映职工工资水平的主要指标。本章中使用的职工平均工资数据来源于《中国统计年鉴》，并将其定义为行业名义收入。这种收入界定方法比较简便，便于操作，但是也会导致我们测算出来的行业收入差距会比实际行业差距要小，测算相对保守。

三、行业收入差距的分析方法

所谓行业收入差距，是指城市中不同行业从业人员的收入差距，属于居民收入分配中的特定种类。本章采用比较分析法，对广西壮族自治区 2006～2013 年各个行业的工资收入进行比较。通过比较各个行业总体发展趋势、收入最低行业与最高行业收入差距、垄断行业与竞争性行业收入差距、垄断性行业内部收入差距，来得出广西壮族自治区目前行业收入的一般现状和发展趋势，同时，为了防止行业收入差距悬殊，造成两极分化，提出了缩小行业收入差距的政策措施。

第二节　广西壮族自治区行业收入差距分析

一、广西壮族自治区分行业城镇职工平均工资的总体变化

普遍认为，我国行业之间存在较大的收入差距，而垄断行业的过高收入则认为是收入不公的重要表现。国有垄断行业拥有丰富的资源优势，且由于不同行业存在产业分割以及垄断行业的利益保护，其垄断收益和利润很容易转化为行业内部职工的收入和福利，从而使得垄断行业的工资水平、福利待遇以及工作的稳定性均高于竞争性行业，导致行业之间收入差距不断扩大。国际上公认的行业间收入差距警戒线在 3 倍左右。近十年来，我国行业间收入分配的总趋势是向技术密集型、资本密集型行业和新兴产业倾斜，某些垄断行业的收入更高，而传统的资本含量少、劳动密集、竞争充分的行业，收入则相对较低。

为了保持统计数据的可比性，采用 2003～2013 年的数据来分析广西壮族

自治区各行业从业人员平均工资，以及最高的行业与最低的行业的工资差距。
2003～2013 年，广西壮族自治区城镇单位从业人员平均工资最低的行业是农、
林、牧、渔业（大农业），其平均工资从 2003 年的 6677 元上升到 2013 年的
23430 元，实际年均增长率为 13.38%。2003～2005 年，城镇单位从业人员
平均工资最高的行业是信息传输、计算机服务和软件业，2006～2013 年，平均
工资最高的行业是金融业，见表 10－1。

二、收入最低、最高行业职工工资的比较

通过比较不同行业从业人员工平均工资的最高值和最低值的比值，可以发
现，在 2003 年，行业收入差距为 3.27 倍，先是下降到 2005 年的最低点 2.81
倍，然后持续上升，在 2009 年有所回落之后，继续上升于 2012 年达到最高点
3.58 倍。但 2013 年又出现小幅回落，降至 3.50 倍，见图 10－1。

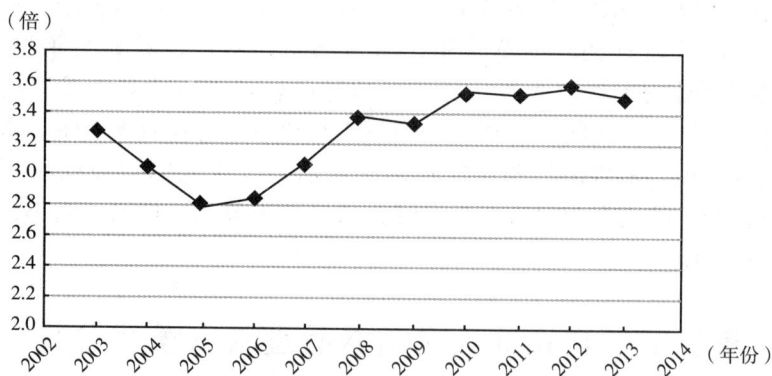

图 10－1　行业职工平均工资的最高与最低比值

三、各行业职工工资实现倍增的时间比较

从 2003～2013 年各行业职工平均工资变动情况来看，相比较于 2003 年而
言，农、林、牧、渔业，制造业，批发和零售业等大多数行业于 2008 年实现
倍增；而金融业于 2007 年就实现了倍增；电力、燃气及水的生产和供应业，
房地产业，租赁和商务服务业于 2009 年实现；信息传输、计算机服务和软件
业，住宿和餐饮业，水利、环境和公共设施管理业于 2010 年实现；居民服务
和其他服务业于 2011 年实现。各个行业实现收入倍增的时间早晚与行业平均
工资年均增长速度排名基本呈正相关。

单位:元

表 10—1　　2003～2013 年广西壮族自治区城镇单位从业人员年度平均工资

行业	2003 年	2004 年	2005 年	2006 年	2007 年	2008 年	2009 年	2010 年	2011 年	2012 年	2013 年	工资年均增长率(%)
农、林、牧、渔业	6677	7500	8703	9917	11959	13617	15397	17023	18387	19511	23430	13.38
采矿业	10927	13036	15387	17361	20909	22385	24110	28708	33527	34933	37414	13.10
制造业	10908	12573	14175	16805	19408	21181	23508	26179	30206	33317	38245	13.37
电力、燃气及水的生产和供应业	17178	19593	22148	24938	29295	33704	35386	39264	42794	46784	55724	12.49
建筑业	10270	10820	12850	15809	17963	21207	23506	27688	29311	36449	39126	14.31
交通运输、仓储和邮政业	13067	15388	17425	20201	23818	28112	30917	33697	38229	43413	49651	14.28
信息传输、计算机服务和软件业	21837	22913	24432	27096	32673	36558	39250	42633	43143	45815	58162	10.29
批发和零售业	8494	9792	11351	13133	15772	18503	22562	26093	29757	32923	37762	16.09
住宿和餐饮业	8029	8676	9930	10737	12217	13816	15692	17211	20310	24712	25500	12.25
金融业	16857	19957	23179	28118	36727	45979	51315	60153	64836	69852	82062	17.15
房地产业	12399	13849	14303	16508	19136	23481	25223	27597	29253	31776	35230	11.01
租赁和商务服务业	10082	11134	12855	14170	16287	19600	21259	25994	25081	27949	33584	12.79
科学研究、技术服务和地质勘查业	14788	18089	18800	22046	26192	30827	33162	36182	38626	40093	48101	12.52
水利、环境和公共设施管理业	9743	10177	11395	12846	14436	16189	18456	20150	21488	24268	28505	11.33
居民服务和其他服务业	12115	11288	11653	14930	15124	18582	22235	21791	24978	28566	34921	11.17

续表

行业	2003 年	2004 年	2005 年	2006 年	2007 年	2008 年	2009 年	2010 年	2011 年	2012 年	2013 年	工资年均增长率(%)
教育	10720	12135	13864	16495	20780	24374	27220	32182	32909	34339	38350	13.59
卫生、社会保障和社会福利业	13423	15127	17170	20318	24254	27399	29678	33100	37358	42778	47276	13.42
文化、体育和娱乐业	12701	15172	16614	20115	23668	28627	31565	32141	31609	36314	40389	12.26
公共管理和社会组织	13609	15095	16974	19833	25315	31166	32717	33864	34830	35777	40748	11.59
城镇单位就业人员平均工资	11569	13138	14918	17571	21251	24798	27322	30673	33032	36386	41391	13.60
高低行业平均工资比(倍)	3.27	3.05	2.81	2.84	3.07	3.38	3.33	3.53	3.53	3.58	3.50	

资料来源:根据《广西壮族自治区统计年鉴》和《中国统计年鉴》相关年份计算得到。

第三节 广西壮族自治区垄断行业与竞争性行业职工平均工资差距

就垄断行业与竞争性行业职工平均工资差距而言，尽管目前信息传输、计算机服务及软件业等高科技行业属于高收入行业，但其中的信息传输业包括我国传统的邮电通信业，也属于垄断行业，行业收入差距主要是由电力、电信、金融等垄断行业与竞争性行业之间的收入差距所导致的，因此，垄断行业与竞争性行业职工平均工资差距的变化尤其值得引起重视。

比较了广西壮族自治区金融业，电力、燃气及水的生产和供应业，以及信息传输、计算机服务和软件业与制造业之间从业人员平均工资的收入差距。我们将制造业从业人员平均工资作为参照基准，计算出金融业，电力、燃气及水的生产和供应业，以及信息传输、计算机服务和软件业从业人员平均工资与制造业从业人员平均工资的比值，见图 10 - 2。

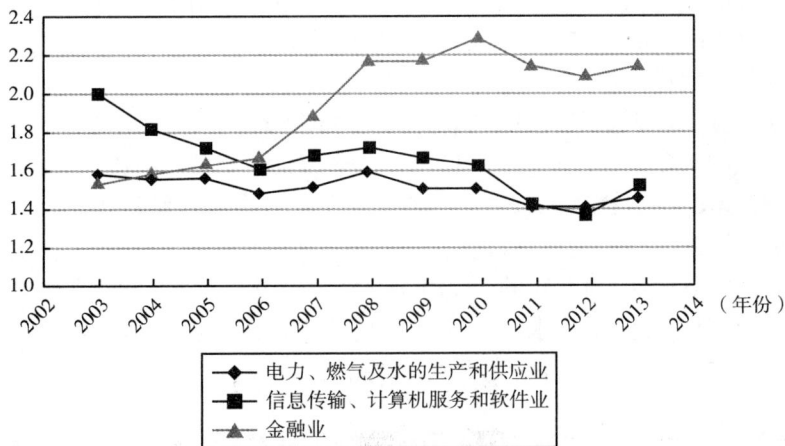

图 10 - 2 广西壮族自治区垄断与竞争性行业从业人员平均工资差距（制造业为 1）

总体来看，广西壮族自治区电力、燃气及水的生产和供应业与制造业的平均工资差距下降较快，信息传输、计算机服务和软件业与制造业之间的平均工资差距也呈现下降变化，二者的变化趋势基本一致。2003～2006 年，它们与制造业从业人员平均工资差距呈逐步缩小的趋势，特别是信息传输、计算机服务和软件业与制造业之间的收入差距迅速缩小，平均工资差距由 2003 年的 2

倍下降到 2006 年的 1.61 倍；2006～2008 年，它们与制造业从业人员平均工资的差距又不断增加，其中广西壮族自治区电力、燃气及水的生产和供应业为制造业的 1.59 倍，达到最大值；2008～2012 年，它们与制造业从业人员平均工资的差距则又不断缩小，并达到各自的最小值，其中，广西壮族自治区电力、燃气及水的生产和供应业为制造业的 1.40 倍，信息传输、计算机服务和软件业为制造业的 1.38 倍。不过，在 2013 年，两者对制造业的差距又开始有所增大。至于广西壮族自治区金融业，2003～2013 年，从业人员平均工资年均增长率达到了 17.15%，为所有行业中的最快增长速度，这也使得金融业与制造业的平均工资差距一直比较大。2003～2010 年，金融业与制造业从业人员平均工资的比值不断上升，在 2010 年达到最大值 2.30 倍，随后连续下降，在 2012 年变为 2.10 倍，不过，在 2013 年又表现出上升趋势，增加到了 2.15 倍。

第四节　广西壮族自治区垄断行业内部收入差距分析

为了更加深入地分析广西壮族自治区收入差距，我们比较了垄断性行业内部不同行业之间的收入差距，在表 10-2 中，我们选取了电力、燃气及水的生产和供应业，信息传输、计算机服务及软件业，金融业这三个垄断行业。可以看出，电力业从业人员年度平均工资从 2006 年的 24938 元增长到 2013 年的 55724 元，年增长率 12.17%，信息传输业从 2006 年的 27096 元增长到 2013 年的 58162 元，年增长率 11.53%，这两个行业的收入差距较小，增长幅度也相差无几。但是同样作为垄断性行业的金融业却和它们相差甚远，从表 10-2 可以看出，金融业从 2006 年的 28118 元增长到 2013 年的 82062 元，年增长率 16.53%，不管是行业平均水平，还是年增长率都远远高于另外两个行业。这在图 10-3 中，可以更加清晰地反映出来。

表 10-2　　　　　2006～2013 年垄断行业内部收入差距　　　　单位：元

行业	2006 年	2007 年	2008 年	2009 年	2010 年	2011 年	2012 年	2013 年	年增长率（%）
电力、燃气及水的生产和供应业	24938	29295	33704	35386	39264	42794	46784	55724	12.17
信息传输、计算机服务和软件业	27096	32673	36558	39250	42633	43143	45815	58162	11.53
金融业	28118	36727	45979	51315	60153	64836	69852	82062	16.53

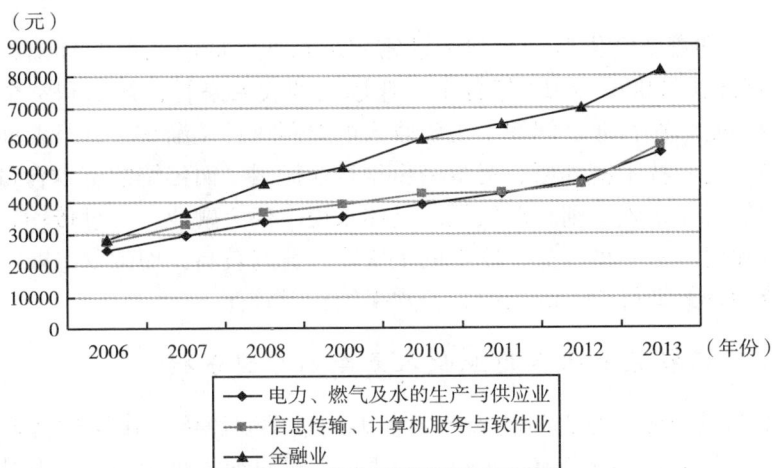

图 10 – 3　2006 ~ 2013 年垄断行业内部收入差距

第五节　广西壮族自治区行业收入差距的现状、原因与政策建议

一、广西壮族自治区行业收入差距的现状

1. 垄断性行业与竞争性行业之间差距过大。垄断性行业职工的收入远远高于竞争性行业职工的收入。垄断行业就是指在市场经济活动中，依靠或者借助行政权力来占有社会资源，排除其他竞争者来获取超出一般行业的超额利润，并在此基础上让员工享受高工资、高福利的行业。从上文的分析中可以看出，在广西壮族自治区，收入水平比较高的都是像金融、电信、电力等具有垄断色彩的行业，收入较低的都是像农、林、牧、渔业以及制造业等竞争性行业。垄断行业收入畸高是导致行业间收入差距过大的主要原因，也是引起社会非议最大的诱因。

2. 新兴行业与传统行业之间职工的收入差距较大。新兴行业职工的收入水平高、增长快。新兴行业中，由于集体、合营、个体、私营、中外合资等企业经营灵活，税赋低，加上管理和调节机制上的漏洞，获得了较多的利润，留利比例也大，其职工收入比传统的国有企业职工高得多。在广西壮族自治区，像科学研究等朝阳行业，技术附加值高，市场潜力大，经济效益好，人均收入也就多，而像批发、零售等传统行业，技术附加值低，经济效益差，人均收入则低。

3. 知识和资金密集型行业与劳动密集型行业之间收入差距逐渐扩大。从广西壮族自治区 2006～2013 年各个行业职工的收入来看，知识和资金密集型行业与劳动密集型行业之间职工工资收入的差距正在逐渐扩大，行业间收入分配总的趋势是向技术密集型、资本密集型行业倾斜，而传统的资本含量少、劳动密集型的行业，收入则相对较低。具体来说，像金融业、信息传输、科学传输等智力和资金密集型行业，职工的工资收入普遍较高，而像制造业、农林牧渔业等劳动密集型行业，职工的工资水平则相对较低。

二、广西壮族自治区行业收入差距的原因分析

1. 垄断是造成行业之间收入差距扩大的最主要原因。在导致行业间收入差距不断扩大的众多因素中，垄断是最主要、最显而易见的因素，尤其是行政垄断和自然垄断作用更甚。行政性垄断和自然垄断会引发极大的行业收入差距，已经成为我国当前一个严肃的社会问题。概括而言，垄断主要通过以下几个方面影响行业收入差距。

首先，垄断影响行业间的收入分配。垄断行业具有较大的市场势力，这会导致垄断行业与竞争性行业生产利润率的差异。从广西壮族自治区 2006～2013 年各个行业职工平均工资水平的统计数据来看，人均收入排名比较靠前的大多是垄断行业，如电力、燃气及水的生产和供应业，信息传输、计算机服务及软件业和金融业，而人均收入排名靠后的行业均是竞争性行业，如说农、林、牧、渔业以及制造业等竞争性行业。这些行业之间收入水平的巨大差异又反过来成为抑制资源流动与竞争、强化垄断的动力，造成新的收入机会的不平等。

其次，垄断势力竞争力小，倾向于向职工分配利润。与竞争性行业相比，垄断性行业市场地位大，竞争力小，故在利润分配上有更强的向职工倾斜的倾向。垄断性企业获得垄断利润后，大多会以提高企业员工的职务工资或者隐性福利收入的方式分配给员工，这就拉大了垄断性行业与竞争性行业的收入差距。

最后，垄断行业内部也存在巨大的收入分配差距。垄断企业内部普通员工之间以及领导阶层之间工资收入差距不大，但是根据岗位级别和职位分配的奖金、津贴差异非常显著，这就使得行业内部员工与领导阶层收入差距非常大。

2. 行业本身的差别。我们知道，市场上存在着完全竞争、不完全竞争，

寡头垄断等多种形式的市场结构，不同市场结构存在着很大的差异；行业之间工作性质、工作特点、工作要求等也存在着较大差异；行业工种之间的差别，如劳动强度不同、危险性不同及给予人的不适感不同。这些差异都会导致行业间职工工资水平有所差异。

影响行业间职工收入差距的一个主要因素是行业劳动生产率。不同行业的劳动生产率不同，职工的平均工资收入肯定是有差距的，由于劳动生产率的差异主要体现在技术水平的差异上，所以不同行业之间的工资差异主要来源于各个行业职工的技术水平的差异。因此，高技术水平行业的职工平均工资要高于低技术水平行业的职工平均工资，技术密集型行业和资本密集型行业的职工平均工资均高于劳动密集型行业的职工平均工资。

此外，不同行业的职工受教育程度的不同也能够造成行业间职工工资水平的巨大差异。职工受教育程度高的行业，收入溢出大，对人力资本要求越高的行业，职工所处的工作环境以及影响效率提高的环境也就越好，职工工资水平会越好。也就是说，各个行业劳动效率所能达到的最优点是不同的，使各个行业达到最有效率的工资也就自然会有所不同。

3. 市场机制不完善导致行业收入差距扩大。广西壮族自治区不同行业间收入差距拉大，与省内市场机制本身及市场发育的不完善有很大的关系。我们都知道，资本和劳动力的自由流动是实现资源优化配置、均化不同行业和企业间利润率的一个必要前提，但是目前广西壮族自治区资本市场发育不完善，对资源配置的调节作用十分有限。无独有偶，劳动力的流动也仍然受到很大限制，例如，一些垄断行业限制个人资本的进入，导致这些垄断型行业的垄断利润非常高，也就导致了垄断行业与非垄断行业间巨大的收入差距。

三、行业收入差距悬殊的负面效应

从对广西壮族自治区的行业收入差距的分析可以看出，有些行业职工工资水平很高的原因在于这些行业拥有较高的人力资本和较高的劳动生产率。此外，新兴行业与传统行业、知识密集型行业与劳动密集型行业之间职工工资收入也存在差距，这些差距有一部分是正常的、合理的，是应该得到我们认可的。不同行业间职员所受的教育程度不同、从业风险不同，收入水平不同也是情理之中。此外，当前一些新兴行业职工的收入比较高，但伴随着高收入的是新兴行业密集的知识、技术、资金以及高增加值和高风险、高劳动强度。同时，这些行业也是率先实行诸如住房等福利货币化的行业，到这些行业就业，先期付出的成本高，所以，对这些行业的高工资收入应当予以肯定。所以，近年来收入分配开始向科学技术含量高的行业倾斜则是正常现象，应当予以充分鼓励。

故此，从实践的角度来看，合理的行业收入差距符合经济学规律，一定的收入差距可以带动行业的不断进步和经济的快速发展。但行业收入差距应该是人们可以接受的合理范围内，过大的收入差距会弱化基础产业，限制低收入产业的发展，造成社会贫富悬殊，不利于社会的和谐稳定。

1. 行业间收入差距过大，会引起社会动荡。随着当前广西壮族自治区各个行业收入差距的不断拉大，相对贫困者日渐增多。不患寡而患不均，相对贫困是一个不容忽视的社会问题，它是工业文明时代贫穷的主要特征，也是导致社会不公和由此引起人民不满、社会动荡的主要原因。目前来说，低收入阶层即相对贫困者，对现阶段收入差距不断扩大的承受力已经比较脆弱，不满情绪也在与日俱增，这个时候行业间收入差距拉大会加剧弱势群体对收入分配不公现象的不满，我们应该深刻地认识到行业间收入差距的不断拉大已经成为损害我国社会稳定的重要因素。

2. 行业间收入差距过大，不利于社会资源的合理分配。在不存在垄断、行政干预，市场能充分发挥资源配置作用的情况下，社会资源会向着更具竞争力、更有市场前景的行业、部门转移，市场经济是可以实现资源的合理、优化配置的。然而，从广西壮族自治区目前的实际情况看，行业职工工资收入排名比较靠前的行业，一般都是受到政府特别关照的行业及垄断行业，这些行业由于地位特殊，一般来说都有着高利润、高收入。高利润、高收入就预示着低风险、强吸引力。所以这些行业可以得到来自社会各方面的特别关照，在市场竞争中处于十分有利的位置，人才、资金、资源等也会进一步涌向这些行业。过大的、不合理的行业间收入差距会对资源配置效率的提高产生负面效应。一方面，在消费边际效用递减的作用下，过大的行业间收入差距会使经济资源达不到最优配置状态；另一方面，少数高收入者会出现奢侈性消费，从而使很多的经济资源被用来为少数人生产奢侈品，导致社会经济资源配置效率的劣化。使社会资源的分配越来越不公平、越来越不合理。行业间的收入差距过大会影响社会资源、人力资源的合理配置，催生人际歧视、单位歧视、行业歧视，从而降低整个社会的和谐度和生产力。

3. 行业间收入差距过大，会诱发腐败现象的发生。行业间的收入差距过大，会诱使高收入行业职工滋生腐败，比如说垄断行业职工凭借垄断地位，利用职位便利，以权谋私。一些想进入垄断行业的人则会寻租，这些都是我们不愿看到的。所以，行业间过大的收入差距不利于社会良好风尚的形成，不利于社会主义和谐社会的建立。

四、缩小行业不合理收入差距的政策选择

通过以上分析可知，行业收入差距悬殊会对社会产生很大的负面效应，因此我们有必要采取行之有效的措施，来缩小不合理的行业收入差距。行业垄断程度、行业人力资本水平、行业劳动生产率的差异是造成广西壮族自治区各个行业职工收入差异的主要因素。因此，我们可就如何有效和规范地缩小广西壮族自治区不合理的行业间职工收入差距问题提出几点建设性建议和措施。

1. 充分发挥市场机制的作用，打破行业垄断。从以上分析可知，垄断是造成广西壮族自治区行业间职工工资收入差距悬殊的重要原因，因此我们可以通过在广西壮族自治区引入竞争来打破行业垄断，推动行业间公平竞争。具体来说，对于垄断所带来的不合理的行业收入差距，一方面，对自然垄断性行业要最大限度地引入竞争；另一方面，对非自然垄断行业，要尽快清除各种市场准入壁垒，允许各种所有制企业公平地进入、退出，公平地开展竞争。我们可以考虑采取的措施包括：转变政府职能，促进政府管制的公开透明，提高管制效率，建立激励性管制机制，扩大自由竞争的覆盖面；加快建立现代企业制度，实现产权多元化，引入市场竞争机制；加强对国有垄断企业职工工资福利的监督和管理，完善并严格实行工资总额控制制度，坚决取缔各种不合理、不合法的工资外收入等。

2. 处理好政府与市场的关系。党的十八届三中全会通过的《中共中央关于全面深化改革若干重大问题的决定》指出："经济体制改革是全面深化改革的重点，核心问题是处理好政府和市场的关系，使市场在资源配置中起决定性作用和更好发挥政府作用。"从本质上说，行政垄断代表的是一种体制现象，它是计划经济体制改革不彻底并在这些行业延续的体现，同时也表明了政府职能未发生根本性的转变。缩小行业间职工工资收入差异，处理好政府与市场的关系，具体来说，就是要对政府角色进行重新定位，转变政府职能，做到更加尊重市场规律，更好地发挥政府作用。在以后阶段，政府要充分发挥市场在资源配置方面的决定性作用，同时要充分发挥政府宏观调控的作用，加强对垄断行业的管制，推动行业的公平竞争。

3. 建立完善的劳动力市场。广西壮族自治区行业间职工工资收入差距悬殊，与广西壮族自治区劳动力市场存在的严重分割现象密切相关，这在国有垄断行业普遍存在的就业寻租现象中可以看出。国有垄断行业就业方面的寻租现象非常普遍，许多工作岗位不是靠学历和能力就能得到的，而是需要通过一定的关系和贿买才能获得，这已经成为一个公开的秘密。如此一来，垄断行业很多岗位并没有匹配具备相对更为适宜劳动能力的人员，导致了垄断行业劳动效率不高。打破类似的人事招聘黑箱，虽然表面上不会有效抑制广西壮族自治区行业职工工资收入差距的扩大，但是却体现了对劳动能力的合理回报，赋予了行业职工工资收入差距更多的公平内涵，事实上等于缩小了非合理部分的行业间职工工资收入差距。

因此，要缩小广西壮族自治区行业间职工工资收入差距，我们需要尽快建立完善的劳动力市场，促进劳动力自由流动。伴随着劳动力市场的完善，我们还需要不断推进以劳动力市场为中心的就业制度、劳动制度、工资制度和社会保障制度的改革。

4. 提高行业人力资本水平。不同行业间人力资本水平的差异是造成广西壮族自治区行业间职工工资收入差距扩大的另一重要因素，行业间人力资本水平代表的是行业内职工的受教育水平。因此，缩小广西壮族自治区行业间职工工资收入差距，需要大力发展教育，提高国民素质。具体来说，可以考虑采取的措施包括：加强义务教育，提高教学质量；改善低收入人群的教育状况，增加其受教育的机会，提高人均人力资本存量，进而增强他们的收入和就业竞争力；加强对低收入行业的人员培训，重视对下岗失业人员的技能培训，增强其再就业能力等。

5. 提高行业劳动生产率。行业劳动生产率是一个行业在市场中投入与产出的综合反映，行业劳动生产率越大，行业产出相对越高，职工个人从行业获利中分享的利润越多。可以考虑通过两条途径来提高行业的劳动生产率：一是尽量扩大产出；二是在产出相对固定的情况下，减少投入。可以考虑采取的措施包括：对人员进行合理地组织和配置，提供合理的薪酬，实施激励机制；引进先进设备、强调技术工艺创新、学习国际国内成功经验，以发掘劳动生产率的增长潜力等。

第六节　本章小结

1. 2003~2013 年，广西壮族自治区城镇单位从业人员平均工资最低的行业是农、林、牧、渔业（大农业），其平均工资从 2003 年的 6677 元上升到 2013 年的 23430 元，实际年均增长率为 13.38%。信息传输、计算机服务和软件业和金融业的从业人员平均工资则相对较高。

2. 广西壮族自治区电力、燃气及水的生产和供应业，以及信息传输、计算机服务和软件业与制造业之间从业人员平均工资差距的变化趋势基本一致。2003~2006 年，它们与制造业从业人员平均工资差距呈逐步缩小的趋势，特别是信息传输、计算机服务和软件业与制造业之间的收入差距迅速缩小。而金融业与制造业的从业人员平均工资差距则呈现大幅扩大的变化趋势。

3. 对于以电力、燃气及水的生产和供应业，信息传输、计算机服务及软件业，金融业这三个垄断行业而言，电力业从 2006 年的 24938 元增长到 2013 年的 55724 元，年增长率 12.17%，信息传输业从 2006 年的 27096 元增长到 2013 年的 58162 元，年增长率 11.53%，这两个行业的收入差距较小，增长幅度也相差无几。但金融业从 2006 年的 28118 元增长到 2013 年的 82062 元，年增长率 16.53%，不管是行业平均水平，还是年增长率都远远高于另外两个行业。

4. 行业垄断程度、行业人力资本水平、行业劳动生产率的差异是造成广西壮族自治区各个行业职工收入差异的主要因素。建议采取以下措施：充分发挥市场机制的作用，打破行业垄断；处理好政府与市场的关系；培育完善的劳动力市场；提高行业人力资本水平和行业劳动生产率等措施来缩小广西壮族自治区行业不合理的收入差距。

第十一章 广西壮族自治区城乡居民
收入倍增问题研究

第一节 引 言

刚刚结束的十八届五中全会，再次提出"两个翻番"，即在经济保持中高速增长，在提高发展平衡性、包容性、可持续性的基础上，到 2020 年国内生产总值和城乡居民人均收入要比 2010 年翻一番，并将其列为全面建成小康社会新的目标要求之一。此次全会还提出，要缩小收入差距，坚持居民收入增长和经济增长同步、劳动报酬提高和劳动生产率提高同步，健全科学的工资水平决定机制、正常增长机制、支付保障机制，完善最低工资增长机制，完善市场评价要素贡献并按贡献分配的机制。其实，早在党的十八大报告中就曾专门提出，要在转变经济发展方式取得重大进展，发展平衡性、协调性、可持续性明显增强的基础上，到 2020 年实现国内生产总值和城乡居民人均收入比 2010 年翻一番。十八届五中全会上再次重申"两个翻番"目标，有力地彰显了党中央对于收入分配改革问题的空前重视。这也为广西壮族自治区地方政府正在积极推行的"收入倍增"计划赋予了全新的历史意义。

改革开放 30 多年以来，我国经济飞速发展，并取得了显赫的成就，人民生活水平更是上了一个新台阶。但是，受我国非均衡经济发展战略的影响，国民经济增长与人民收入增长之间出现了严重的失衡，成为我国经济进一步发展的瓶颈。于是，广西地方政府于 2013 年 2 月根据中央的政策精神提出了"收入倍增"计划，出台了《广西壮族自治区人民政府关于印发广西城镇居民人均可支配收入倍增计划的通知》、《广西壮族自治区人民政府关于印发广西农民人均纯收入倍增计划的通知》等文件。基于区情的考虑，广西壮族自治区当时提出的城镇居民收入倍增计划的目标是：扣除物价上涨因素，2012～2020 年，广西壮族自治区城镇居民人均可支配收入年均实际增长 8.9%，略高于全国平均水平。到 2020 年，按当年价广西壮族自治区城镇居民人均可支配收入达 5. 14 万元，比 2010 年翻 1. 59 番；按 2010 年不变价达到 3. 82 万元，比 2010 年翻 1. 16 番。广西壮族自治区当时提出的农村居民收入倍增计划的目标是：2012～2020 年，努力实现全区农民人均纯收入年均实际增长 10. 3%，略高于全国平均水平；到 2020 年，按当年价全区农民人均纯收入达 1. 67 万元，比 2010 年翻 1. 88 番；按 2010 年不变价达到 1. 18 万元，比 2010 年翻 1. 38 番，确保达到全国平均水平，与全国同步全面建成小康社会。

随着中央政府对"两个翻番"问题的日益重视，可以预见各个地区均会积极采取相应对策和措施推行"收入倍增"计划。为了做好"收入倍增"规划，出台有效政策措施，首先必须对各个地区能否在 2020 年实现收入倍增进行预测。具体到广西壮族自治区而言，近十多年来，广西壮族自治区经济持续高速增长，经济增速已处于全国中等偏上水平。但由于广西壮族自治区经济增长主要依赖投资拉动，投资与消费比例关系失衡，经济增长速度快和城乡居民收入增长慢的矛盾凸显。为谱写好中国梦的广西壮族自治区篇章，加快实施居民收入倍增计划，保障经济增长与居民收入增长协调发展，使人民切实享受到经济发展带来的美好成果，成为当前实现"中国梦"的重要举措和迫切任务。当下，中国经济进入"新常态"，经济增速下滑压力不断增大。在这一宏观背景之下，广西壮族自治区居民"收入倍增"能否如期实现？下面将尝试预测广西壮族自治区居民"收入倍增"目标实现的可能时间，以期为广西壮族自治区居民收入倍增计划实施策略的及时调整提供决策参考。

第二节　灰色预测模型概述

1982 年，我国学者邓聚龙教授提出了灰色系统理论，并首先建立了 GM（1，1）灰色预测模型。邓聚龙教授将一切随机量都视为是在一定范围内变化的灰色量，通过采取生成方式的数据处理新方法，利用连续的灰色微分模型，从而对系统的发展变化进行全面观察分析，并开展长期预测。其中，数据的生成方式主要有累加生成、累减生成和映射生成。数据的生成处理通常只需要依据少量的原始数据，就可以从表面上杂乱无章的现象中发现内在规律性，可以完全避开十分复杂的数据统计规律性，一种就数寻找数的奇妙方法。目前，常用的预测方法有很多种，比如回归分析法、指数平滑法、移动平均法和人工神经网络等。灰色预测模型以"部分信息已知，部分信息未知"，"小样本、贫信息"的不确定性系统为研究对象，凭借预测所需的数据较少、不需要考虑分布规律、预测精度较高的自身优势，在物流需求、城市供水、农业、气象、地质灾害等领域获得了广泛应用，并取得了令人满意的结果。

一、灰色预测 GM（1，1）模型

灰色预测 GM（1，1）模型由一个包含单变量的一阶微分方程所构成，是灰色预测的基础和核心。它以"小样本"、"贫信息"的不确定信息为对象，对数据及其分布的限制要求小，不但可以获得精度较高的预测结果，而且可以进行长期预测。灰色预测模型的建模过程，简单而言就是通过一定方法（实践中常常采用累加生成方式，符合能量系统的变化规律）对原始的数据序列进行处理，以得到规律性较强的生成数列；然后对生成数列进行建模，拟合得到微分方程；接下来对由生成数列模型求解的数据进行逆处理，得到还原模型；最后再由还原模型得到预测模型。该模型的建立过程如下：

设原始非负序列为 $X^{(0)} = \{x^{(0)}(1), x^{(0)}(2), x^{(0)}(3), x^{(0)}(4), \cdots, x^{(0)}(n)\}$，对该序列作一阶累加生成序列 $X^{(1)}$，$X^{(1)} = \{x^{(1)}(1), x^{(1)}(2), x^{(1)}(3), x^{(1)}(4), \cdots, x^{(1)}(n)\}$，其中，$X^{(1)}(k) = \sum_{i=1}^{k} x^{(0)}(i)(k = 1,2,\cdots,n)$。

可以通过如下微分方程来近似描述新数列 $X^{(1)}$ 的变化规律：

$\frac{dx^{(1)}}{dt} + ax^{(1)} = b$，其中 a 为发展系数，b 为灰色作用量，均为待定参数。

然后利用最小二乘法求解参数 a，b：

$$\hat{a} = \binom{a}{b} = (B^T Y)^{-1} B^T Y \qquad (11-1)$$

其中：

$$Y = \begin{bmatrix} x^{(0)}(2) \\ x^{(0)}(3) \\ \vdots \\ x^{(0)}(n) \end{bmatrix}$$

求解灰色预测的离散时间响应函数：

$$\hat{x}^{(1)}(k+1) = \left[X^{(0)}(1) - \frac{b}{a} \right] e^{-ak} + \frac{b}{a}, k = 1,2,3,\cdots,n \qquad (11-2)$$

最后对预测值进行还原，即为原始数列的灰色预测值：

$$\hat{x}^{(0)}(k+1)=\hat{x}^{(1)}(k+1)-\hat{x}^{(1)}(k)=(1-e^{a})\left[x^{(0)}(1)-\frac{b}{a}\right]e^{-ak},k=1,2,3,\cdots,n$$

$$(11-3)$$

不过，需要说明的是，GM（1，1）模型一般只适用于符合灰指数率的离散数列。为了保证 GM（1，1）建模方法的可行性，要求已知的离散数据必须为光滑离散函数。因此，在建模前需要对原始数列做 GM（1，1）建模可行性判断。判断的标准一般为原始数列的级比（即前一数据除以其相邻后一数据）都必须落在可行区间（$e^{-2/(n+1)}$, $e^{2/(n+1)}$）内。只有级比都落在可容覆盖内的离散数据才可以建立 GM（1，1）模型，并可以进行灰色预测。否则，需要对原始数据进行开 n 次方或取 n 次自然对数或平移处理，使数列的级比落在可行区间（$e^{-2/(n+1)}$, $e^{2/(n+1)}$）内。

二、灰色预测 GM（1，1）模型的改进：新陈代谢模型

前面介绍的灰色预测 GM（1，1）模型属于传统灰色预测模型，有时也被称为常规 GM（1，1）模型。该模型既包含了线性回归又包含了幂级数回归的内容，所以优于一般的线性回归、指数平滑等预测方法。不过，该模型的建模序列只考虑了现实时刻之前的全体数据，而随着时间的推移，未来的一些扰动因素会不断地对系统产生影响。因此，用这种模型进行预测时，精度较高的仅仅是最近的几期数据，越往远期发展，该模型的预测意义就越弱。为了弥补这一缺陷，人们便引入了新陈代谢 GM（1，1）模型。

用新陈代谢 GM（1，1）模型进行预测时，不是建立一个模型一直预测下去，而是由已知数列建立的 GM（1，1）模型预测一个值，然后把这个预测值补加到已知数列中，同时去掉最早期的一个数据，保持数列等维。接着再建立 GM（1，1）模型，预测得到下一个数据，并将其补加到数列中，同时去掉最早期的一个数据。如此反复新陈代谢，逐个预测，依次递补，直到完成预测目标为止。新陈代谢 GM（1，1）模型通过引入新的信息替换原始信息，建立新的数据序列，改变模型的初始条件，再计算出新的待估参数，得出预测结果，可以使预测数据的精度进一步提高。它一方面继承了常规 GM（1，1）模型仅利用少量数据，就能获得较高预测精度的优点；另一方面又能够及时将相继不断进入系统的扰动因素考虑进去，反映出数据的变化趋势，克服了传统 GM

（1，1）建模的不足。

三、模型的检验

模型的预测结果是否科学、可靠，必须经过检验才能判定。传统 GM（1，1）模型和新陈代谢 GM（1，1）模型的检验方法是相同的，最常用的模型检验方法是残差检验法、后验差检验法。

1. 残差检验法。残差检验法是根据相对误差指标来检验灰色预测模型的预测精度。检验过程如下：

设原始序列为：$X^{(0)} = \{x^0(1), x^{(0)}(2), x^{(0)}(3), x^{(0)}(4), \cdots, x^{(0)}n\}$，对应的预测模型模拟序列为：$\hat{X}^{(0)} = \{\hat{x}^{(0)}(1), \hat{x}^{(0)}(2), \hat{x}^{(0)}(3), \hat{x}^{(0)}(4), \cdots, \hat{x}^{(0)}(n)\}$，残差序列为：$\varepsilon^{(0)} = \{x^{(0)}(1) - \hat{x}^{(0)}(1), x^{(0)}(2) - \hat{x}^{(0)}(2), \cdots, x^{(0)}(n) - \hat{x}^{(0)}(n)\}$。

相对误差序列为：$\Delta = \{\Delta_1, \Delta_2, \cdots, \Delta_n\}$，其中，$\Delta_k = \left| \dfrac{\varepsilon_k^{(0)}}{x^{(0)}(k)} \right| \times 100\%$，为 k 点的模拟相对误差。模拟序列的平均相对误差为：$\bar{\Delta} = \dfrac{1}{n-1} \sum\limits_{k=2}^{n} \Delta_k$。由于在对原始数列进行累加生成处理的时候，累加生成数列的第一项即为原始数列的第一项，因此，在灰色模型的预测计算中，模拟序列中第一项即为原始序列第一项值，并不属于预测得出。于是，在计算残差、相对误差时均是从第二项开始计算，与此相应，平均相对误差也是从第二项即 $k=2$ 开始计算。关于平均相对误差所代表的精度等级，通常采用表 11-1 所示的等级标准来进行判断。一般而言，在预测模型合格的前提下，平均相对误差 $\bar{\Delta}$ 值越小，预测的精度就越高。

表 11-1　　　　　灰色预测 GM（1，1）模型平均相对误差精度等级

精度等级	一级（优）	二级（良好）	三级（合格）	四级（不合格）
平均相对误差临界值	0.01	0.05	0.1	0.2

2. 后验差检验法。后验差检验法是根据均方差比值（C）和小误差概率（P）两个指标来共同评定模型的精度。检验的基本方法如下：

设 $X^{(0)}$ 为原始序列，$\hat{X}^{(0)}$ 为 GM（1，1）模型模拟序列，$\varepsilon^{(0)}$ 为残差序列，则 $\bar{x} = \dfrac{1}{n} \sum\limits_{k=1}^{n} x^{(0)}(k)$ 为 $X^{(0)}$ 的均值；$S_1^2 = \dfrac{1}{n} \sum\limits_{k=1}^{n} [x^{(0)}(k) - \bar{x}]^2$ 为原始序列 $X^{(0)}$

的方差；$S_2^2 = \dfrac{1}{n} \displaystyle\sum_{k=1}^{n} \left[\varepsilon^{(0)}(k) - \bar{\varepsilon} \right]^2$ 为残差序列 $\varepsilon^{(0)}$ 的方差，其中 $\bar{\varepsilon} =$

$\dfrac{1}{n} \displaystyle\sum_{k=1}^{n} \varepsilon^{(0)}(k)$ 为残差序列 $\varepsilon^{(0)}$ 的均值。于是，均方差比值 $C = \dfrac{S_2}{S_1}$，一般要求

$C < 0.35$，最大不超过 0.65；小误差概率 $P = p\left[\left| \varepsilon(k) - \bar{\varepsilon} \right| < 0.6745 S_1 \right]$，其中，$p = m/n$（$m$ 为小于上述条件的个数），小误差概率 P 越大预测模型的精度越高，P 不得小于 0.7。

按照均方差比值（C）和小误差概率（P）两个综合指标判断预测模型精度的规则是：均方差比值（C）越小、小误差概率（P）越大，则预测模型的精度越高。通常根据均方差比值（C）和小误差概率（P）将模型的精度分为四个等级，如表 11 - 2 所示。如果所建立的模型满足后验差检验要求，即可视为模型合格。

表 11 - 2　　　　　　　　　**模型预测精度参照等级**

预测精度等级	均方差比值 C	小误差概率 P
1 级（优秀）	$C \leqslant 0.35$	$P \geqslant 0.95$
2 级（合格）	$0.35 < C \leqslant 0.5$	$0.8 \leqslant P < 0.95$
3 级（勉强合格）	$0.5 < C \leqslant 0.65$	$0.7 \leqslant P < 0.8$
4 级（不合格）	$C > 0.65$	$P < 0.7$

第三节　广西壮族自治区城镇居民可支配收入预测

城镇居民可支配收入是综合反映城镇经济发展变化和居民生活水平的指标。学者们通常会选择 GDP、就业率、个人所得税、消费价格指数、住房价格等指标来进行相关分析预测。其实，城镇居民可支配收入的影响因素十分复杂，是一个多因素、多层次的复杂系统。它既会受到过去的经济基础条件影响，还会受到当年的宏微观经济环境、收入分配政策等因素的影响，某些影响还会带有很强的不确定性。因此，对于城镇居民可支配收入采取传统的回归模型或时间序列模型进行预测可能无法全面刻画和反映系统的非线性、不确定性关系，从而在一定程度上会造成预测误差的加大，预测效果不佳。考虑到影响城镇居民可支配收入的因素中，还可能包括某些未知、未确知的信息，可以将

其视为一个灰色系统，运用灰色相关理论进行城镇居民可支配收入水平的预测。

根据灰色系统理论，我们可以不去研究广西壮族自治区城镇居民可支配收入系统的内部因素及相互关系，而是把受各种因素影响的广西壮族自治区城镇居民可支配收入视为在一定范围内变化的与时间有关的灰色量，从其自身的数据列中挖掘有用信息，建立模型来寻找和揭示广西壮族自治区城镇居民可支配收入变化的潜在规律，并以此模型对未来广西壮族自治区城镇居民收入水平做出预测。

一、数据选择与数据检验

自从 2000 年国务院把广西壮族自治区纳入西部大开发战略实施范围以来，国家相继做出了一系列促进广西壮族自治区开放开发的重大决策，例如，从 2004 年起每年在广西南宁举办中国—东盟博览会、中国—东盟商务与投资峰会；2008 年批准实施《广西北部湾经济区发展规划》，把广西壮族自治区北部湾经济区开放开发上升为国家发展战略，批准设立广西壮族自治区钦州保税港区、凭祥综合保税区、南宁保税物流中心，赋予北海出口加工区保税物流功能；2009 年出台了《关于进一步促进广西经济社会发展的若干意见》，使得广西壮族自治区作为中国—东盟交流与合作的枢纽和前沿地位更加显现；2014 年批准实施《珠江—西江经济带发展规划》，珠江—西江经济带从此上升为国家战略。过去的广西壮族自治区从未像进入 21 世纪以来这样，与国家战略大局如此紧密相连。在这些优惠政策的扶持之下，广西壮族自治区形成了扩大对外开放、互利合作发展的崭新格局。在中央一系列优惠政策的厚待下，广西壮族自治区进一步扩大对外开放和互利合作，形成了开放发展的崭新格局。为此，我们搜集了 2000～2013 年广西壮族自治区城镇居民可支配收入数据，尝试以此为原始数据，运用灰色预测模型对广西壮族自治区 21 世纪以来城镇居民收入变动趋势进行分析预测。

不过，根据前面所介绍的灰色预测模型原理，在开始构建 GM（1，1）预测模型之前，我们必须对原始数列进行检验。即通过计算原始数列的级比（前一数据除以相邻后一数据）来判断其是否适用于 GM（1，1）建模方法。相关计算结果如表 11 - 3 所示。

表 11 - 3　2000 ~ 2013 年广西壮族自治区城镇居民人均可支配收入及数列级别

序号	年份	人均可支配收入（元）	数列级比
1	2000	5834. 43	—
2	2001	6666. 00	0. 88
3	2002	7315. 32	0. 91
4	2003	7785. 04	0. 94
5	2004	8177. 00	0. 95
6	2005	9287. 00	0. 88
7	2006	9899. 00	0. 94
8	2007	12200. 44	0. 81
9	2008	14146. 40	0. 86
10	2009	15452. 00	0. 92
11	2010	17064. 00	0. 91
12	2011	18854. 06	0. 91
13	2012	21242. 80	0. 89
14	2013	23305. 00	0. 91

资料来源：根据 2001 ~ 2014 年《中国统计年鉴》相关数据计算整理得到。

　　如果原始数列适合构建灰色预测 GM（1，1）模型，那么其级比必须全部落在 $(e^{-2/(n+1)}, e^{2/(n+1)})$ 可行区间内。表 11 - 2 中原始数列共有 14 期数据，我们计算其可行区间为（0. 875173，1. 142631）。通过比较发现，2007 年和 2008 年对应的级比不在可行区间内，因此，不能直接以 2000 ~ 2013 年的数据作为原始数列构建灰色 GM（1，1）预测模型。

　　继续通过反复试算发现，当 $n = 8$ 时，$(e^{-2/(n+1)}, e^{2/(n+1)})$ =（0. 800737，1. 248849），而表 11 - 3 中 2006 年以后的级比均落在这个区间内。同时，考虑到原始数列包含的样本量越大，所描述的系统信息可能越丰富，预测的精度也可能越准确。我们便初步确定以 2006 ~ 2013 年数据作为预测广西壮族自治区城镇居民收入的原始数列。

二、选择最佳预测模型维数

　　虽然初步确定了原始数据数列由 2006 ~ 2013 年的 8 期数据构成，但是，并不意味着最终的预测模型一定是由这 8 期数据来构建的。接下来还要解决预测模型的最佳维数问题。这是因为灰色预测 GM（1，1）模型仅需要 4 期数据即可建立，不过，使用的数据维数（即原始数列中数据的个数）不同，所得到的参数 *a* 和 *b* 值就不同，从而造成模型预测值也会有差异。因此，要想得到较高精度的预测结果，则必须选择恰当维数的原始数据来构建灰色预测 GM（1，1）模型。下面以表 11 - 3 中 2006 ~ 2013 年这 8 期广西壮族自治区城镇居民人均可支配收入作为源数据，分别选择 4 维、5 维、6 维、7 维和 8 维原始数列，构建相对应的灰色预测模型，并根据模型精度检验指标来判断和选择最佳的预测模型维数。

首先求解 4 维（2010 ~ 2013 年）模型。在此，为了提高运算效率，我们运用南京航空航天大学刘思峰教授、党耀国教授指导、刘斌博士编写的《灰色系统理论及其应用》配套软件进行模型求解，得到 4 维模型的 *a*、*b* 值分别为：

$$a = -0.104936$$
$$b = 16172.459016$$

时间响应函数为：

$$\hat{x}^{(1)}(k+1) = 171181.805646e^{0.104936k} - 154117.805646$$

利用该 4 维模型模拟得到了广西壮族自治区城镇居民 2011 年、2012 年、2013 年人均可支配收入。同时，根据灰色预测模型的残差检验法和后验差检验法分别计算出了平均相对误差、均方差比值 *C* 和小误差概率 *P*，见表 11 - 4。

表 11 - 4　　　　　4 维灰色预测模型的模拟值与预测精度检验

年份	实际值（元）	模拟值（元）	残差	相对误差 Δ（%）	平均相对误差（%）	均方差比值 C	小误差概率 P	预测精度等级
2010	17064.00	—	—	—				
2011	18854.06	18939.416008	85.356008	0.452720	0.558925	0.058865	1	1 级
2012	21242.80	21034.857619	-207.942381	0.978884				
2013	23305.00	23362.137190	57.137190	0.245171				

根据表 11 - 2 所示的灰色预测模型精度等级标准，综合均方差比值（*C*）和小误差概率（*P*）两个指标来看，该模型满足后验差的检验要求，属于合格模型。根据表 11 - 1 所列示的灰色预测模型预测精度等级标准，结合平均相对误差指标来看，该模型的预测精度等级为 1 级，能够实现较好的预测效果。

同理，继续求解 5 维（2009 ~ 2013 年）模型、6 维（2008 ~ 2013 年）

模型、7维（2007～2013年）模型、8维（2006～2013年）模型。各个维度模型的 a、b 值及时间响应函数见表11－5所示。根据时间响应函授，求解得到了相关模拟结果，并参照前面的计算方法，算出了各个维度模型的平均相对误差、均方差比值 C 和小误差概率 P 等预测精度检验指标，计算结果如表11－5至表11－9所示。

表11－5　　　　　　　5～8维灰色预测模型的 a、b 值及时间响应函数

数据维数	a 值	b 值	时间响应函数
5（2009～2013）	-0.104990	14547.176231	$\hat{x}^{(1)}(k+1) = 154009.901534e^{0.10499k} - 138557.9015$
6（2008～2013）	-0.104063	13134.574238	$\hat{x}^{(1)}(k+1) = 140363.091607e^{0.104063k} - 126217.0516$
7（2007～2013）	-0.102056	12034.94686	$\hat{x}^{(1)}(k+1) = 130125.231365e^{0.102056k} - 117924.7913$
8（2006～2013）	-0.104625	10795.634984	$\hat{x}^{(1)}(k+1) = 113083.476307e^{0.104625k} - 103184.4763$

表11－6　　　　　　　5维灰色预测模型的模拟值与预测精度检验

年份	实际值（元）	模拟值（元）	残差	相对误差 Δ（%）	平均相对误差（%）	均方差比值 C	小误差概率 P	预测精度等级
2009	15452.00	—	—					
2010	17064.00	17048.797566	-15.202434	0.089091				
2011	18854.06	18936.088549	82.028549	0.435071	0.438375	0.040598	1	1级
2012	21242.80	21032.301436	-210.498564	0.990917				
2013	23305.00	23360.563748	55.563748	0.238420				

表11－7　　　　　　　6维灰色预测模型的模拟值与预测精度检验

年份	实际值（元）	模拟值（元）	残差	相对误差 Δ（%）	平均相对误差（%）	均方差比值 C	小误差概率 P	预测精度等级
2008	14146.04	—	—					
2009	15452.00	15393.731771	-58.268229	0.377092				
2010	17064.00	17081.974565	17.974565	0.105336				
2011	18854.06	18955.368286	101.308286	0.537329	0.431274	0.033307	1	1级
2012	21242.80	21034.218586	-208.581414	0.981892				
2013	23305.00	23341.058049	36.058049	0.154722				

表 11 – 8　　　　　　　　　　7 维灰色预测模型的模拟值与平均相对误差

年份	实际值（元）	模拟值（元）	残差	相对误差 Δ（%）	平均相对误差（%）	均方差比值 C	小误差概率 P	预测精度等级
2007	12200.44	—	—	—	0.607255	0.034578	1	1 级
2008	14146.04	13981.386386	-164.653614	1.163956				
2009	15452.00	15483.625138	31.625138	0.204667				
2010	17064.00	17147.272868	83.272868	0.488003				
2011	18854.06	18989.672262	135.612262	0.719274				
2012	21242.80	21030.029404	-212.770596	1.001613				
2013	23305.00	23289.613988	-15.386012	0.066020				

表 11 – 9　　　　　　　　　　8 维灰色预测模型的模拟值与平均相对误差

年份	实际值（元）	模拟值（元）	残差	相对误差 Δ（%）	平均相对误差（%）	均方差比值 C	小误差概率 P	预测精度等级
2006	9899.00	—	—	—	0.942488	0.041797	1	1 级
2007	12200.44	12472.398676	271.958676	2.229089				
2008	14146.04	13848.026078	-298.013922	2.106695				
2009	15452.00	15375.37656	-76.62344	0.49588				
2010	17064.00	17071.184229	7.184229	0.042102				
2011	18854.06	18954.028854	99.968854	0.530225				
2012	21242.80	21044.53944	-198.26056	0.933307				
2013	23305.00	23365.620242	60.620242	0.260117				

　　从均方差比值 C 和小误差概率 P 这两个指标来判断，各个模型的预测精度都可以达到 1 级，均满足后验差的检验要求，属于合格模型。不过，进一步比较各个模型的平均相对误差指标可以发现，6 维灰色预测模型的平均相对误差最小，这表明在所有合格模型中，6 维灰色预测模型的预测精度相比其他维度模型会更加优良。同时我们注意到，6 维灰色预测模型的均方差比值 C 也是最小的，这也进一步说明该模型的预测效果会优于其他模型。因此，广西壮族自治区城镇居民人均可支配收入灰色预测模型的最佳维数为 6，选择 2008 ~ 2013 年这 6 期数据作为原始数列所构建的 6 维灰色预测模型将是最佳的广西

壮族自治区城镇居民可支配收入灰色预测模型。

三、广西壮族自治区城镇居民人均可支配收入的灰色预测结果

1. 基于灰色预测 GM（1，1）模型的预测。按照前面的分析，选取 2008 ~ 2013 年广西壮族自治区城镇居民人均可支配收入，建立 6 维灰色预测模型。其中，模型的 a、b 值，以及时间响应函数、模拟值、平均相对误差见表 11 - 5、表 11 - 7 所示。运用该模型预测 2014 ~ 2021 年广西壮族自治区城镇居民人均可支配收入，如表 11 - 10 所示。

表 11 - 10　灰色预测 GM（1，1）模型预测广西壮族自治区城镇居民收入

年份	预测值（元）	年份	预测值（元）
2014	25900.890429	2018	39272.750495
2015	28741.461661	2019	43579.824242
2016	31893.560594	2020	48359.258191
2017	35391.352724	2021	53662.856456

预测结果显示，2014 年广西壮族自治区城镇居民可支配收入为 25900.89元，而《2014 年广西壮族自治区国民经济和社会发展统计公报》显示，2014年广西壮族自治区城镇居民人均可支配收入为 24669 元，预测的相对误差为 4.99%，预测精度达到良好等级，这在一定程度上说明预测结果具有较高的可信度。

从预测结果可以看出，2020 年广西壮族自治区城镇居民人均可支配收入为 48359.26 元，比广西壮族自治区收入倍增计划所提出的目标（51371.06元）低 3011.8 元。2021 年广西壮族自治区城镇居民人均可支配收入为 53662.86 元，比广西壮族自治区收入倍增计划所提出目标高出 2291.8 元。也就是说，基于 2008 年以来的广西壮族自治区城镇居民人均可支配收入的变化趋势来判断，广西壮族自治区收入倍增计划中提出的城镇居民收入倍增目标无法在 2020 年实现，要推迟到 2021 年才能实现。不过，在 2021 年底广西壮族自治区城镇居民收入会超额实现既定的倍增目标，超出目标额度 1362.99 元。

2. 基于新陈代谢 GM（1，1）模型的预测。考虑到灰色预测 GM（1，1）模型的缺陷，为了进一步提高预测的准确度，我们接下来进一步运用新陈代谢 GM（1，1）模型，来对广西壮族自治区城镇居民人均可支配收入进行预测。

在运用灰色新陈代谢模型做预测的时候必须保证构造的预测模型是等维的。首先，通过 2008~2013 年广西壮族自治区城镇居民人均可支配收入建立常规 GM（1，1）模型，并预测出 2014 年数据，然后将 2014 年数据（新信息）加入到原序列中，并去掉 2008 年数据（最旧信息），以保持数列等维，再次建立新模型，并预测下一期数据。如此反复类推，直至预测出 2021 年数据为止。预测结果如表 11－11 所示。

表 11－11　新陈代谢 GM（1，1）模型预测广西壮族自治区城镇居民收入

年份	预测值（元）	时间响应函数	平均相对误差（%）
2014	25900.890429	$\hat{x}^{(1)}(k+1)=140363.091607e^{0.104063k}-126217.051607$	0.431274
2015	28737.443408	$\hat{x}^{(1)}(k+1)=155332.398673e^{0.104235k}-139880.398673$	0.328835
2016	31844.644310	$\hat{x}^{(1)}(k+1)=173504.178182e^{0.103708k}-156440.178182$	0.369771
2017	35196.360294	$\hat{x}^{(1)}(k+1)=196299.472651e^{0.102173k}-177445.412651$	0.267174
2018	39011.757723	$\hat{x}^{(1)}(k+1)=215610.085356e^{0.102769k}-194367.285356$	0.163452
2019	43147.265961	$\hat{x}^{(1)}(k+1)=241213.80630e^{0.102019k}-217908.806305$	0.116588
2020	47705.959252	$\hat{x}^{(1)}(k+1)=268925.354951e^{0.101477k}-243024.464522$	0.107156
2021	52734.048040	$\hat{x}^{(1)}(k+1)=299074.304073e^{0.101083k}-270336.860665$	0.105707

从表 11－11 可以看出，新陈代谢 GM（1，1）模型预测 2020 年、2021 年广西壮族自治区城镇居民人均可支配收入分别为 47705.96 元、52374.05 元。其中，2020 年的收入水平比广西壮族自治区收入倍增计划中所提出的目标（51371.06 元）要低 3665.1 元，2021 年则比目标值高出 1002.99 元。这表明，广西壮族自治区收入倍增计划中所提出的城镇居民收入倍增目标在 2020 年无法顺利实现，要延迟到 2021 年才可能实现。从预测结果来看，新陈代谢 GM（1，1）模型的预测值要普遍低于灰色预测 GM（1，1）模型的预测值，但二者的预测结论是相一致的，即广西壮族自治区收入倍增计划中城镇居民收入倍增目标要在 2021 年才能实现，会比原定时间滞后 1 年。

3. 两种预测结果的比较。首先，需要说明的是，按照灰色预测模型的检验理论来判断，两种预测结果都是可以接受的。灰色系统本身是以"近似地"表达作为描述和解决问题的指导思想，只是"就数寻找数"，并没有去细致讨论影响居民收入的具体因素，再加上在建模计算过程中由于运算数据的舍入引起的舍入误差或计算误差，必然在会造成原始数据和模拟值之间存在一定差距。毫无疑问，预测不是实况，不管是哪一种预测，都可能会存在一定的误差。要想用精确性理论建立符合复杂事物发展规律的模型在现实中几乎是不可能的，只有当模型误差超出了一定的限制范围时，模型的实用性才会降低。从灰色预测 GM（1，1）模型的检验结果来看，可能存在的误差并不影响揭示事务发展的内在规律，预测结果依然具有较好的现实指导意义。

其次，关于 2014～2021 年广西壮族自治区城镇居民人均可支配收入，灰色预测 GM（1，1）模型与新陈代谢 GM（1，1）模型的预测结果比较见表11 - 12。

表 11 - 12　　　　灰色预测 GM（1，1）模型与新陈代谢 GM（1，1）
预测模型的预测结果比较

年份	灰色预测 GM（1，1）模型		新陈代谢模型		新陈代谢模型—灰色预测模型
	预测值（元）	增速（%）	预测值（元）	增速（%）	
2014	25900.890429	—	25900.890429	—	0
2015	28741.461661	10.97	28737.443408	10.95	-4.018253
2016	31893.560594	10.97	31844.644310	10.81	-48.916284
2017	35391.352724	10.97	35196.360294	10.53	-194.99243
2018	39272.750495	10.97	39011.757723	10.84	-260.992772
2019	43579.824242	10.97	43147.265961	10.60	-432.558281
2020	48359.258191	10.97	47705.959252	10.57	-653.298939

总体来看，新陈代谢模型 GM（1，1）预测的历年收入水平均要低于灰色预测 GM（1，1）模型的预测结果，并且二者的差距随着时间的推移不断扩大。从增速来看，两个模型均预测广西壮族自治区城镇居民人均可支配收入将保持10%以上的快速增长。不过，灰色预测 GM（1，1）模型预测2014～2021 年广西壮族自治区城镇居民人均可支配收入将按照10.97%的同一速度保持持续增长，而新陈代谢 GM（1，1）模型预测的增速则是在 10.53%～10.95%区间内波动。当前中国经济进入"新常态"，经济增速由高速增长向中高速增长换挡。对于广西壮族自治区而言，也面临着严峻的经济增长下滑挑战。因此，广西壮族自治区城镇居民人均可支配收入一直保持10.97%的增长率的可能性不大。其实，按照《2014 年广西壮族自治区国民经济和社会发展统计公报》公布的结果可以计算出，2014 年广西壮族自治区城镇居民人均可

支配收入仅比 2013 年增长 8.7%。这个速度已经比预测得到的 10.97%增速要低两个多百分点了。从理论上看,随着时间的推移,任何灰色系统在发展过程中,将会不断遭遇到进入系统的随机扰动因素的影响。而新陈代谢 GM (1, 1) 预测模型由于一定程度上考虑了这些扰动因素的影响,其预测精度和预测效果相对于要好于常规的灰色预测 GM (1, 1) 模型。因此,尽管新陈代谢 GM (1, 1) 模型与灰色预测 GM (1, 1) 模型都认为广西壮族自治区城镇居民可支配收入无法在 2020 年顺利实现收入倍增计划目标,但是,前者的预测结果更合理,可能更吻合广西壮族自治区城镇居民可支配收入的变化趋势。

四、预测结论

党的十八届五中全会再次提出要实现"两个翻番"目标,赋予了广西壮族自治区当前正在推行的居民收入倍增计划全新的历史意义。为此,对广西壮族自治区城镇居民收入倍增目标实现的时间进行科学预测是必要的。运用灰色预测理论对这一问题进行研究,可以得出如下结论:

(1) 2006 ~ 2013 年广西壮族自治区城镇居民可支配收入构成的数列符合灰色预测模型的级比要求,可以构建灰色预测模型,模型的最佳维数是 6 维,即选择 2008 ~ 2013 年的数据来构建。通过模拟可以发现,所构建灰色预测模型的平均相对误差为 0.438375%,均方差比值为 0.033307,小误差概率为 1,符合灰色预测模型的精度检验要求,模型合格,并且预测精度等级较高。

(2) 不管是基于灰色预测 GM (1, 1) 模型,还是基于新陈代谢 GM (1, 1) 模型,均预测显示 2020 年广西壮族自治区无法实现既定的城镇居民收入倍增目标,这一目标在 2021 年才可能实现。其中,灰色预测 GM (1, 1) 模型预测 2020 年广西壮族自治区城镇居民人均可支配收入为 48359.26 元,比广西壮族自治区收入倍增计划所提出的目标值 51371.06 元低 3011.8 元;新陈代谢 GM (1, 1) 模型预测的结果为 47705.96 元,比目标值低 3665.1 元。结合广西壮族自治区经济进入"新常态"这一客观现实,以及 2014 年广西壮族自治区城镇居民人均可支配收入的变动来看,新陈代谢的预测结果可能更吻合广西壮族自治区城镇居民可支配收入的变化趋势。

第四节　广西壮族自治区农村居民人均纯收入的灰色新陈代谢预测

为了进一步研判广西壮族自治区农村居民能否在 2020 年实现收入倍增目标，根据前述的方法和思路，以下尝试对 2020 年的广西壮族自治区农村居民人均纯收入进行预测。通过对广西壮族自治区城镇居民人均可支配收入的预测，我们可以发现，新陈代谢 GM（1，1）模型与普通 GM（1，1）模型的预测结果具有更高的可信度。因此，在这里选择新陈代谢模型进行预测，同时，为了节省篇幅，也不再详述预测的步骤与过程。

一、数据选择与最佳预测维数

按照灰色预测模型原始数列选择的原则，选择了 2000～2013 年《广西统计年鉴》中的农村居民人均纯收入进行检验。结果显示，2002～2013 年的数据所构成的数列符合灰色预测的级比要求，因此，我们选择 2002～2013 年广西壮族自治区农村居民人均可支配收入作为新陈代谢 GM（1，1）预测的原始数列，如表 11－13 所示。此时灰色预测的级比覆盖区间为（0.857404，1.166311）。

表 11－13　　　　2002～2013 年广西壮族自治区农村居民人均纯收入

年份	人均纯收入（元）	数列级比	人均纯收入增长率（%）
2002	2013.37	—	—
2003	2094.60	0.961219326	4.03
2004	2305.26	0.908617683	10.06
2005	2494.80	0.924025974	8.22
2006	2772.57	0.899814973	11.13
2007	3224.13	0.859943613	16.29
2008	3690.52	0.873624855	14.47
2009	3980.45	0.927161502	7.86
2010	4543.50	0.876075713	14.15
2011	5231.32	0.868518844	15.14
2012	6007.54	0.870792371	14.84
2013	6790.90	0.884645629	13.04

资料来源：根据 2001～2014 年《中国统计年鉴》相关数据计算整理得到。

以 2002～2013 年广西壮族自治区农村居民人均纯收入作为原始数列，分别构建不同维数的灰色预测模型，并根据前述的灰色预测模型精度检验指标对各个模型的模拟结果进行判断，发现进行灰色预测的最佳维数为 4，即以 2010～2013 年数据构建的灰色预测模型预测效果最佳。

二、农村居民人均纯收入的灰色新陈代谢预测结果

选择 2010～2013 年广西壮族自治区农村居民人均纯收入，运用新陈代谢 GM（1，1）模型预测广西壮族自治区农村居民人均纯收入水平。结果如表 11－14 所示。

表 11－14 新陈代谢 GM（1，1）模型预测广西壮族自治区农村居民人均纯收入

年份	预测值（元）	时间响应函数	平均相对误差（%）
2014	7731.886250	$\hat{x}^{(1)}(k+1) = 37879.84972e^{0.129594k} - 33336.34972$	0.297028
2015	8749.270483	$\hat{x}^{(1)}(k+1) = 44492.510528e^{0.126303k} - 39261.190528$	0.213734
2016	9917.296149	$\hat{x}^{(1)}(k+1) = 50453.22733e^{0.126266k} - 44445.68733$	0.155209
2017	11209.246003	$\hat{x}^{(1)}(k+1) = 58279.956228e^{0.124373k} - 51489.056228$	0.154042
2018	12667.603392	$\hat{x}^{(1)}(k+1) = 66447.352009e^{0.123609k} - 58715.465759$	0.149898
2019	14291.468797	$\hat{x}^{(1)}(k+1) = 76183.337868e^{0.122225k} - 67434.067385$	0.147547
2020	16111.418174	$\hat{x}^{(1)}(k+1) = 86877.973997e^{0.121245k} - 76960.677848$	0.144310
2021	18140.120535	$\hat{x}^{(1)}(k+1) = 99187.490722e^{0.120066k} - 87978.244719$	0.141719

从表 11－14 可以看出，新陈代谢 GM（1，1）模型预测 2020 年广西壮族自治区农村居民人均纯收入为 16111.42 元，未能达到倍增计划中的目标值 16700 元，缺口为 588.58 元。在 2021 年，广西壮族自治区农村居民人均纯收入预测达到 18140.12 元，超出收入倍增计划目标值 1440.12 元。据《2014 年广西壮族自治区国民经济和社会发展统计公报》显示，2014 年广西壮族自治区农村居民人均纯收入为 7565 元，而新陈代谢 GM（1，1）模型的预测值为 7731.89 元，高出 166.89 元，预测的相对误差为 2.21%，表明预测精度等级达到二级（良好）程度。

三、预测结论

基于新陈代谢 GM（1，1）模型的预测结果表明，在 2020 年广西壮族自治区农村居民人均纯收入将达到 16111.42 元，为倍增计划目标值的 96.48%；在 2021 年广西壮族自治区农村居民人均纯收入将达到 18140.12 元，为倍增计划目标值的 108.62%。也就是说，广西壮族自治区既定的农村居民收入倍增计划在 2020 年无法顺利实现，但是，在 2021 年则可以超额实现这一目标值。

第五节　广西壮族自治区居民收入倍增面临的主要问题

如前所述，根据广西壮族自治区城乡居民的收入变化趋势，按照灰色新陈代谢模型预测结果来判断，不管是城镇居民的人均可支配收入，还是农村居民的人均纯收入，都无法在 2020 年实现广西壮族自治区政府所提出的倍增目标，而是要延后到 2021 年才可能实现。我们不否认广西壮族自治区经济的快速增长和城乡居民收入的逐年提高为收入"倍增计划"的实现打下了坚实基础，但是，要想在当下经济新常态形成过程中顺利实现广西壮族自治区城乡居民收入倍增计划，面临着不少的制约因素和众多问题，主要表现在以下几个方面：

（一）经济发展基础较差，发展动力不足

1. 经济发展水平相对滞后。要在 2020 年实现广西壮族自治区城乡居民收入倍增目标，经济的长期持续稳定增长是前提和基础。从经济总量看，目前广西壮族自治区的 GDP 和人均 GDP 仍处于全国中下游水平。2013 年，广西壮族自治区 GDP 为 14 378.00 亿元，占全国 GDP 的比重约为 2.5%，低于广西壮族自治区人口数占全国人口总数的比重，广西壮族自治区人均 GDP 不足全国平均水平的 3/4。尤其是，进入经济"新常态"之后，广西壮族自治区受到宏观经济总体下行趋势等诸多不利因素的影响，多项重要经济指标回落趋势明显，下行压力较大。从财政收入看，多年来，广西壮族自治区财政收支矛盾一直十分突出，财政收入总量和人均财力均不足。2013 年，全区组织的财政收入仅占全国财政收入总量的 1.5%，财政自给率不到一半，仅为 41.2%，人均财力在全国处于倒数位置。

2. 产业结构有待调整优化。一是从产业结果角度分析，当前全区产业布局结构不够合理，产业结构调整面临巨大压力，经济发展方式转变面临严峻挑

战，产业转型升级任务紧迫。突出表现在现代制造业、战略性新兴产业和现代服务业等新的经济增长点发展不足。2013 年，广西壮族自治区第一、第二、第三产业增加值所占比重分别为 16.3%、47.7% 和 36%，第二、第三产业增加值所占比重之和为 83.7%，而同期全国第二、第三产业产值占 GDP 的比重达到 90%。二是支柱性行业发展面临过剩和调整压力。现阶段，广西壮族自治区的铝、有色金属、钢铁和水泥等资源型、高能耗性产业占比过大，面临全国性的产能过剩压力，产品价格持续下跌。

3. 城乡间、区域间差距较大。近年来，广西壮族自治区持续加大对农业、农村和农民的扶持和投入力度，实施农村税费减免、农业补贴及提高农村基本公共服务供给水平等政策，对缩小城乡间差距起到了重要作用。如同前面的分析，自 2010 年以来，广西壮族自治区城乡收入差距指数呈缓慢下降趋势。但不容忽视的是，广西壮族自治区城乡发展差距较大的现实格局仍未得到根本性改变。其实，从统计数据分析得到的城乡收入差距，仅仅属于看得见的差距。如果加上城乡居民享有的教育、医疗卫生和社会保障等诸多隐性差距，城乡居民收入差距的鸿沟无疑会在此基础上进一步拉大。

4. 扶贫开发攻坚任务艰巨。广西壮族自治区是集"老、少、边、山、穷"为一体的少数民族自治区，是全国扶贫开发的重点省区。据统计，2011 年广西壮族自治区农村贫困人口达到 1012 万人，到 2014 年底则下降至 538 万人，减少了 474 万人，贫困发生率则由 23.9% 下降到 12.6%，下降了 11.3 个百分点。广西壮族自治区 2011 年启动的新一轮扶贫开发工作成效不可谓不显著，但是广西壮族自治区贫困问题依然异常严峻。目前，全国共有 6 个省区贫困人口超 500 万人，而广西壮族自治区位列其中。广西壮族自治区全区贫困村达 5000 个，超过了行政村数量的 1/3。经过新一轮的扶贫，这些剩下的贫困村，往往都是最难啃的"骨头"。"十三五"期间，广西壮族自治区的反贫困攻坚将注定任重而道远。

（二）就业总体形势不佳，就业结构与质量有待改善

1. 劳动力就业结构不合理。由于广西壮族自治区长期以来处于产业链的底端，现代服务业等第三产业发展不足，民营企业等中小企业发展规模不大，第二、第三产业所吸纳的就业人口有限，特别是第三产业发展不足导致劳动力就业渠道偏窄。以 2012 年为例，广西壮族自治区全区从业人员总数为 2768 万人，其中从事第一、第二、第三产业的人数分别为 1481 万人、520 万人和 767

万人，三次产业吸纳的就业人员分别占全区就业人员总数的 53.5%、18.8% 和 27.7%，就业人员分布结构与相应的产业产值占地区生产总值的比重存在较大偏差，就业人员分布结构极不合理。

2. 劳动力就业质量不高。当前，针对大学生、返乡农民工创业的免息贷款、税收优惠和免费创业服务等便利条件和扶持政策尚未发挥出应有的效应，导致创业的氛围还不够浓厚。广西壮族自治区教育厅发布的《2014 年广西高校毕业生就业质量年度报告》显示，2014 届毕业生自主创业的人数为 1450 人，仅占就业总人数的 0.90%。广西壮族自治区高校毕业生的就业去向以中小民营企业为主，在 2014 年占到了毕业总人数的 55.50%。由于企业规模及市场竞争力较弱，导致劳动报酬偏低、劳动者保护机制也不完善，劳动者的就业期望与企业的劳动薪酬和用工环境不匹配。同时，广西壮族自治区高校毕业生的就业率与学历成反比。2014 年，专科毕业生初次就业率高于研究生和本科生。其中毕业研究生初次就业率为 85.79%；本科毕业生初次就业率为 86.64%；专科毕业生初次就业率为 90.07%。无独有偶，在《2015 年广西高校毕业生就业质量年度报告》中，也反映出了这一现象。高校毕业生就业的结构性矛盾日益突出，在一定程度上凸显了广西壮族自治区劳动者整体就业质量还不够高。

（三）收入分配制度不完善，收入分配格局有待优化

除了前面多次提到的城乡居民收入差距较大、收入来源渠道单一之外，广西壮族自治区收入分配制度不完善还重点表现在，劳动报酬增长偏慢。劳动报酬是居民获得可支配收入的最主要来源。但广西壮族自治区现阶段，劳动者报酬总体偏低，报酬结构不合理的现象还较为普遍。尤其是，近年来，虽然经济总量增长较快，但由于缺乏正常的工资调整机制，广大劳动者的劳动报酬增长幅度还偏慢，其劳动报酬的实际购买力有所下降。

（四）收入再分配调节能力有限，调控能力亟待提升

通常来说，初次分配主要解决效率问题，再分配则主要解决公平分配问题。当前，不管是中央政府层面，还是地方政府层面，对再分配方面的调节能力十分有限。以个人所得税为例。从全国层面来看，当前个人所得税的设置在"限高、扩中和提低"方面的作用力度微乎其微，对高收入者的税收调节力度不大。相关研究结果表明，2003～2013 年，广西壮族自治区个人所得税在城

镇居民收入差距调节上竟然长期存在逆向调节效应。相对于中央政府而言，广西壮族自治区地方政府的收入再分配调节手段更加有限，其收入调节机制主要体现在制定当地最低工资标准，确定当地公务员的津补贴及事业单位绩效工资标准并报上级政府审核。以税收、社会保障和转移支付为主要手段的再分配调节机制还不够完善。

第六节　实现广西壮族自治区居民收入倍增的对策建议

（一）加快推进经济结构优化调整

调整、优化经济结构是经济持续稳定增长的根本要求，也是实现收入倍增计划的根本要求。各种经济资源在各个行业、各个部门之间保持较为合理的结构有利于取得较高的配置效益，避免产出过剩或短缺，使各行业、各部门都能够协调、持续、稳定、高效发展；反之，如果经济结构失衡，某些行业或部门出现短缺或过剩，会影响到经济增长的稳定性、持续性与效益，最终影响到整个国民收入。因此，加快推进广西壮族自治区经济结构优化调整，是未来广西壮族自治区经济保持持续稳定增长的前提，是关系到广西壮族自治区收入倍增计划能否实现的根本要求。首先，要深入实施开放创新"双核"驱动战略。深入实施开放驱动战略，以开放促进广西壮族自治区经济发展，可以为广西壮族自治区实现收入倍增打下良好的经济基础。党的十八届三中全会提出要使市场在资源配置中起决定性作用，这就要求广西壮族自治区各级政府要进一步减少对经济的干预，改变政府权力过大、审批过多的问题，进一步简化行政审批程序，简化办事流程，提高政府行政效率。与此同时，通过深入实施创新驱动战略，可以使广西壮族自治区经济发展走上一条投入少、消耗污染低、效益高的道路，既有利于广西壮族自治区经济突破资源、环境的约束，进一步打开更广阔的发展空间，又有利于广西壮族自治区劳动者工资收入的提高。为此，广西壮族自治区各级政府要不断加大对科技的投入力度，加强科技创新平台建设，构建起以企业为主体、市场为导向、产学研相结合的科技创新体系；大力培养、引进高科技创新人才，为人才的使用创造良好的环境；不断地改革完善科技管理体制，推动科技和经济紧密结合，促进科技资源合理流动与高效利用，提高科技成果的转化率。其次，要加快推进工业化与城镇化融合发展。目前广西壮族自治区仍有大量的农村富余劳动力被束缚在人均面积很小的耕地上，收入极为低下。城镇化有利于将广西壮族自治区农村富余劳动力转移到第

二、第三产业，有利于农民增加工资性收入，促进广西壮族自治区收入倍增计划的实现。因此，广西壮族自治区各级政府要在充分考虑生态环境、资源承载力的基础上，在全区范围内科学规划各类城市的功能定位和产业布局，促进新型城镇化和新型工业化协调发展。最后，搭乘"互联网＋"快车，全力打造现代农业产业体系。"互联网＋"时代，现代农业采用较多现代化生产技术，分工更为精细发达，生产效率更高，生产出来的农产品除了一小部分满足农民自身需要外，大部分用于商品交换，因而农民能够获得更高收益，有助于农民收入倍增。

（二）稳步提高城乡居民就业率

首先，加强居民就业服务指导。进一步完善就业服务网络，争取全区农村乡镇、城市街道或社区以上都能建立就业服务机构，农村每个行政村都有一名专职或兼职的就业服务指导员等，为城乡居民提供就业信息等服务，确保就业服务体系覆盖全区城乡所有常住人口，为每一名城乡失业者提供尽可能周到细致的就业服务。

其次，承接产业梯度转移，促进劳动密集型企业落户广西壮族自治区。劳动密集型企业落户广西壮族自治区有利于提高广西壮族自治区城乡居民的就业率。广西壮族自治区应当利用东部经济发达省份产业结构升级的有利时机，制定优惠政策大力吸引东部省份劳动密集型企业落户广西壮族自治区。建议广西壮族自治区区政府成立吸引劳动密集型企业落户广西壮族自治区工作领导小组，专项加强吸引劳动密集型企业落户广西壮族自治区的工作力度，并出台促进劳动密集型企业落户广西壮族自治区的专项政策。

最后，促进非正规就业。非正规就业是指未签订劳动合同，但已形成事实劳动关系的就业行为。非正规就业主要是满足雇主临时性的、短期性用工需要，如季节工、日工、钟点工等。非正规就业劳动时间一般比较灵活，适合城市下岗工人在待业期间、农村富余劳动力农闲期间等补充性就业，有利于增加劳动者收入。建议广西壮族自治区各级劳动部门在就业信息网中专门开辟非正规就业版面，专门用于发布各类用工需求信息，同时加强对非正规就业劳动者权益的保护。

（三）努力提高城乡居民工资性收入

首先，要完善工资正常增长机制，特别是要保证工资增长速度不能落后于通货膨胀速度，要使工资随着地方经济的增长而增长。其次，要完善最低工资制度。自 1995 年建立最低工资制度以来，广西壮族自治区区政府已经根据广西壮族自治区经济社会发展情况、通货膨胀情况等因素的变化对最低工资标准进行了 11 次调整。今后，要完善最低工资标准执行情况的监督检查办法，保证最低工资标准在广西壮族自治区各行各业能得到落实，对拒不执行的企业要加大处罚力度，努力维护劳动者的合法权益。最后，稳步推行工资集体协商制度。广西壮族自治区区政府应当建立一个工作计划，按照先大型企业再到小型企业的原则，逐步在全区企业推行工资集体协商制度，在劳动者与企业主之间搭建协商平台，根据工人的劳动情况、企业经营情况等，使得双方能平等协商确定劳动者的工资，增强劳动者话语权，使劳动者能更加平等地享受企业经营成果，有效增加劳动者收入。

（四）强化地方政府收入再分配调节职能

第一，建议中央政府尽快完善地方税体系。党的十八大报告提出："构建地方税体系，形成有利于结构优化、社会公平的税收制度"。我国地方税的税种虽然不少，但基本上都是税基小、税源分散的税种，这使得地方一直缺少支撑地方政府运行的主体税种。完善地方税体系，使各级地方政府形成稳定的税收增长预期，可以激发地方政府发展经济、培植财源的积极性，促进地方经济发展，增强地方政府财力，从而增强地方政府调节收入分配的能力。建议中央按照既有利于加强中央宏观调控，又有利于激发地方发展经济、培植财源积极性的原则加强财税体系的顶层设计，进一步完善我国地方主体税种的设置、中央与地方税收分成比例等制度，使地方政府能够拥有较为稳定的支柱财源，不断激发地方发展经济的积极性，增强地方的自主财力及收入再分配调节能力。

第二，建议自治区政府完善对县级财政的转移支付制度。包括，完善自治区对县财政转移支付制度，进一步加强对贫困县等经济落后地区转移支付的力度，保证全区各地县乡政权正常运转以及提供基本公共服务的财力；尽量减少专项转移支付的比例，提高均衡性转移支付的比例，使各县能根据本县经济社会发展的实际情况，有更大自主权安排财政资金的使用用途，把有限的财政资金用在最急需之处。

第三，深化收入分配制度改革。我国可以考虑借鉴欧洲发达国家的税收政策，逐步调整优化税制结构，体现对低收入者免税，对中等收入者轻税，对高收入者重税的原则，在条件允许的情况下试点开征遗产税、赠与税和社会保障税，充分发挥税收对社会公平的调节作用。

（五）建立广西壮族自治区城乡居民收入监测体系

建议由政府相关部门会同有关学术机构，在统计部门或劳动与社会保障部门设立专门的居民收入监测机构，定期采集全区城乡居民收入数据，并及时准确地分析广西壮族自治区城乡居民收入倍增的实施情况。

首先，建立城乡居民贫困人口及生活状况监测体系。建立一套科学的检测指标体系和预警制度，首先，对城镇失业率、下岗职工动态、各类劳动力供求状况以及劳动争议、劳动关系的紧张程度等进行动态监测；其次对农村贫困人口及生活状况进行监测：包括对贫困人口的规模、生产生活状态、农村富余劳动力的变动情况和趋势、农村人口的迁移状况等进行跟踪监测；最后，通过科学系统的动态监测，将居民收入分配状况和贫困人口状况纳入政府宏观调控之内，以便对可能出现的不良状况及时采取对策进行调控。

其次，构建并完善企业工资增长与劳动力成本监测指标体系。在现行工资指导线的基础上，进一步完善工资增长和人工成本的计算方法，使之更为科学合理，特别要对垄断行业的国有企业加强监管，制定明确的工资指导线，加大对工资福利过高、增长过快行业职工收入的调控力度，对这类企业人工成本增长率进行考核。

最后，设置科学合理的居民收入倍增动态监测评价指标体系。通过开展季监测、年评估，监测反映全区居民收入的分布状况、变化情况，衡量评估居民收入的结构特征，及时发布居民收入倍增计划实施情况，增强指标与居民收入的关联性，监测反映广西壮族自治区社会结构的发展动态，为党政领导和相关部门制定经济社会发展政策提供决策参考。

第七节　本章小结

本章运用灰色预测模型对广西壮族自治区城乡居民收入的变化趋势进行了预测，在此基础上分析了广西壮族自治区城乡居民实现收入倍增所面临的主要问题，并提出了若干对策建议，得出如下主要结论：

1. 灰色预测 GM（1，1）模型预测 2020 年广西壮族自治区城镇居民人均可支配收入为 48359.26 元。新陈代谢 GM（1，1）模型预测 2020 年广西壮族自治区城镇居民人均可支配收入为 47705.96 元。结合新陈代谢 GM（1，1）

的优势，以及从广西壮族自治区经济"新常态"形成过程中城镇居民人均可支配收入的变动现状来看，新陈代谢 GM（1，1）模型的预测结果更具有可靠性。

2. 新陈代谢 GM（1，1）模型预测 2020 年广西壮族自治区农村居民人均纯收入为 16111.42 元，为自治区政府提出的农村居民收入倍增计划目标值的 96.48%，在 2021 年广西壮族自治区农村居民人均纯收入则可能达到 18140.12 元，为倍增计划目标值的 108.62%。

3. 灰色预测 GM（1，1）模型和新陈代谢 GM（1，1）模型的预测结果均一致反映广西壮族自治区无法在 2020 年顺利实现城镇居民人均可支配收入的倍增目标，该目标的实现要延迟到 2021 年才能实现。新陈代谢 GM（1，1）模型的预测结果表明广西壮族自治区无法在 2020 年顺利实现农村居民人均可支配收入的倍增目标，该目标的实现同样要延迟到 2021 年才能实现。可见，经济新常态形成过程中，广西壮族自治区居民收入倍增目标的圆满实现，将面临巨大挑战。

4. 广西壮族自治区实现居民收入倍增计划面临的主要问题有：经济发展基础较差，发展动力不足；就业总体形势不佳，就业结构与质量有待改善；收入分配制度不完善，收入分配格局有待优化；收入再分配调节能力有限，调控能力亟待提升。建议一方面，加快推进经济结构优化调整，稳步提高城乡居民就业率，努力提高城乡居民工资性收入；另一方面，强化地方政府收入再分配调节职能；同时，还可以考虑建立广西壮族自治区城乡居民收入监测体系，加强对广西壮族自治区居民收入变化的动态监测。

第十二章　广西壮族自治区个人所得税调节居民收入差距的实证研究

改革开放以来，我国经济快速发展，人民生活水平也有了很大的改善。但与此相伴随的是，居民收入差距呈现快速扩大的趋势。从前面的分析可以看出，广西壮族自治区也面临着居民收入差距不断扩大的问题。从理论上讲，政府调节收入分配的手段主要是税收和社会保障制度。在税收体系当中，财产税和所得税则被认为是调节收入分配的最直接和有效的手段。不过，对于我们国家而言，一方面由于社会保障制度建设滞后、统筹层次低，使得其收入分配调控作用微乎其微；另一方面由于财产税体系建立也很不完善，像遗产税、物业税等被许多发达国家普遍用于调控收入分配的税种并没有建立起来，而流于形式的房产税尚未真正起到调控收入分配的实质作用，个人所得税顺理成章被作为政府调控收入分配的主要手段。

那么，我国的个人所得税是否对收入分配起到了调控作用？调控效果又如何呢？学者们从不同角度进行了深入研究，但得出的结论迥异。例如，胡鞍钢（2002）利用城乡住户调查的分组数据，从不同阶层个人所得税的实际税率的分析，指出我国名义上累进的个人所得税却表现为累退性，低收入阶层的税率比高收入阶层的还要高，个人所得税没有发挥应有的收入分配调节作用。王亚芬（2007）通过计算我国城镇居民税前税后基尼系数和各阶层的平均税率，认为虽然我国收入分配差距仍呈扩大趋势，但是并没达到两极分化程度，2002年以来个人所得税正逐渐发挥出收入差距调节功能。王碧珍、李延辉（2009）也是基于税前税后基尼系数来评价个人所得税的收入差距调节效果。不同的是，他们是利用"五分法"来计算基尼系数的，最后得出的结论是，1994年至今，个人所得税对城镇居民收入差距的调节已由较强的逆向调节效应转向为正向调节效应，但是，正向调节效应微弱。万莹（2011）则从地区税负差别的角度对个税的累进程度进行分类分析，认为个税在调节地区收入差别方面并没有发挥出较好的调控作用。赵阳阳、王琴梅（2013）按省份进行分类，通过比较税前税后基尼系数，得出个税对不同收入组收入差距的调节作用不同；大部分省个人所得税不具有调节居民收入分配差距的功能。

总体来看，关于个人所得税收入调节功能的研究文献十分丰硕。可是，相关研究的视角一般是集中于全国层面或者东部沿海等经济发达地区，很少有针对西部少数民族地区的研究。广西壮族自治区不仅是西部地区的代表省份，也是我国少数民族地区和边疆地区的代表省份。关注并研究广西壮族自治区个人所得税的调节作用对于全国收入分配改革、个人所得税制改革均具有重要意义。因此，本章尝试对广西壮族自治区个人所得税是否对居民收入差距起到了应有的调控作用、调控效果如何、可以采取哪些措施强化等问题进行探讨，以期丰富现有研究成果，并为相关决策提供借鉴。

第一节　广西壮族自治区个人所得税征收的基本状况

一、广西壮族自治区个人所得税收入及增长情况

自 1994 年税制改革以来，广西壮族自治区国民经济持续稳定发展，综合经济实力明显提升，社会各项事业不断进步，财政一般预算收入、税收收入及个人所得税收入规模均得到大幅提高。如表 12 - 1 所示，1995 ~ 2013 年，广西壮族自治区财政一般预算收入实现了快速增长，由 79.44 亿元增加到 1317.60 亿元，年均增长速度为 18.86%。税收收入由 58.76 亿元增加到 875.74 元，年均增长速度比一般预算收入的 2 倍还要多，达到 39.65%。其中，个人所得税收入则由 2.70 亿元增长到 27.74 亿元，年均增长速度为 13.81%。

表 12 - 1　1995 ~ 2013 年广西壮族自治区财政收入及个人所得税收入情况

年份	一般预算收入		税收收入		个人所得税		个人所得税/一般预算收入（%）	个人所得税/税收收入（%）
	绝对值（亿元）	增速（%）	绝对值（亿元）	增速（%）	绝对值（亿元）	增速（%）		
1995	79.44	—	58.76	—	2.15	—	2.70	3.65
1996	90.51	13.94	65.38	11.27	3.56	65.80	3.93	5.44
1997	99.16	9.56	71.71	9.68	5.26	47.85	5.31	7.34
1998	119.67	20.68	79.48	10.84	6.81	29.41	5.69	8.57

续表

年份	一般预算收入		税收收入		个人所得税		个人所得税/一般预算收入（%）	个人所得税/税收收入（%）
	绝对值（亿元）	增速（%）	绝对值（亿元）	增速（%）	绝对值（亿元）	增速（%）		
1999	133.56	11.61	82.57	3.89	8.36	22.76	6.26	10.12
2000	147.05	10.10	90.94	10.14	10.15	21.41	6.90	11.16
2001	178.67	21.50	128.76	41.59	16.75	65.02	9.37	13.01
2002	186.73	4.51	131.27	1.95	11.60	-30.75	6.21	8.84
2003	203.66	9.07	146.46	11.57	10.35	-10.78	5.08	7.07
2004	237.77	16.75	159.02	8.58	12.28	18.65	5.16	7.72
2005	283.04	19.04	189.87	19.40	14.58	18.73	5.15	7.68
2006	342.58	21.04	224.72	18.35	14.73	1.03	4.30	6.55
2007	418.83	22.26	282.68	25.79	19.21	30.41	4.59	6.80
2008	518.42	23.78	346.49	22.57	19.48	1.41	3.76	5.62
2009	620.99	19.79	417.68	20.55	20.04	2.87	3.23	4.80
2010	771.99	24.32	533.87	27.82	25.84	28.94	3.35	4.84
2011	947.72	22.76	644.80	20.78	29.41	13.82	3.10	4.56
2012	1166.06	23.04	762.46	18.25	24.19	-17.75	2.07	3.17
2013	1317.60	13.00	875.74	14.86	27.74	14.68	2.11	3.17
年均增长率（%）	18.86	—	39.65	—	13.81	—	—	—

资料来源：根据《广西壮族自治区统计年鉴》历年相关数据计算整理得到。

二、广西壮族自治区个人所得税收入特点

1. 个人所得税收入绝对规模总体上升，增速因税制调整出现波动。我国在1994年实行分税制改革，搭建了市场经济条件下中央与地方财政分配关系的基本制度框架，使中国的财政秩序为之大改，中央财政重获活力。自分税制改革以来，广西壮族自治区个人所得税收入的绝对规模总体上保持了快速上升的态势，但增速因税制调整而出现波动，如表12-2所示。

表 12 - 2　　　　1995 ~ 2013 年广西壮族自治区个人所得税收入规模及增速

指标	个人所得税收入规模（亿元）	个人所得税收入增速（%）
1995	2.15	—
1996	3.56	65.80
1997	5.26	47.85
1998	6.81	29.41
1999	8.36	22.76
2000	10.15	21.41
2001	16.75	65.02
2002	11.60	-30.75
2003	10.35	-10.78
2004	12.28	18.65
2005	14.58	18.73
2006	14.73	1.03
2007	19.21	30.41
2008	19.48	1.41
2009	20.04	2.87
2010	25.84	28.94
2011	29.41	13.82
2012	24.19	-17.75
2013	27.74	14.68

资料来源：根据《广西壮族自治区统计年鉴》历年相关数据计算整理得到。

　　1996 年广西壮族自治区个人所得税收入环比增速最高，达到了 65.80%。1996 ~ 2000 年广西壮族自治区个人所得税收入环比增速则呈现出逐年下滑的趋势，环比增速也出现小幅波动。2001 年广西壮族自治区个人所得税税收环比又大幅上升，增速在近十几年中排第二，达到了 65.02%。随后，由于在 2002 年国家实施新的所得税收入分享改革方案：当年所得税收入中央和地方各分享 50%，2003 年所得税收入中央分享 60%，地方分享 40%，直接影响到 2002 年和 2003 年广西壮族自治区地方财政的个人所得税收入。2002 年广西壮族自治区个人所得税税收收入较 2001 年出现了大幅度下降，减幅达 30.75%，减少了 5.15 亿元。至 2003 年，由于地方财政分享的比例进一步缩小，使得广西壮族自治区地方财政的个人所得税税收收入继续出现负增长，但减幅与2002年相比明显缩小，为10.78%。从2004年开始，广西壮族自治区地方财政的个人所得税收入又开始大幅增加，其中，2004年和2005年的个人所得税收入增长幅度都超过了18%。进入2006年，由于从1月1日起个人所得税费用扣除额从800元提高到1600元，同时高收入者实行自行申报纳税，导致当年广西壮族自治区个人所得税收入增速陡然下降，由2005年18.73%的增速下降到2006年的1.03%。2007年个人所得税税收同比增量是自2002年以来最高的，增速也达到了30.41%。由于2008年3月1日我国再次上调个人所得税费用扣除标准，从1600元提高到2000元，导致2008年广西壮族自治区个人所得税收入同比增速又大幅下降，仅有1.41%。从2011年9月1日起，我国个人所得税费用扣除标准再次上调，由2000元提高到3500元。这次调整使得2011年和2013年广西壮族自治区所得税收入增速再次大幅下跌，尤其是2012年又一次出现了负增长，下降速度达17.75%。到2013年广西壮族自治区个人所得税收入为27.74亿元，是1995年的12.9倍。有关1995～2013年广西壮族自治区个人所得税收入增速变化情况如图12－1所示。

2. 广西壮族自治区个人所得税收入相对规模稳定，但地位有待提高。

（1）占广西壮族自治区财政一般预算收入的相对规模。分税制改革以来，广西壮族自治区地方财政一般预算收入一直保持着持续增长的态势。但是，作为广西壮族自治区地方财政收入的重要来源的个人所得税相对规模却一直处于较低水平。如图12－1数据所示，1995年个人所得税占广西壮族自治区地方财政一般预算收入的比重仅为2.70%，到2013年这一比重不仅没有提高，反而略有下降，只有2.11%。从变化趋势来看，可以划分为两个阶段：一是1995～2001年，个人所得税占广西壮族自治区地方财政一般预算收入的比重呈逐年增加的趋势，由2.70%上升到9.37%，对财政收入的贡献越来越大，在2001年达到最大值；二是2002～2013年，由于所得税收入分享改革以及多次提高个人所得税费用扣除标准，使得个人所得税对财政一般预算收入的贡献率除在2004年出现小幅波动外，一直不断减小，最终出现了在2013年的贡献率还略低于1995年这一结果。

（2）占广西壮族自治区地方税收收入的相对规模。相对于与广西壮自治区个人所得税收入占财政一般预算收入的相对规模而言，其占广西壮族自治区地方税收收入的相对规模略高，二者变化趋势基本一致。但从1995～2013年的总体水平来看，个人所得税收入对广西壮族自治区地方税收收入的贡献率

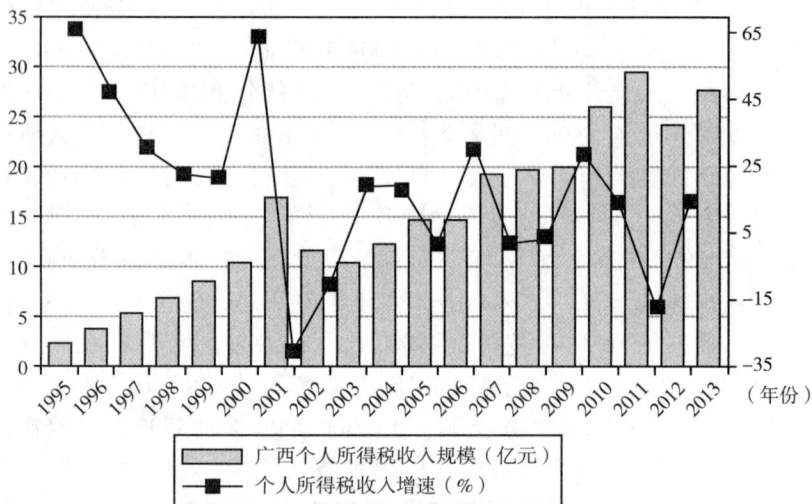

图 12 - 1　1995～2013 年广西壮族自治区个人所得税收入规模变动趋势

仍然偏低。如图 12 - 1 相关数据所显示：1995 年个人所得税收入占广西壮族自治区地方税收收入的比重为 3.65%，经过持续增长，在 2001 年达到最大值 13.01%。自 2002 年开始，这一比例又不断下降，到 2013 年仅占 3.17% 了。

三、影响广西壮族自治区个人所得税收入的主要因素

（1）经济因素。财政收入的增加本质上来源于经济发展。经济总量在一定程度上决定了地区可实现的财政收入存量状况。对于个人所得税而言，个人收入水平直接决定了缴纳的个人所得税水平，而经济增长速度的快慢和增长质量的高低又决定了个人收入水平的多寡。因此，社会整体经济发展形势越好、企业经济效益越高，个人收入及个人所得税就会持续增加。广西壮族自治区在我国虽然属于欠发达地区，但近年来随着中国—东盟自由贸易区的建成、北部湾经济区和桂西资源富集区的设立、珠江—西江经济带上升为国家战略，广西壮族自治区地方经济得到了快速发展。自 1978 年以来，广西壮族自治区实际 GDP 年均增长速度达到了 10.39%，实现了较大规模的增长，这无疑为广西壮族自治区个人所得税收入的增长提供了可靠的动力之源。

（2）制度因素。首先是个人所得税费用扣除标准的调整。我国连续多次提高了个人所得税费用扣除额，其中 2006 年个人所得税费用扣除额从 800 元

调整到 1600 元，2008 年个人所得税费用扣除标准由 1600 元上调到 2000 元，2011 年又进一步上调到 3500 元。每一次调整都使得广西壮族自治区个人所得税收入增长趋势放缓。不过，宏观经济的迅速发展造成人均收入水平的快速增加，在一定程度上削弱了个人所得税费用扣除额提高带来的不利影响，保证了广西壮族自治区个人所得税的税收总量仍然延续了较快的增长趋势。除了税收制度因素外，影响个人所得税收入的制度因素还包括分配制度因素。例如，通过分配制度改革缩小收入差距，可以提高居民整体的应税能力；通过建立恰当的公务员、事业单位人员工资增长机制，可以有效地提高个人所得税收入；通过推行"阳光工资"、绩效工资改革，规范收入分配秩序，提高分配制度的透明性，也可以增加个人所得税收入。

（3）社会因素。社会性因素不仅包括居民纳税意识状态，还包括人口结构的变化。通过持续的纳税宣传教育，以及居民自身素质与法律意识的不断提高，我们当前的纳税意识得到了极大的改善，这无疑为个人所得税收入的增长塑造了良好的社会氛围。但是，由于我国包括广西壮族自治区正快速进入老龄化社会，这在一定程度上又会对个人所得税收入产生不利影响。这是因为干部、职工的退休工资以及离休生活补助费不属于我国个人所得税的征收范围，随着人口老龄化程度不断变严重，个人所得税税基将会不断减小。对于广西壮族自治区而言，近几年伴随着地方经济的快速发展与开发程度的不断提高，外来劳动力越来越多，在岗职工人数保持稳定，夯实了个人所得税税基，在一定程度上抵消了人口老龄化对个人所得税收入的消极影响。再加上政府对居民服务质量的提高，以及征管力度的加强，使得广西壮族自治区个人所得税收入依然保持增长。

（4）财政体制因素。继 1994 年的分税制改革之后，2011 年对所得税进行改革，将个人所得税调整为由中央、地方共享的税种。毫无疑问，这会对地方个人所得税收入和地方财政收入产生直接影响。从广西壮族自治区地方财政个人所得税收入情况在相关年份的变化可以看出，这次体制调整对地方财政收入的影响程度较大。2001 年以前，广西壮族自治区个人所得税收入一直处于逐年增长的趋势，并在 2001 年达到最大增长速度，个人所得税收入为 16.75 亿元的规模，而在体制调整之后的 2002 年和 2003 年，广西壮族自治区个人所得税收入大幅度下降，分别为 11.60 亿元和 10.35 亿元，对应的降幅分别为 30.75% 和 10.78%。由此可见，此次财政体制分享改革对广西壮族自治区个人所得税收入的影响十分巨大。

当然了，经济系统是一个十分复杂的系统，个人所得税收入的影响因素同样复杂。除了前面提到的几个主要因素影响外，广西壮族自治区地方财政个人所得税收入还会受到地区经济发展战略、产业结构、税务机关征管效能等多方面因素的综合影响。

第二节 研究方法及数据

一、研究方法

根据我国个人所得税的实际情况来看，其征收对象主要是城镇居民。因此，我们将重点研究个人所得税调节广西壮族自治区城镇居民的收入分配差距的实际效果，以此来了解和评价广西壮族自治区个人所得税的收入调节效能。国际上对收入差距的测度指标主要有洛伦兹曲线、基尼系数、库兹涅茨比率、沃尔夫森"极化指数"和泰尔指数等。由于基尼系数不仅是我国衡量收入差距的主要指标，而且也是国际上认可度较高的收入差距衡量指标，因此，我们选取基尼系数来作为广西壮族自治区城镇居民收入差距的衡量指标。可是，《广西统计年鉴》上并没有给出各年的基尼系数，需要由我们自行计算。通过比较分析，我们选取 Sen（1973）所定义的基尼系数计算公式来近似估计广西壮族自治区城镇居民基尼系数：

$$G = 1 + \frac{1}{n} - \frac{2}{n^2 \mu} \sum_{i=1}^{n} \left[(n - i + 1) y_i \right] \tag{12-1}$$

式（12-1）中，μ 为全部样本的人均收入，n 为样本数量，y_i 为排在第 i 位的个体收入。

根据国际通用标准，基尼系数在 0.2 以下，表示收入分配"高度平均"；基尼系数在 0.2~0.3，表示收入分配"相对平均"；基尼系数在 0.3~0.4，表示收入分配"相对合理"；通常将 0.4 作为收入分配贫富差距的"警戒线"；基尼系数在 0.4~0.5，表示收入差距较大；基尼系数在 0.6 以上，表示收入分配差距悬殊，可能随时发生社会动乱。

为对比税前税后基尼系数差异，我们引入 MT 指数。MT 指数是 Musgrave 和 Thin（1948）提出来的，该指数等于税前基尼系数和税后基尼系数的差值，以此来刻画个人所得税对城镇居民收入差距调节效应，计算公式如下：

$$MT = G - G^* \tag{12-2}$$

式（12 - 2）中，G 表示城镇居民家庭缴纳个人所得税之前的基尼系数，为城镇居民家庭税缴纳个人所得税之后的基尼系数。当 MT 大于 0 时，说明税前基尼系数大于税后基尼系数。即经过个人所得税调节后，与税前所占收入份额相比，较低收入阶层的税后所占收入份额相对提高，较高收入阶层的税后所占收入份额相对减少，个人所得税对居民收入分配差距起到正向调节作用，居民收入分配不公平程度得到改善。此时，个人所得税发挥出了应有的收入分配调节作用，值越大则说明调节效应越好，调节后的收入分配不公平程度变得越小。相反，当 MT 小于 0 时，则说明个人所得税发挥的是收入分配逆向调节作用，即经过个人所得税调节后，居民收入分配不公平程度反而进一步恶化，值越大则说明逆向调节作用越大。当 MT 等于 0 时，则说明个人所得税对于收入分配没有调节作用。

为便于进一步客观评价个人所得税调节收入分配差距效应的大小，我们用指数来表示测量个人所得税收入调节城镇居民收入差距的政策效应，计算公式为：

$$\partial = \frac{MT}{G} \times 100\% \qquad\qquad (12-3)$$

二、广西壮族自治区城镇居民个人所得税税前税后收入数据

所有的数据均来源于《广西统计年鉴（2002～2013 年)》，其中《广西统计年鉴》中缺失的数据则由《中国统计年鉴》中的相关数据来弥补。由于相关统计年鉴中缺少居民税前个人收入的数据，因此，我们的数据整理是以居民税后收入为起点，由税后收入加上个人负担的相关税收，最终得出居民税前收入的数据。

在《广西统计年鉴》中，城镇居民的收入阶层是以家庭为单位来进行划分的，并不是以个人为单位，因此下面所计算的基尼系数也是以家庭为单位的。其中城镇居民家庭收入主要分为年人均总收入和年人均可支配收入这两个指标。部分学者（如邹凯丽，2014；李延辉、王碧珍，2009）直接将人均总收入作为税前收入，将人均可支配收入作为税收收入，来近似探讨个人所得税对居民收入分配差距的调节效应。但是，通过对统计年鉴中相关数据统计口径的考察，我们发现：统计年鉴中提供的人均可支配收入是包含有"转移性收入"的，而"转移性收入"并不属于税收调节的范围，因此，为了提高对广

西壮族自治区个人所得税收入分配调节效应分析的准确性，我们将转移性收入进行了剥离。即：

$$\begin{matrix}\text{广西壮族自治区城镇居民}\\\text{个人所得税税后收入}\end{matrix} = \begin{matrix}\text{人均可支}\\\text{配收入}\end{matrix} - \begin{matrix}\text{人均转移}\\\text{性收入}\end{matrix}$$

要得到广西壮族自治区城镇居民个人所得税税前收入，我们还必须找到广西壮族自治区城镇居民缴纳的个人所得税。为此，我们进一步考察年鉴中人均可支配收入的统计口径发现：

$$\begin{matrix}\text{人均可支}\\\text{配收入}\end{matrix} = \begin{matrix}\text{人均总}\\\text{收入}\end{matrix} - \begin{matrix}\text{缴纳的个}\\\text{人所得税}\end{matrix} - \begin{matrix}\text{缴纳的社会}\\\text{保障支出}\end{matrix} - \begin{matrix}\text{记账}\\\text{补贴}\end{matrix}$$

其中，记账补贴在城镇家庭收入中所占的比重还很小，暂时可以忽略不计。这样，人均总收入和人均可支配收入的差额主要由个人所得税和社会保障支出产生。于是，我们可以近似计算居民缴纳的个人所得税，公式为：

$$\text{个人所得税} = \text{人均总收入} - \text{人均可支配收入} - \text{人均社会保障支出}$$

也就是说，我们在通过人均总收入来推测计算广西壮族自治区城镇居民个人所得税税前收入时必须剥离"社会保障支出"。

综合前面的推导，我们就可以得到广西壮族自治区城镇居民缴纳个人所得税税前收入的近似计算公式：

$$\begin{matrix}\text{广西壮族自治区城镇居民}\\\text{个人所得税税前收入}\end{matrix} = \begin{matrix}\text{个人所得税}\\\text{税后收入}\end{matrix} + \begin{matrix}\text{个人所}\\\text{得税}\end{matrix} = \left(\begin{matrix}\text{人均可支}\\\text{配收入}\end{matrix} - \begin{matrix}\text{人均转移}\\\text{性收入}\end{matrix}\right)$$
$$+ \left(\begin{matrix}\text{人均总}\\\text{收入}\end{matrix} - \begin{matrix}\text{人均可支}\\\text{配收入}\end{matrix} - \begin{matrix}\text{人均社会}\\\text{保障支出}\end{matrix}\right)$$

即：

$$\begin{matrix}\text{广西壮族自治区城镇居}\\\text{民个人所得税税前收入}\end{matrix} = \begin{matrix}\text{人均总}\\\text{收入}\end{matrix} - \begin{matrix}\text{人均社会}\\\text{保障支出}\end{matrix}$$

此外，在 2013 年之前统计年鉴中的城镇居民家庭按收入划分为七组，其中最收入户、低收入户、高收入户和最高收入户这四组所占的户数比重为 10%，中等偏下收入户、中等收入户、中等偏上收入户三组的比重为 20%。而在 2013 年之后则是划分为五个等分组。根据基尼系数计算的前提要求（即为每阶层所占的比重相等），我们还需要将各阶层的户数调为同样的比重。于是，我们将 2013 年以前最低收入户和低收入户合并（取二者的平均数）成为低收入户，高收入户和最高收入户合并（取二者的平均数）成为高收入户，这样使得每组的户数比重都为20%。最终分为五组收入阶层，分别为低收入户、中等偏下收入户、中等收入户、中等偏上收入户和高收入户，每组所占的户数比重均为20%。

第三节　实证分析

一、广西壮族自治区城镇居民各阶层个人所得税税前和税后收入量的比较

表12-3是按照前面介绍的数据处理方法根据年鉴整理的广西壮族自治区各阶层的人均个人所得税税前收入和人均个人所得税税后收入。从表12-2可以看出，2003~2013年，广西壮族自治区城镇居民各阶层人均税前和税后收入都有较大幅度的增长。其中，低收入户的税前收入从2846.46元增加到10354.37元，年均增长速度为13.78%；税后收入从2176.02元增加到9050.20元，年均增长速度为15.32%。低收入户的税前收入和税收增长速度均为各个收入阶层中税前收入和税后收入增速的最大值。高收入户的税前收入从18243.42元增加到50989.12元，年均增长速度为10.82%；税后收入从14434.68元增加到43738.03元，年均增长速度为11.72%，该增速在各阶层税后收入增速中排名第2位（中等偏下阶层税后年均增速与其并列第2位）。各收入阶层人均收入都在快速增长，但总体上而言，从低收入阶层到高收入阶层，税前收入年均增速依次递减；从低收入阶层到中等偏上收入阶层，税后收入年均增速也依次递减。通过图12-2和图12-3进一步描述了2003~2013年广西壮族自治区城镇居民各阶层人均个人所得税税前收入和税后收入的变化过程。

表12-3　　　　广西壮族自治区城镇居民家庭人均个人所得税收入　　　　单位：元

年份	低收入户		中等偏下收入户		中等收入户		中等偏上收入户		高收入户	
	税前收入	税后收入	税前收入	税后收入	税前收入	税后收入	税前收入	税后收入	税前收入	税后收入
2003	2846.46	2176.02	5099.04	3996.36	7008.96	5531.16	9405.60	7490.40	18243.42	14434.68
2004	3493.38	2703.08	5860.22	4353.52	7923.65	5965.17	10218.98	8395.02	16189.61	12753.80

续表

年份	低收入户		中等偏下收入户		中等收入户		中等偏上收入户		高收入户	
	税前收入	税后收入	税前收入	税后收入	税前收入	税后收入	税前收入	税后收入	税前收入	税后收入
2005	3613.25	2866.89	6066.27	4106.87	8254.41	6233.28	11430.78	8913.89	19097.72	15090.12
2006	4263.97	3149.21	6714.47	4784.44	9120.36	7079.90	12556.82	9778.55	20981.69	17062.05
2007	4847.98	3357.80	7921.14	5662.63	10504.58	7756.50	14842.43	11651.22	24997.33	20001.73
2008	5887.09	4037.71	9775.75	7454.84	13066.93	9612.96	17125.28	13338.18	27784.84	21383.66
2009	6586.97	4525.14	10693.90	7597.06	14136.20	9912.30	18786.93	14509.17	30402.41	22833.94
2010	7678.60	5545.89	11850.11	8166.85	15729.12	9992.05	20529.11	15755.68	32610.07	24089.95
2011	7969.48	5697.47	12690.12	8266.29	16988.70	12572.14	22046.39	16240.73	36918.37	28873.43
2012	9641.87	6626.59	14766.75	10161.72	19292.49	13133.45	24707.14	17659.68	41239.60	33279.10
2013	10354.37	9050.20	16026.92	12092.33	21406.37	15475.91	28086.63	20064.39	50989.12	43737.03
年增长率（%）	13.78	15.32	12.13	11.71	11.81	10.84	11.56	10.36	10.82	11.72

资料来源：根据《广西壮族自治区统计年鉴》历年相关数据计算整理得到。

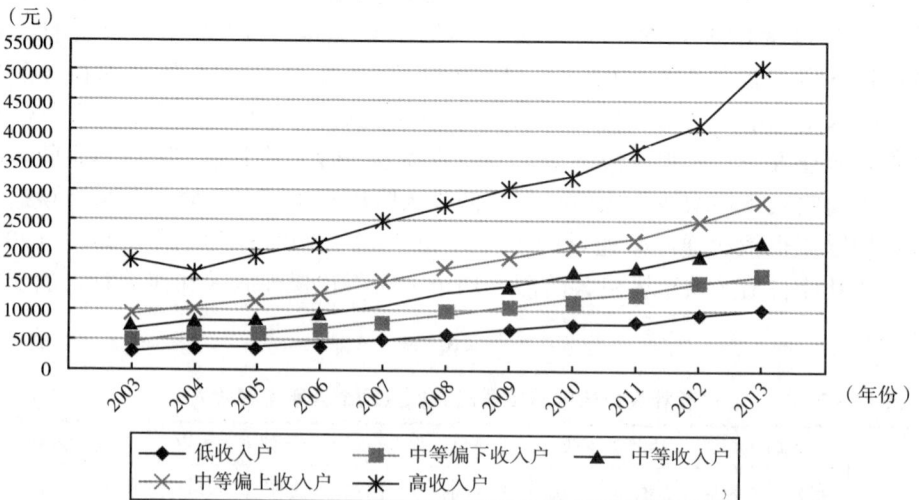

图12-2　2003～2013年广西壮族自治区城镇居民各阶层人均个人所得税税前收入变化

如图 12 - 2 所示，2003 ~ 2013 年，高收入户的人均税前收入增加额明显要高于其他阶层，中等偏上收入户增加额次之，低收入户的增加额是最小的。在 2003 年和 2004 年广西壮族自治区不同阶层之间的税前收入差距表现得并不是很明显，从 2005 年开始各阶层收入差距明显增加，尤其在 2013 年差距表现得最为明显。

图 12 - 3 反映的是 2003 ~ 2013 年广西壮族自治区城镇居民各阶层人均个人所得税税后收入的变化趋势。对照图 7 - 2 可以发现，图 12 - 3 和图 12 - 2 中各阶层收入变化的走势基本相同。从图 12 - 3 可以看出，高收入户个人所得税税后收入增加额明显要高于其他阶层，中等偏上收入户次之，低收入户的增长速度是最小的。在 2003 年和 2004 年广西壮族自治区不同阶层之间的税后收入差距表现得并不是很明显，从 2005 年开始各阶层收入差距开始明显增加，尤其在 2013 年差距变现得最为明显。

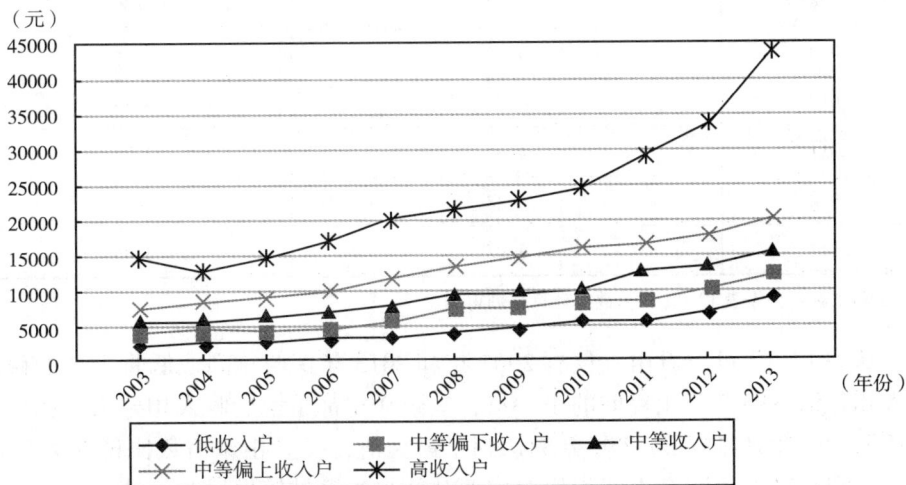

图 12 - 3　2003 ~ 2013 年广西壮族自治区城镇居民各阶层人均个人所得税税后收入变化

图 12 - 2 和图 12 - 3 各收入阶层之间的走势基本保持一致，这在一定程度上说明广西壮族自治区个人所得税对城镇居民收入差距的调节效应并不明显。此外，图 12 - 2 和图 12 - 3 还有一个共同点，那就是高收入阶层与其他阶层之间的差距最大，高收入阶层与其他阶层的收入差距相对悬殊，而其他四个阶层之间的差距则基本呈现出等差递增的特点，这较好地说明广西壮族自治区城镇居民各阶层之间的收入差距主要来源于高收入阶层与其他阶层之间的收入差距。

为了进一步判断个人所得税对广西壮族自治区城镇居民收入差距的调节作用，我们分别计算了 2003～2013 年广西壮族自治区城镇居民高收入户与低收入户的税前收入之比和税后收入之比，如表 12-4 所示。

表 12-4　广西壮族自治区城镇居民高、低收入户税前收入之比和税后收入之比

年份	高、低收入户税前收入相差倍数	高、低收入户税后收入相差倍数
2003	6.41	6.63
2004	4.63	4.72
2005	5.29	5.26
2006	4.92	5.42
2007	5.16	5.96
2008	4.72	5.30
2009	4.62	5.05
2010	4.25	4.34
2011	4.63	5.07
2012	4.28	5.02
2013	4.92	4.83

资料来源：根据表 12-3 相关数据计算整理得到。

从表 12-3 可以看出，仅有 2005 年和 2013 年这两年高、低收入户的税后收入相差倍数略微要比税前的小一点，其余 9 年都是税后收入相差倍数比税前的还要大。尤其是在 2007 年差额达到了最大值，税后相差倍数比税前大 0.8。这在一定程度上说明个人所得税对广西壮族自治区城镇居民收入分配并没有起到正向的调节作用，反而恶化了城镇居民间的收入分配差距。

二、广西壮族自治区城镇居民个人所得税税前基尼系数和税后基尼系数的比较

表 12-5 是根据前面所介绍的基尼系数计算公式估算出来的 2003～2013 年广西壮族自治区城镇居民个人所得税税前收入和税后收入的基尼系数。

表 12 – 5　　　　广西壮族自治区城镇居民个人所得税税前和税后基尼系数

年份	税前基尼系数 G	税后基尼系数 G*	MT 指数	占比（%）
2003	0.3296	0.3332	-0.0036	-1.1014
2004	0.2724	0.2826	-0.0102	-3.7465
2005	0.2999	0.3145	-0.0146	-4.8586
2006	0.2929	0.3137	-0.0207	-7.0822
2007	0.2993	0.3244	-0.0251	-8.3964
2008	0.2778	0.2907	-0.0129	-4.6462
2009	0.2765	0.2932	-0.0167	-6.0452
2010	0.2649	0.2812	-0.0163	-6.1538
2011	0.2784	0.3033	-0.0248	-8.9209
2012	0.2668	0.3008	-0.0340	-12.7348
2013	0.2943	0.3081	-0.0138	-4.6973

资料来源：根据表 12 – 2 相关数据计算整理得到。

从基尼系数来看，2003～2013 年，广西壮族自治区城镇居民税前和税后基尼系数集中在 0.3 左右变动。其中，2003 年为基尼系数最大的年份，2010 年是基尼系数最小的年份。税前基尼系数仅 2003 年超过了 0.3，这说明广西壮族自治区城镇居民收入分配总体尚处于比较平等的状态，但是从近几年的变化趋势来看，税前和税后的基尼系数均有进一步增大的可能性。

不过，需要引起重视的是，2003～2013 年的 MT 指数均为负值，说明广西壮族自治区城镇居民的税前基尼系数比税后的基尼系数小，个人所得税非但没有起到缩小收入差距的作用，反而使收入差距进一步变大。其中，逆向调节作用最强的年份为 2012 年，MT 指数达到了 -0.034。从个人所得税调节收入分配政策效应指数的绝对值来看，2003～2007 年个人所得税的逆向调节效应不断增强，这种逆向调节效应经过 2008 年的大幅削弱之后，一直逐年增大至 2012 年，直到 2013 年才再次变弱。这很可能是与我国在 2006 年、2008 年和 2011 年大幅提高个人所得税费用扣除标准有一定关系。

三、广西壮族自治区城镇居民各阶层平均税率比较

这里所指的平均税率主要是指个人所得税的平均税率，它代表一个阶层的居民收入所承担的税收比重。为了使个人所得税能起到调节收入分配的作用，

大部分国家（地区）设计的个人所得税税率一般都具有较强的累进性。但是考虑到税法漏洞和偷漏税等情况，现实中个人所得税是否真具有累进性，还不可知。为此，通过计算各收入阶层的平均税率来考察个税税负水平。如果随着收入阶层的提高，平均税率上升的话，那就说明个税有正向调节收入分配的作用，反之，则是逆向调节的作用。平均税率的计算，借鉴代灵敏（2013）的做法，使用如下公式：

$$平均税率 = （人均年税前收入 - 人均年税后收入）÷ 人均年税前收入$$

计算结果如表 12 - 6 所示。

表 12 - 6　　2003 ~ 2013 年广西壮族自治区居民各收入阶层的平均税率变化　　单位:%

年份	低收入户	中等偏下收入户	中等收入户	中等偏上收入户	高收入户
2003	23.55	21.63	21.08	20.36	20.88
2004	22.62	25.71	24.72	17.85	21.22
2005	20.66	32.30	24.49	22.02	20.98
2006	26.14	28.74	22.37	22.13	18.68
2007	30.74	28.51	26.16	21.50	19.98
2008	31.41	23.74	26.43	22.11	23.04
2009	31.30	28.96	29.88	22.77	24.89
2010	27.77	31.08	36.47	23.81	26.13
2011	28.51	34.86	26.00	26.33	21.79
2012	31.27	31.19	31.92	28.52	19.30
2013	12.60	24.55	27.70	28.56	14.22

资料来源：根据表 12 - 2 相关数据计算整理得到。

从表 12 - 6 可以看出，广西壮族自治区城镇居民低收入户的税率仅在 2005 年和 2013 年低于高收入户。总体来看，居民收入水平越高，所负担的个人所得税平均税率反而越低。这表明，广西壮族自治区个人所得税在一定程度上并不具有累进性，反而有累退性，个人所得税起的是逆向调节作用。

第四节　广西壮族自治区个人所得税调节居民收入差距效应不明显的原因分析

一、个人所得税占广西壮族自治区税收收入份额偏低

目前，我国现行的税制结构是以增值税、营业税、企业所得税为主，个人所得税所占份额普遍偏低。从表7－1的数据也可以看到，1995～2013年，广西壮族自治区个人所得税比例首先经历了6年的持续增长，在2001年达到了最大值，但是也只有13.01%。从2002年开始，又持续呈现下降趋势，在2013年降到了3.17%，比1995年的占比（3.65%）还要低。由于个人所得税的收入分配调节功能是国家通过征收个人所得税得以发挥，即只有保证个人所得税保有一定的比例，个人所得税的调节效果才能得到更好的体现，而这种下降趋势就直接抑制了个人所得税的收入分配调节作用。

二、个人所得税征管效率低下

个人所得税的收入分配调节功能的实现，依赖于强有力的税收征管，但从目前来看，整个税收征管体制存在缺陷。首先，个人所得税征管信息不完全，时效性差，很多隐蔽性创收行为难以计入个人收入信息中，这就导致个人所得税基数的减少。根据中国经济体制改革研究会"收入分配"课题组推算2011年全国居民灰色收入为6.2万亿元，约占GDP的12%。如此大额的收入竟然没有在个人所得税课税对象覆盖范围内，特别值得注意的是这部分灰色收入大多存在于高收入家庭中，这无疑削弱了个人所得税调节分配收入的效果。其次，对收入与财产关系的监控不足，工资性收入是中低收入者的主要收入，能得到有效监控，而高收入者的收入来源十分广泛且不乏非法收入。最后，偷逃税的现象未能得到很好地遏制，虽然我国对偷漏税行为有明确的处罚规定，但总体上惩罚的力度不大，偷逃税的收益大于偷逃税的处罚，这就存在逆向选择的可能。

三、其他原因

个人所得税的收入分配调节效应不明显甚至出现负效应，除了以上原因外，还有可能受到以下原因影响。费用扣除方面，个人所得税＝（总工资－三险一金－免征额）×税率，其中三险一金及免征额在统计年鉴中几乎没有数据，这在一定程度上影响了公式计算结果；即使费用扣除部分能够得到记

录，这些费用也很难消除 CPI 波动对收入数据产生的影响。从个人所得税课征对象看，其对象为个人收入，但个人收入的来源渠道具有多元化特征，在对个人收入课征个人所得税时就难以面面俱到，特别是高收入阶层，其收入来源较收入固定的工薪阶层而言更加多元，这些多元化收入的漏征或少征都可能影响个人所得税的收入分配调节效果。同时，还存在统计口径匹配的问题，在上面公式中城镇居民年收入是用家庭年总收入代替，对应的家庭这个组织，而个人所得税是以个人为纳税主体，口径存在不一致，这也在一定程度上影响了整体计算结果。

第五节 强化广西壮族自治区个人所得税调节居民收入差距职能的建议

一、优化税制结构，提高个人所得税在税收中的比重

个人所得税的收入分配调节效应之所以很小甚至为负，在很大程度上受限于个人所得税在税收中的比重过低。根据国际经验，国外个人所得税作为主体税在全部财政收入的比重较大，这就使得个人所得税能够很好地实现税收征收的效率和公平。在 OECD 国家税收结构中，个人所得税在财政收入的平均比重为 26%，发达国家个人所得税占税收收入的平均比重为 29%，当然，这么高的比重主要依托于这些国家高国民收入。就目前中国国情而言，如此高的个人所得税比重在短期内难以达到，但国家可以通过扩大税基、调整免征税范围等方式适当地转变个人所得税低比重的现状。《中华人民共和国个人所得税税法及实施条例（2012）》将需要缴纳个人所得税的个人所得划分为 11 类，虽看似种类多样，但在日常操作中许多种类的个人所得因不便征收而流失。因而我国可以通过将日常交易所得及可推定的劳务所得划入到个人所得税的纳税范畴以扩大税基；同时适当地调整缩小免征对象，如将偶然所得中原设定为免征的项目转为征收项目使个人所得税的比重得以提升。

二、采用分类与综合相结合的混合征收模式

以世界现行的个人所得税征收经验来看，个人所得税的征收大致采用以下三种模式：综合所得税制、分类所得税制和混合所得税制。虽然综合所得税制最符合税制公平的原则，但是，它的运行成本较高、条件比较苛刻，尤其是它的正常实施要求公民必须具有很好的纳税意识，同时，征收机关也要掌握先进

的征管手段。可见，该类征收模式与我国当前的现状并不太符合。分类征收所得税则可以有效地避免高收入者通过转移收入项目的做法来逃避高税率的行为。根据我国现实国情，可以考虑将个人所得税采用混合征收模式，实现分类所得税制与综合所得税制的有机结合。这也是世界各国普遍采用的一种个人所得税征收模式。在这种征税模式下，将不同来源的应税所得科学、合理地划分为两类，一类属于劳动报酬所得，适用费用扣除的应税项目，如工资、薪金，劳务报酬，稿酬，生产经营所得，承包租赁所得等项目，对于这些项目实行综合征收制；另一类所得属于投资性的，没有费用扣除的应税项目，如财产租赁、转让所得，特许权使用费收入，利息、股息、红利所得，偶然所得，其他所得等项目，对于这些实行分类征收制。

三、加强个人所得税的征管

在中国，居民获得收入的途径有很多，并且具有隐蔽性、复杂性，如兼职、财产转让、房屋租赁等，这些收入相对分散、不易被记录。针对这一问题，我国采取了相应措施，如建立个人存款账户实名制、完善个人征信系统、建立统一的企业数据库用于加强对个人所得税的征管，这些措施在一定程度上解决了个人所得税在缴纳过程中所出现的偷税、漏税问题，但从整体上看效果并不明显。考虑到银行储蓄存款实行实名制，再结合兼职、财产转让、房屋租赁的特点（一般是以现金结算），国家可以通过颁布条例，规定这部分所得须采用银行转账而不是采用直接发现金的方式结算，实现数字化管理。在保证征收顺畅的同时，还必须加强对所发现的偷税、漏税行为加以监督、管理。但从以往经验看，仅仅给予法律制裁并不能起到"根治"作用，为了达到更好的征管效果，国家可以建立个人所得税登记核实系统，通过该系统将个人偷税、漏税的违法行为加以记录，并加以公示，使得机会主义者面临博弈，选择一次偷税、漏税获得的微利而使终身背负信用污点，或选择放弃机会主义，保持自身信用的清白。无疑这样的登记核实系统能让想要偷税、漏税的纳税者，权衡利弊，做出有利自身的选择，即缴足税款。

第六节　本章小结

本章重点评价了个人所得税调节广西壮族自治区城镇居民收入分配差距的实际效果，以此来管窥广西壮族自治区个人所得税调节居民收入差距效应。同时，还进一步分析了广西壮族自治区个人所得税调节居民收入差距效应不明显的主要原因，并提出了相应的对策建议。得出了如下主要结论：

1. 总体来看，自 1994 年税制改革以来，广西壮族自治区个人所得税收入的绝对规模得到大幅提高，相对规模保持了稳定。不过，广西壮族自治区个人所得税的增速因税制调整出现了波动，其在财政收入中的地位也有待提高。

2. 通过比较广西壮族自治区城镇居民各阶层个人所得税税前和税后收入量发现，高收入户个人所得税后收入增加额明显要高于其他阶层，中等偏上收入户次之，低收入户的增长速度最小。这说明广西壮族自治区个人所得税对城镇居民收入差距的调节效应并不明显。尤其是高低收入户的税后收入相差倍数与税前相比仅在 2005 年、2013 年略有下降，其余年份都是税后收入相差倍数比税前大，二者的差额 2007 年达到最大。这进一步说明个人所得税对广西壮族自治区城镇居民收入分配不仅没有起到正向调节作用，反而恶化了城镇居民收入分配差距。

3. 广西壮族自治区 2003 ~ 2013 年的 MT 指数均为负值，说明广西壮族自治区城镇居民的税前基尼系数比税后的基尼系数小，个人所得税非但没有起到缩小收入差距的作用，反而使收入差距进一步变大。其中，逆向调节作用最强的年份为 2012 年，MT 指数达到了 - 0.034。

4. 从个人所得税调节收入分配政策效应指数的绝对值来看，2003 ~ 2007 年个人所得税的逆向调节效应不断增强，这种逆向调节效应经过 2008 年的大幅削弱之后，一直逐年增大至 2012 年，直到 2013 年才再次变弱。

5. 广西壮族自治区城镇居民低收入户的税率仅在 2005 年和 2013 年低于高收入户。总体来看，居民收入水平越高，所负担的个人所得税平均税率反而越低。进一步表明，广西壮族自治区个人所得税在一定程度上并不具有累进性，反而有累退性，个人所得税起的是逆向调节作用。

6. 广西壮族自治区个人所得税调节居民收入差距效应不明显的原因一方面在于个人所得税占广西壮族自治区税收收入份额偏低，另一方面在于个人所得税征管效率低下。建议优化税制结构，提高个人所得税在税收中的比重；采用分类与综合相结合的混合征收模式；加强个人所得税的征管。

第十三章　研究结论与政策建议

第一节　研究结论

一、广西壮族自治区居民收入分配总体状况

从国民初次分配坏节来看，广西壮族自治区劳动者所得份额呈现明显下降趋势，而政府和企业所得份额则呈不断上升趋势。广西壮族自治区劳动者所得的增长速度慢于地区 GDP 增长速度，而广西壮族自治区企业及政府所得的增长速度均快于地区 GDP 的增长速度。广西壮族自治区劳动者报酬的变动与劳动生产率的变动并不同步，劳动者报酬增长速度慢于第二产业、第三产业和全产业劳动生产率的增长速度。

总体来看，广西壮族自治区居民总收入得到显著提高，但是其占 GDP 的比重偏低，且呈下降趋势。广西壮族自治区城乡居民收入实现了逐年增长，可是，与全国水平的差距依然比较大，并且这种差距还表现出不断扩大的趋势。广西壮族自治区城镇居民人均可支配收入增长速度长期快于农村居民人均纯收入的增长，城乡收入差距不断扩大，城镇居民收入占总收入的比重持续上升。

二、广西壮族自治区城镇居民收入分配状况

广西壮族自治区城镇居民总收入呈现快速增长趋势。广西壮族自治区城镇居民人均可支配收入增速虽然低于全国平均水平，但高于西部地区平均水平。从分组人均可支配收入占比判断，广西壮族自治区城镇居民收入差距总体上呈现缩小的态势。按照基尼系数来判断，广西壮族自治区城镇居民收入差距比较合理，但自 2012 年以来，基尼系数表现出小幅增大的苗头。广西壮族自治区各个地级市在岗职工的平均工资变化情况与从业人员平均劳动报酬的变化大致相似，最高地区与最低地区的比值呈下降趋势，表明广西壮族自治区各地区间的城镇居民收入差距在缩小。

三、广西壮族自治区农村居民收入分配状况

经过 30 多年的改革开放，广西壮族自治区农村居民收入得到了较大幅度的提升。特别是 2006 年之后人均纯收入迅速增长，由 3587 元增长至 2013 年的 8895.9 元，增长了 148%。总体来看，广西壮族自治区农村居民收入增长趋势与全国的变化趋势趋于一致。但是，广西壮族自治区农村居民收入水平远低于全国水平，并且，广西壮族自治区农村居民收入差距也在不断变大。在广西壮族自治区的 14 个地级市中，2002~2013 年，南宁、钦州、北海、防城港农村居民人均纯收入水平较高，而百色、河池、崇左地区的农村居民人均纯收入水平相对较低。年均增长速度差异较大，其中增速最快的地区是玉林，增速为 13.99%，增速最慢的地区是崇左，增速仅为 8.62%。

四、广西壮族自治区地区间居民收入分配状况

2006~2013 年，广西壮族自治区各地级市城乡居民收入绝对值差距逐渐扩大，而相对值差距则在缩小，且与收入负相关。分析广西壮族自治区各地级市城镇居民与农村居民人均可支配收入与经济增长的关系发现，广西壮族自治区各地级市城乡居民收入与经济发展不同步，且呈反方向变动。其中，半数以上地级市人均收入年增长率低于地区人均生产总值增长率，居民收入与经济发展未实现同步增长。通过对广西壮族自治区 2010~2013 年城乡居民地区人均收入比值进行分析，广西壮族自治区各地区城镇居民收入差距较小，农村居民收入差距较大。在广西壮族自治区的四个区域中，城乡居民收入均处于较高位置的是桂中北地区，处于较低位置的则是桂西地区。

五、广西壮族自治区行业收入差距分析

2003~2013 年，广西壮族自治区分行业城镇职工平均工资最低的行业是由农、林、牧、渔业构成的大农业，而信息传输、计算机服务和软件业和金融业则相对较高。收入最高与收入最低行业职工工资的差距呈扩大趋势。以电力、燃气及水的生产和供应业，以及信息传输、计算机服务和软件业为代表的广西壮族自治区垄断行业与以制造业为代表的竞争性行业之间的职工平均工资差距均呈现缩小的变化趋势，而金融业与制造业的职工平均工资差距则出现大幅扩大的趋势。对于以电力、燃气及水的生产和供应业，信息传输、计算机服务及软件业，金融业这三个垄断行业而言，前面两个行业的收入差距较小，增

长幅度也相差无几。但金融业不管是行业平均水平，还是年增长率都远远高于另外两个行业。

六、实现广西壮族自治区城乡居民收入倍增计划的时间预测

利用灰色预测 GM（1，1）模型和新陈代谢 GM（1，1）模型，预测得到的 2020 年广西壮族自治区城镇居民人均可支配收入均低于广西壮族自治区城镇居民收入倍增计划中的目标值。结合广西壮族自治区城镇居民收入的实际变化情况来看，新陈代谢 GM（1，1）模型的预测结果更具有可信性。同时，利用新陈代谢 GM（1，1）模型预测得到的 2020 年广西壮族自治区农村居民人均纯收入也低于广西壮族自治区农村居民收入倍增计划中的目标值。两大预测结果显示，实现广西壮族自治区城乡居民收入倍增计划的时间将延迟至 2021 年。在经济新常态形成过程中，广西壮族自治区居民收入倍增目标的圆满实现，将面临巨大挑战。

七、广西壮族自治区个人所得税调节居民收入差距的效应分析

通过比较广西壮族自治区城镇居民各阶层个人所得税税前和税后收入量，发现广西壮族自治区个人所得税对城镇居民收入差距的调节效应并不明显。而 2003～2013 年，广西壮族自治区的 MT 指数均为负值，说明广西壮族自治区城镇居民的税前基尼系数比税后的基尼系数小，个人所得税非但没有起到缩小收入差距的作用，反而使收入差距进一步变大。从个人所得税调节收入分配政策效应指数的绝对值来看，2003～2007 年个人所得税的逆向调节效应不断增强，这种逆向调节效应经过 2008 年的大幅削弱之后，一直逐年增大至 2012 年，直到 2013 年才再次变弱。同时，广西壮族自治区城镇居民收入水平越高，所负担的个人所得税平均税率反而越低。综合反映出，广西壮族自治区个人所得税在一定程度上并不具有累进性，反而有累退性，个税对于居民收入差距起到的是逆向调节作用。

第二节　政策建议

在前面各章，已经从不同侧面提出了若干对策建议。在此，主要从整体的角度，围绕进一步深化广西壮族自治区居民收入分配改革、规范广西壮族自治区居民收入分配秩序目标提出一些政策思考。

一、进一步深化广西壮族自治区居民收入分配改革的指导思想

以邓小平理论、"三个代表"重要思想和科学发展观为指导，深入贯彻党的十八大和十八届三中全会精神；积极落实广西壮族自治区的"两区一带"和"双核驱动"发展战略体系，将广西壮族自治区"两个建成"目标的实现同城乡居民收入"倍增计划"有机结合起来，在实现城乡居民收入数量提升的前提下，促进居民收入结构优化，同时兼顾公平与效率。

具体而言，就是处理好公平与效率关系——在初次分配和再分配领域都要兼顾效率和公平，不能片面强调效率而忽视公平，在再分配更加注重公平——的前提下，一方面通过实行收入倍增计划，使广西壮族自治区全体城乡居民的收入水平普遍都能得到提高，增强全区城乡居民的消费能力，提高全区城乡居民的生活水平，使全区城乡居民能够享受到更为丰富的精神及物质生活；另一方面要使全区城乡居民形成工资性收入、经营性收入、财产性收入、转移性收入等不同来源的收入比例合理适中的多元化收入结构，使居民收入来源渠道得到拓宽，增强抵御外部因素影响的能力，从而能够保持较为稳定的增长。

二、进一步深化广西壮族自治区居民收入分配改革的基本原则

1. 统筹兼顾原则。就是指要总揽全局、科学筹划、协调发展、兼顾各方。统筹兼顾是坚持科学发展观的根本方法，实现收入倍增计划也必须要坚持统筹兼顾。因为我国社会主义生产的目的是为了全体居民能够共同富裕，贫穷不是社会主义，贫富两极分化也不是社会主义。只有坚持统筹兼顾城乡之间、不同地区之间、不同行业之间的收入增长情况，才能使全区居民收入共同实现倍增，有效规范收入分配秩序。

2. 标本兼治原则。不仅要重视解决当前收入分配问题，更要重视良性收入分配机制的构建。既要注意提高城乡居民的当前收入，使城乡居民当前收入能随着经济增长而不断增长，也要注意提高城乡居民获取收入的能力，使城乡居民在长远时期内获取收入的能力不断提高。

3. 突出重点原则。提高低收入人群的收入水平，不仅有利于实现收入倍增计划，而且也是缩小收入差距的关键。要重点采取措施加大对低收入人群的支持力度，使低收入人群的收入增长速度能够高于或者至少同步于全区经济增长速度。只有广大低收入人群的收入实现倍增，广西壮族自治区全区的收入倍增计划才有可能实现。

三、进一步深化广西壮族自治区居民收入分配改革的路径设计

1. 保障广西壮族自治区经济中高速增长。经济增长作为居民收入增长的内在驱动力，对于广西壮族自治区城乡居民收入倍增计划的实现具有举足轻重的影响。在广西壮族自治区经济新常态的形成过程中，建议广西壮族自治区按照中央给出的全新战略定位："一路一带"有机衔接重要门户，牢牢把握发展机遇，实施创新驱动战略，加快产业结构转型升级步伐，构建以技术密集型、知识密集型产业为主的产业结构，推动产业体系的现代化转变，保障"十三五"期间广西壮族自治区经济中高速增长。

2. 彻底打破城乡分割的二元体制。要进一步深化广西壮族自治区居民收入分配改革，自治区政府首先必须痛下决心改革城乡二元分割体制。首先，打破城乡壁垒，建立统一的、人力资源自由流动的劳动力市场，保障劳动力市场对个人收入的调节作用得以充分发挥。其次，打破教育、医疗等领域的二元结构。广西壮族自治区应该进一步加大农村地区的财政支出，为农民工和农村居民提供均等化的公共服务。要将农民工纳入社会养老保险、医疗保险、社会救济的保障范畴，努力帮助有意愿的农民工实现市民化。

3. 增强再分配对居民收入差距的调节作用。广西壮族自治区各级政府应该将收入分配格局的干预重点放在再分配环节。一方面，要加大社会保障体系建设力度，充分发挥养老保险在收入分配调节中的长期作用、医疗保险在收入分配调节中的核心作用、社会福利和社会救助在收入分配调节中的引领和托底作用。尤其是，要重视城乡最低生活保障制度、失业保险制度的建设，加大农村救济力度，以及城市中低技能劳动者、失业人员、无养老金和养老金偏低人员的支持力度，为低收入者提供更好的生活保障。另一方面，改善个人所得税的收入差距调节效应，重点加强对高收入阶层的税收调节和征管，建立税收调节收入差距的体制和机制。

4. 深化市场体制改革。一方面，进一步完善市场竞争机制，从根本上消除因行政垄断造成的收入差距。比如，打破行政垄断，解除民营资本进入金融、保险、石油石化、电力等行业的行政壁垒；大力推广 PPP 模式，将教育、医疗、卫生、市政基础设施等部分城市公共事业对民营资本开放。另一方面，提高劳动、土地、资本、技术等要素资源的配置效率，并确保各要素公平参与分配，减少因价格扭曲对不同要素持有者间的收入差距的影响。

5. 打赢精准扶贫、精准脱贫攻坚战。通过精准扶贫，实现广西壮族自治区农村贫困人口的精准脱贫，有利于缩小广西壮族自治区当前的收入分配差距。过去的扶贫工作长期以来都是以贫困地区的区域开发为主要手段，以区域瞄准为主要特点。相比较于过去的粗放扶贫而言，识别到户的精准扶贫无疑是一次彻底的方法创新。广西壮族自治区应基于习近平总书记精准扶贫思想，围绕精准识别、精准扶持、精准考核这三大难点问题，设计精准扶贫工作流程设计和财政精准扶贫政策体系，在精确识别的基础上联动帮扶、对症下药，同时，辅之以分类管理和动态考核，打赢这场攻坚战。

参 考 文 献

[1] Hailong JINa, Hang QIANb, Tong WANGc, E. Kwan CHOIb. Income distribution in urban China: An overlooked data inconsistency issue. China Economic Review, 30 (2014) P383 – 396.

[2] Manthos D. Delis. Iftekhar Hasan and Pantelis Kazakis. Bank Regulations and Income Inequality: Empirical Evidence [J]. Review of Finance (2013) rof. oxford journals. org.

[3] Koske, I. Wanner. The drivers of labour income inequality—an analysis based on Bayesian Model Averaging [J]. Applied Economics Letters Volume 20, Issue 2, 2013.

[4] F Jaumotte, S Lall, C Papageorgiou. Rising Income Inequality: Technology, or Trade and Financial Globalization? [J]. IMF Economic Review (2013) 61, 271 – 309. published online 30 April 2013.

[5] Elena Meschi. Trade and Income Inequality in Developing Countries [J]. World Development, Volume 37, Issiie 2, February, 2009, P287 – 302.

[6] Manthos D. Delis. Iftekhar Hasan and Pantelis Kazakis. Bank Regulations and Income Inequality: Empirical Evidence [J]. Review of Finance (2013) rof. oxford journals. org.

[7] Koske, I. Wanner. The drivers of labour income inequality-an analysis based on Bayesian Model Averaging [J]. Applied Economics Letters Volume 20, Issue 2, 2013.

[8] F Jaumotte, S Lall, C Papageorgiou. Rising Income Inequality: Technology, or Trade and Financial Globalization? [J]. IMF Economic Review (2013) 61, 271 – 309. published online 30 April 2013.

[9] Elena Meschi. Trade and Income Inequality in Developing Countries [J]. World Development, Volume 37, Issiie 2, February, 2009, P287 – 302.

[10] 王凤芝，张子麟．收入分配制度的增长效应分析——以河北省为例 [J]．河北经贸大学学报，2015 (2)．

[11] 田卫民．转移性收入在居民收入分配中的作用——中国居民收入分配中的逆向调节机制 [J]．暨南学报（哲学社会科学版），2015 (3)．

[12] 谢勇才，杨斌．社会保障拉大了农村居民收入分配差距吗——来自广东省的经验证据 (20022012) [J]．广东商学院学报，2015 (4)．

[13] 王红云，吕志鹏，赵彦云．金融发展对城乡收入分配作用的地区异质性和相关性分析 [J]．现代财经（天津财经大学学报），2015 (4)．

[14] 李子联．中国收入分配格局：从结构失衡到合理有序 [J]．中南财经政法大学学报，2015 (5)．

[15] 周兵，刘成斌．中国青年的收入分配公平感研究 [J]．中国青年研究，2015 (4)．

[16] 李杰云，秦欣然．广西壮族自治区城镇居民收入分配差距研究[J]．广西壮族自治区大学学报（哲学社会科学版），2012 (2)：10 - 17．

[17] 谭建新，吴定伟．广西壮族自治区城乡居民收入差距实证分析——基于农村人力资本外溢视角 [J]．广西壮族自治区民族大学学报（哲学社会科学版），2012 (3)：137 - 141．

[18] 黄燎隆．民生支出对城乡居民收入差距的影响研究——以广西壮族自治区为例 [J]．调研世界，2015 (2)：14 - 18．

[19] 杨毅，韦凤静．广西壮族自治区金融发展对城乡收入差距影响的实证研究 [J]．广西壮族自治区科技大学学报，2014 (4)：100 - 107．

[20] 赵锋，蒋宾．广西壮族自治区区域收入差距特征分析与政策启示 [J]．广西壮族自治区民族大学学报（哲学社会科学版），2013 (1)：165 - 169．

[21] 方太安．安徽省国民收入分配问题研究 [J]．经济观察，2015 (7)：24 - 25．

[22] 赵春萍，于雪．从国民经济核算数据看我国收入分配情况——与美国收入分配格局的比较分析 [J]．金融发展评论，2013 (4)：49 - 63．

[23] 鲁翠花，方长春．当前我国国民收入分配格局测算方法评述 [J]．广西壮族自治区财经学院学报，2013，26 (1)：11 - 16．

[24] 安体富，蒋震．对调整我国国民收入分配格局、提高居民分配份额的研究 [J]．经济研究参考，2009 (25)：2 - 20．

［25］陈永堂.贵州省国民收入分配现状问题与对策建议［J］.贵州发展研究，2012（1）：6－10.

［26］陈颂东.国民收入分配格局优化与税制结构调整［J］.创新，2014（3）：48－54.

［27］谢琦.国民收入分配现状及其深层次原因探讨［J］.商业时代，2013（3）：16－17.

［28］郝彦飞.国民收入再分配存在的问题及对策［J］.宏观经济管理，2013（6）：26－32.

［29］李香菊，刘浩.基于居民收入倍增视角下的国民收入分配格局调整［J］.云南财经大学学报，2013（6）：41－48.

［30］胡洁.基于长三角和珠三角地区的国民收入分配格局实证研究［J］.国家行政学院学报，2012（5）：92－98.

［31］曾国安.论国民收入分配进一步改革的难点、重点及路径［J］.消费经济，2012，28（1）：3－7.

［32］于新状，李红岩，包玉香.论中国国民收入分配格局的变动趋势及优化——基于中日两国的实证比较［J］.2014（1）：108－111.

［33］黄运.税收调节国民收入分配的作用与路径探析［J］.税务研究，2014（10）：26－28.

［34］江依妮.我国财政收入分配职能弱化问题及其破解——基于部门利益视角的国民收入分配现象与思考［J］.理论导刊，2014（2）：27－30.

［35］李清华.我国国民收入分配格局变迁研究［J］.经济问题，2013（8）：13－17.

［36］杨静，李楠.提高广西壮族自治区辖区内国民收入分配水平的研究［J］.经济研究参考，2014（17）：51－53.

［37］国家发改委社会发展研究所课题组.我国国民收入分配格局研究［J］.经济研究参考，2012（21）：34－82.

［38］黄桂兰.我国税收调节国民收入初次分配的作用探讨——以税种为切入点［J］.湖北经济学院学报，2014（1）：64－69.

［39］詹和平.新世纪以来宁波市国民收入分配演变研究［J］.经济丛刊，2013（4）：34－38.

［40］蒋珊，胡翔，潘涵.扬州市国民收入分配现状及对策［J］.宏观经济管理，2013（7）：79－80.

[41] 陈慧女，罗松华. 以财政收支结构调整优化国民收入分配格局[J]. 贵州社会科学，2013（4）：142-147.

[42] 梁季. 优化国民收入分配格局的思路及财税改革建议 [J]. 中国财政，2012（8）：70-72.

[43] 张长生. 优化国民收入分配结构的思考 [J]. 广东经济，2012（2）：16-21.

[44] 于金富. 中国现阶段国民收入分配结构的理论分析与变革对策[J]. 河南大学学报，2012（1）：15-21.

[45] 陈明. 国民收入分配结构的完善——基于浙江的实证分析 [D]. 浙江：浙江财经学院，2012：1-51.

[46] 杨栋. 中外国民收入分配初次比较研究 [D]. 河南：河南师范大学，2013：1-59.

[47] 孙彭军. 中国居民消费不振与国民收入分配格局失衡研究 [D]. 上海：复旦大学，2012：1-122.

[48] 黄桂婵. 城镇居民人均可支配收入倍增基本路径研究——以广西壮族自治区为例 [J]. 山东商业职业技术学院学报，2014（6）：1-4.

[49] 广西壮族自治区财政厅课题组. 促进广西壮族自治区居民收入提高的财政政策研究 [J]. 经济研究参考，2012（53）：4-23.

[50] 陈婷. 多学科视角下我国收入分配制度改革研究综述 [J]. 改革与战略，2015（7）：200-204.

[51] 阳芳. 工资集体协商在广西壮族自治区城镇居民收入倍增计划中作用的考察 [J]. 社会科学家，2015（1）：58-63.

[52] 吕文静. 关于广西壮族自治区城乡居民收入跨两步发展的思考[J]. 经济与社会发展，2013（1）：91-94.

[53] 刘进，石文伟等. 广西壮族自治区城乡居民收入倍增计划实施路径研究 [J]. 经济研究参考，2014（37）：17-38.

[54] 龚庆秀. 广西壮族自治区城乡居民收入变动的实证分析 [J]. 生产力研究，2012（1）：102-104.

[55] 倪成，赵国栋. 广西壮族自治区城乡居民收入差距扩大成因及对策建议 [J]. 广西壮族自治区财经学院学报，2009（15）：41-43.

[56] 谭建新，吴定伟. 广西壮族自治区城乡居民收入差距实证分析——基于农村人力资本外溢视角 [J]. 广西壮族自治区民族大学学报，2012（3）：

137 – 141.

　　[57] 岑丽阳 . 广西壮族自治区城乡居民收入差距实证分析和农民消费升级研究 [J]. 学术论坛, 2009 (3): 122 – 126.

　　[58] 黄素心, 王春雷 . 广西壮族自治区城乡居民收入差距新探 [J]. 广西壮族自治区民族大学学报, 2011 (6): 127 – 130.

　　[59] 陈平 . 广西壮族自治区城乡居民收入差距研究 [J]. 企业导报, 2013 (21): 103 – 104.

　　[60] 乐小兵 . 广西壮族自治区城乡居民收入差距与经济增长关系的实证研究 [J]. 安徽农业科学, 2011 (34).

　　[61] 谭元元, 欧诗德 . 广西壮族自治区城镇居民人均收入和消费的非参数回归估计 [J]. 玉林师范学院学报, 2014 (5): 12 – 16.

　　[62] 李兰澜 . 广西壮族自治区城镇居民收入差距原因分析——基于主成分、多元回归的模型实证 [J]. 产业与科技论坛, 2014 (11): 79 – 80.

　　[63] 李杰云, 陈欣然 . 广西壮族自治区城镇居民收入分配差距研究[J]. 广西壮族自治区大学学报, 2012 (2): 10 – 17.

　　[64] 车文军 . 广西壮族自治区公共财政农业支出和农村居民收入的实证研究 [J]. 特区经济, 2010 (9).

　　[65] 窦登全, 宋佰谦 . 广西壮族自治区居民收入差距的度量与分解[J]. 广西壮族自治区社会科学, 2013 (12): 41 – 45.

　　[66] 蒋宾, 唐沧新, 盘紫鹏 . 广西壮族自治区居民收入分配状况与调整对策研究 [J]. 广西壮族自治区社会科学, 2010 (11): 13 – 16.

　　[67] 腾明兰, 曹鑫 . 广西壮族自治区农村居民收入结构对消费支出的影响 [J]. 江苏农业科学, 2012 (6): 380 – 382.

　　[68] 曹鑫 . 广西壮族自治区农村居民消费现状及其与收入关系研究[J]. 广东农业科学, 2012 (11): 232 – 234.

　　[69] 周永生, 何渊源 . 广西壮族自治区三大产业与城镇居民可支配收入关系计量分析 [J]. 特区经济, 2010 (4).

　　[70] 陈胜良 . 广西壮族自治区实现城乡居民收入倍增的难点及路径研究 [J]. 广西壮族自治区社会科学, 2013 (8): 16 – 20.

　　[71] 钟学思, 阙菲菲 . 农村居民收入结构与居民支出关系研究——基于面板数据的广西壮族自治区分区域实证分析 [J]. 广西壮族自治区师范大学学报, 2015 (2): 23 – 30.

[72] 曾梅芳. 缩小广西壮族自治区城乡居民收入差距的实证研究和对策建议 [J]. 广西壮族自治区经济管理干部学院学报，2011（3）：77-82.

[73] 廖楚晖，甘炜，刘千亦. 养老保险医疗保险制度与西部农村居民收入增长 [J]. 社会保障研究，2015（3）：69-74.

[74] 李实. 正确看待我国收入分配问题 [J]. 中国发展观察，2010（12）.

[75] 李实. 中国收入分配中的几个主要问题 [J]. 探索与争鸣，2011（4）.

[76] 余斌.《国民收入分配：困境与出路2011》[M]. 中国发展出版社，2011.

[77] 余斌，陈昌盛，邓郁松. 当前我国收入分配制度的现状、问题及改革建议 [J]. 经济界，2011（3）.

[78] 杨娟，Sylvie Démurger，李实. 中国城镇不同所有制企业职工收入差距的变化趋势 [J]. 经济学（季刊），2011（10）.

[79] 陈斌开，杨依山，许伟. 中国城镇居民劳动收入差距演变及其原因：1990-2005 [J]. 经济研究，2009（12）.

[80] 杨灿明，郭慧芳，赵颖. 论经济发展方式与收入分配秩序 [J]. 财贸经济，2010（5）.

[81] 杨灿明. 中国城乡居民收入的决定因素分析 [J]. 当代财经，2010（12）.

[82] 杨灿明，孙群力. 中国居民收入差距与不平等的分解——基于2010年问卷调查数据的分析 [J]. 财贸经济，2011（11）.

[83] 杨灿明，孙群力.2010年中国居民收入问卷调查统计分析 [J]. 财政研究，2011（9）.

[84] Linda Yueh，Ben Ward. 宏观经济战略和微观经济激励措施：欧盟的经验与中国科技政策的问题 [M]. 第三届软科学国际研讨会论文集国际会议. 2004-11-17.

[85] 宋湛. 工资粘性、市场分割与劳动配置绩效 [J]. 经济科学，2003（12）.

[86] 文魁，宋湛. 全球化条件下中国劳动就业机制的转换 [J]. 经济与管理研究，2003（8）.

[87] 王仕豪，张智勇. 制造业中农民工用工短缺：基于粘性工资的一种

解释 [J]. 中国人口科学, 2006 (4).

[88] 陈冬华, 范从来, 沈永建, 周亚虹. 职工激励、工资刚性与企业绩效——基于国有非上市公司的经验证据 [J]. 经济研究, 2010 (7).

[89] 徐建炜, 纪洋, 陈斌. 中国劳动力市场名义工资粘性程度的估算 [J]. 经济研究, 2012 (4).

[90] 田雪原. 通货膨胀、劳动力市场与工资率走势 [J]. 财贸经济, 2011 (7).

[91] 李实. 理性判断我国收入差距的变化趋势 [J]. 探索与争鸣, 2012 (8).

[92] 李实. 城乡差距是收入分配的最大不公 [J]. 农村工作通讯, 2012 (10).

[93] 夏庆杰, 李实, 宋丽娜, Simon Appleton. 国有单位工资结构及其就业规模变化的收入分配效应: 1988 - 2007 [J]. 经济研究, 2012 (6).

[94] 李雪松, 张涛, 娄峰. 2011 年中国宏观经济形势分析 [J]. 科技促进发展, 2011 (9).

[95] 李实. 八十年代末中国居民经济福利的分配 [J]. 改革, 1994 (2).

[96] 郭荣星, 李实, 邢佼强. 中国国有企业改制与职工收入分配——光正公司和创大公司的案例研究 [J]. 管理世界, 2003 (5).

[97] 李实. 中国个人收入分配研究回顾与展望 [J]. 经济学 (季刊) 第2 卷第 2 期 (总第 6 期) 中国会议. 2003 - 01 - 01.

[98] 陈斌开, 许伟. 所有制结构变迁与中国城镇劳动收入差距演变——基于"估计—校准"的方法 [J]. 南方经济, 2009 (3).

[99] 徐舒. 技术进步、教育收益与收入不平等 [J]. 经济研究, 2010 (9).

[100] 徐舒. 不规则数据下居民收入冲击的分解与估计 [J]. 管理世界, 2010 (9).

[101] 徐舒. 劳动力市场歧视与高校扩招的影响——基于信号博弈模型的结构估计 [J]. 经济学 (季刊), 2010 (7).

[102] 蔡昉. 促进劳动力市场发展 改善收入分配制度 [J]. 前线, 2010 (6).

[103] 蔡昉. 中国人口与劳动问题报告 [J]. 中国人力资源开发, 2012

（8）.

[104] 杨瑞龙. 价格双轨制的核心——增量改革 [J]. 当代财经, 2012 (1).

[105] 中国人民大学宏观经济形势分析与预测课题组, 杨瑞龙, 于春海, 杨继东, 阎衍, 段亚林. 我国内需可持续增长的结构基础与政策选择 [J]. 宏观经济管理, 2012 (5).

[106] 邢春冰, 李实. 中国城镇地区的组内工资差距: 1995 – 2007 [J]. 经济学 (季刊), 2010 (10).

[107] 夏庆杰, 宋丽娜, Simon Appleton. 什么原因导致中国工资收入差距扩大? ——来自反事实参数分解分析的证据 [J]. 社会科学战线, 2012 (1).

[108] 夏庆杰, 李实, 宋丽娜, Simon Appleton. 国有单位工资结构及其就业规模变化的收入分配效应: 1988 – 2007 [J]. 经济研究, 2012 (6).

[109] 邢春冰. 迁移、自选择与收入分配——来自中国城乡的证据[J]. 经济学 (季刊), 2010 (1).

[110] 李飞跃. 结构变迁与工资差距 [J]. 经济学 (季刊), 2011 (1).

[111] 李磊, 刘斌, 胡博, 谢璐. 贸易开放对城镇居民收入及分配的影响 [J]. 经济学 (季刊), 2011 (10).

[112] 盛丹, 李坤望, 王永进. 劳动力流动会影响我国地区出口比较优势吗? ——基于省区工业细分产业数据的实证研究 [J]. 世界经济研究, 2010 (9).

[113] 邹薇, 刘勇. 技能劳动、经济转型与收入不平等的动态研究[J]. 世界经济, 2010 (6).

[114] 葛玉好, 赵媛媛. 工资差距分解方法之述评 [J]. 世界经济文汇, 2011 (6).

[115] 葛玉好, 曾湘泉. 市场歧视对城镇地区性别工资差距的影响[J]. 经济研究, 2011 (6).

[116] 潘康宇, 赵颖, 李丽君. 人才聚集与区域经济发展相关性研究——以天津滨海新区为例 [J]. 技术经济与管理研究, 2012 (10).

[117] 李小瑛, 陈广汉, 张应武. 中国城镇地区高等教育外部回报率估算 [J]. 世界经济文汇, 2010 (2).

[118] 王宋涛, 魏下海, 涂斌, 余玲铮. 收入差距与中国国民劳动收入

变动研究——兼对 GDP 中劳动份额 U 型演变规律的一个解释 [J]. 经济科学，2012（12）.

[119] 魏下海，董志强，张建武. 人口年龄分布与中国居民劳动收入变动研究 [J]. 中国人口科学，2012（6）.

[120] 西南财大中国家庭金融调查与研究中心主任甘犁. 收入不均与拉动内需 [N]. 第一财经日报，2012（11）.

[121] 苏海南. 当前我国收入分配问题及改革思路和政策措施 [J]. 中国工人，2011（8）.

[122] 苏海南. 实施"提低控高"推进收入分配改革 [J]. 人事天地，2011（4）.

[123] 孙文凯. 城市化与经济增长关系分析——兼评中国特色 [J]. 经济理论与经济管理，2011（4）.

[124] 孙文凯，白重恩，谢沛初. 户籍制度改革对中国农村劳动力流动的影响 [J]. 经济研究，2011（1）.

[125] 贾晓俊，岳希明. 我国均衡性转移支付资金分配机制研究 [J]. 经济研究，2012（1）.

[126] 岳希明，徐静，刘谦，丁胜，董莉娟. 2011 年个人所得税改革的收入再分配效应 [J]. 经济研究，2012（9）.

[127] 聂海峰，岳希明. 间接税归宿对城乡居民收入分配影响研究[J]. 经济学（季刊），2012（10）.

[128] 白重恩，钱震杰. 谁在挤占居民的收入——中国国民收入分配格局分析 [J]. 中国社会科学，2009（9）.

[129] 白重恩，钱震杰. 国民收入的要素分配：统计数据背后的故事 [J]. 经济研究，2009（3）.

[130] 龚刚，杨光. 从功能性收入看中国收入分配的不平等 [J]. 中国社会科学，2010（3）.

[131] 龚刚. 中国经济增长方式转型路径探究 [J]. 人民论坛，2010（12）.

[132] 邢春冰，贾淑艳，李实. 教育回报率的地区差异及其对劳动力流动的影响 [J]. 经济研究，2013（11）.

[133] 李实. 缩小城乡收入差距需要具体可行的改革措施 [J]. 农村工作通讯，2013（3）.

［134］杨穗，高琴，李实. 中国社会福利和收入再分配：1988－2007 年［J］. 经济理论与经济管理，2013（3）.

［135］杨灿明，曹润林. 建立健全我国居民收入监测系统初探［J］. 地方财政研究，2012（8）.

［136］沈坤荣，蒋锐. 中国城市化对经济增长影响机制的实证研究［J］. 统计研究，2007（6）.

［137］夏庆杰，宋丽娜，John Knight，Simon Appleton. 20 世纪 90 年代中国国有企业改革对城镇劳动力市场的影响［J］. 世界经济，2009（4）.

［138］夏庆杰，宋丽娜，Simon Appleton. 经济转型期间中国农村贫困与收入决定因素的变化［J］. 社会科学战线，2010（7）.

［139］邢春冰. 农民工与城镇职工的收入差距［J］. 管理世界，2008（5）.

［140］马孝先. 中国城镇化的关键影响因素及其效应分析［J］. 中国人口资源与环境，2014（12）.

［141］杨灿明，孙群力. 影响我国收入分配的因素分析［J］. 中南财经政法大学学报，2009（5）.

后 记

收入分配问题一直是国计民生的重大问题，也是经济发展中一个重要的伴生问题。国家统计局数据显示，2014年中国基尼系数为0.469，已进入社会不安定的数值区域，而实际情况很有可能比官方数据更为严重。如何在实现经济社会发展的过程中有效地规范收入分配秩序，调节收入分配差距将成为政府今后一段时间内的重要任务。刻画和跟踪收入分配问题的新特征和新趋势、探讨可行解决路径的重要性和现实意义自然不言而喻。

在经济进入新常态和实施"一带一路"战略的宏观背景下，研究省域收入分配问题的话，河南和广西均具有明显的代表性。其中，河南作为中原经济带的重要省份和"一带一路"中的两个内陆省份之一，具有重要地缘政治地位，将获得难能可贵的发展机遇。如何把握历史机遇实现经济增长与居民收入分配格局的改善，是新的历史环境下河南省需要着力解决的主要问题。而广西则是我国5个少数民族地区之一，地处华南经济圈、西南经济圈与东盟经济圈的结合部，在中国实施对外开放中，作为我国唯一与东盟既有陆地接壤又有海上通道的省区，被视为"一带一路"有机衔接的重要门户。广西要与全国同步全面建成小康社会，并建成为西南中南地区开放发展的新战略支点，必须在居民收入增长和收入差距调节领域与全国实现同步。这本专著正是我们的初步思考和探索，希望能够起到抛砖引玉的效果。

本书的主题与框架由中南财经政法大学财税学院的孙群力教授、鲁元平副教授和詹新宇副教授提出，具体研究工作由鲁元平副教授和詹新宇副教授组织。除了鲁元平副教授、詹新宇副教授外，中南财经政法大学财税学院赵颖讲师和博士生朱良华也承担了具体章节的撰写。其中，鲁元平和赵颖负责河南篇，詹新宇和朱良华负责广西篇，具体分工如下：

导论：鲁元平、朱良华；第一章和第二章：赵颖；第三章至第五章：鲁元平；第六章至第十章：詹新宇；第十一章至第十三章：朱良华。

初稿完成后，孙群力教授进行了认真审稿，并提出了宝贵的修改意见。鲁元平副教授和詹新宇副教授负责最终统稿和定稿。

本书的出版得到了中南财经政法大学中国收入分配研究中心资助，是中国居民收入分配问题研究创新团队建设项目的阶段性成果之一。同时，中国经济出版社为本书的及时出版提供了特别重要的支持。尤其是白留杰等编辑以敬业精神、专业水准高质量地完成了编辑润色和大量协调工作。

借本书出版之机，谨向为此项研究和出版工作提供了指导、支持和帮助的机构和个人致以中心感谢。

收入分配问题涉及领域十分宽广、相关理论博大精深、现实问题错综复杂，而本书勉强属于初步探索，一定存在不少纰漏之处，恳请领域内的行家方家和广大读者多多批评指正。

鲁元平

2016 年 12 月 14 日